Gestão empresarial:
de Taylor aos nossos dias

Dados Internacionais de Catalogação na Publicação (CIP)
(Câmara Brasileira do Livro, SP, Brasil)

Ferreira, Ademir Antonio
   Gestão empresarial: de Taylor aos nossos dias: evolução e tendências da moderna administração de empresas / Ademir Antonio Ferreira, Ana Carla Fonseca Reis, Maria Isabel Pereira. -- São Paulo : Cengage Learning, 2016.

   14. reimpr. da 1. ed. de 1997.
   Bibliografia.
   ISBN 978-85-221-0098-9

   1. Administração - Teoria 2. Administração de empresas - História 3. Mudança organizacional I. Reis, Ana Carla Fonseca. II. Pereira, Maria Isabel. III. Título, IV. Série.

01-4515   CDD-658.001

Índice para catálogo sistemático:
   1. Gestão Empresarial: Teorias   658.001

Gestão empresarial: de Taylor aos nossos dias
Evolução e tendências da moderna administração de empresas

Ademir Antonio Ferreira
Ana Carla Fonseca Reis
Maria Isabel Pereira

CENGAGE
Learning

Austrália • Brasil • Japão • Coreia • México • Cingapura • Espanha • Reino Unido • Estados Unidos

CENGAGE Learning

Gestão empresarial: de Taylor aos nossos dias – Evolução e tendências da moderna administração de empresas
1ª edição brasileira

Ademir Antonio Ferreira, Ana Carla Fonseca Reis e Maria Isabel Pereira

Gerente editorial: Noelma Brocanelli

Editora de desenvolvimento: Gisela Carnicelli

Supervisora de produção gráfica: Fabiana Alencar Albuquerque

Editora de aquisições: Guacira Simonelli

Especialista de direitos autorais: Jenis Oh

Assistente editorial: Joelma Andrade

Revisão: Beatriz Simões Araújo

Projeto gráfico e diagramação: PC Editorial Ltda.

Pesquisa iconográfica: ABMM Iconografia

Capa: Lummi Produção Visual e Assessoria Ltda.

© 1997 Cengage Learning Edições Ltda.

Todos os direitos reservados. Nenhuma parte deste livro poderá ser reproduzida, sejam quais forem os meios empregados, sem a permissão, por escrito, da Editora. Aos infratores aplicam-se as sanções previstas nos artigos 102, 104, 106 e 107 da Lei nº 9.610, de 19 de fevereiro de 1998.

Esta editora empenhou-se em contatar os responsáveis pelos direitos autorais de todas as imagens e de outros materiais utilizados neste livro. Se porventura for constatada a omissão involuntária na identificação de alguns deles, dispomo-nos a efetuar, futuramente, os possíveis acertos.

A Editora não se responsabiliza pelo funcionamento dos sites contidos neste livro que possam estar suspensos.

> Para informações sobre nossos produtos, entre em contato pelo telefone **0800 11 19 39**
>
> Para permissão de uso de material desta obra, envie seu pedido para
> **direitosautorais@cengage.com**

© 1997 Cengage Learning. Todos os direitos reservados.

ISBN-13: 978-85-221-0098-9
ISBN-10: 85-221-0098-5

Cengage Learning
Condomínio E-Business Park
Rua Werner Siemens, 111 – Prédio 11 – Torre A – Conjunto 12
Lapa de Baixo – CEP 05069-900 – São Paulo – SP
Tel.: (11) 3665-9900 – Fax: (11) 3665-9901
SAC: 0800 11 19 39

Para suas soluções de curso e aprendizado, visite
www.cengage.com.br

Impresso no Brasil.
Printed in Brazil.
1 2 3 4 5 6 7   18 17 16

Sumário

Introdução vii

Parte 1
Evolução das teorias administrativas

Capítulo 1 – Teoria clássica e teoria científica 3

Capítulo 2 – Escola de relações humanas 17

Capítulo 3 – Burocracia 25

Capítulo 4 – Behaviorismo 31

Capítulo 5 – Estruturalismo 41

Capítulo 6 – Teoria dos sistemas 47

Capítulo 7 – Desenvolvimento organizacional 55

Parte 2
Teorias modernas de gestão

Capítulo 8 – Abordagem contingencial 89

Capítulo 9 – Administração por objetivos 95

Capítulo 10 – Administração estratégica 103

Apêndice – As unidades estratégicas de negócios (UENs) 111

Capítulo 11 – Administração participativa 117

Capítulo 12 – Administração japonesa 135

Apêndice 1 – Benchmarking 153

Apêndice 2 – Learning organizations 157

Parte 3
Estratégias emergentes de gestão

Capítulo 13 – A visão holística 163

Capítulo 14 – Administração empreendedora 171

Capítulo 15 – Administração virtual 181

Capítulo 16 – Reengenharia 201

Apêndice – Downsizing ou "achatamento" da estrutura organizacional ou, ainda, a diminuição dos níveis hierárquicos 213

Capítulo 17 – O fim do emprego 217

Capítulo 18 – Gestão empresarial: a gestão da mudança 233

Bibliografia referenciada 239

Introdução

O século XX tem sido palco de grandes realizações em todos os campos do saber. A administração não é uma exceção. Apesar de as empresas e sua gestão existirem de forma embrionária desde os primórdios dos tempos, foi somente em 1903 que surgiu o primeiro estudo científico dos métodos de gestão, apresentado sob a forma de uma teoria.

Da Escola de Administração Científica de Taylor aos nossos dias, a evolução dos trabalhos tem ocorrido em ritmo vertiginoso. Entretanto, com o afã de lançar teorias constantemente adaptadas às últimas transformações ambientais, o que se vê na realidade é uma diversidade de novas propostas para a gestão dos negócios empresariais. Sua validade é, via de regra, incontestável; cabe somente ao administrador precavido perceber em que grau estas contribuições diferem, sob as diversas nomenclaturas que recebem, e se essas novas propostas podem e devem ser adotadas em sua empresa.

Encontraremos contribuições que, se não justificam o título de inovadoras na forma de administrar uma organização, têm o mérito de chamar a atenção para aspectos vitais responsáveis pelo sucesso de uma empresa. Constituem temas obrigatórios de seminários e congressos de administração e estão presentes quase que diariamente em todos os meios de comunicação que se dedicam a empresas, negócios e administração.

Por outro lado, algumas tendências realmente levam à formação de novos modelos de gestão. Uma delas, amplamente discutida e alvo de redobradas atenções por parte de qualquer profissional ou estudante de administração, é a globalização. Com a globalização, as fronteiras da pesquisa e da prática da administração são alteradas, sendo reforçadas pela nova configuração dos blocos econômicos (Mercosul, Nafta, União Europeia).

Outra tendência já consolidada no ramo da administração é a formação de parcerias e alianças entre organizações do mesmo setor. Ao procurarem atender mercados integrados e suportados pelos avanços nas telecomunicações, as novas parcerias surgem como inovações significativas no campo da gestão empresarial, no limiar do século XXI. São esses novos paradigmas, ainda em fase preliminar de avaliação de resultados, que devem merecer a atenção dos dirigentes de empresas, interessados em compatibilizar o desenvolvimento da sua organização com a evolução do mercado e o avanço tecnológico.

Nos anos recentes, uma grande quantidade de publicações acerca de gestão de empresas tem sido editada e obtido boa receptividade. Seus mais ávidos leitores são especialmente executivos e empresários, que não hesitam em afirmar a importância para seus negócios da adoção das ideias e propostas defendidas pelos autores.

É importante observar, entretanto, que a maior parte da nova literatura é obra de outros dirigentes, executivos e empresários, que relatam suas experiências na direção de grandes corporações ou até mesmo na gerência de escalões intermediários da organização. Eles transmitem com isso as práticas administrativas bem-sucedidas em casos particulares, as estratégias competitivas então adotadas e partem em defesa de propostas que valorizam a criatividade e a busca da inovação, como ferramentas para o aprimoramento da qualidade e da produtividade. Como resultado, deixam sua contribuição para a revisão dos princípios da administração clássica e para que novas abordagens de gestão empresarial sejam experimentadas, adaptadas e adotadas pelas organizações.

O reflexo desse movimento em nosso país é evidenciado pela enorme quantidade de depoimentos, comentários e artigos publicados em periódicos e revistas especializadas em administração e negócios, relatando as mudanças operantes nas empresas brasileiras. Abordando assuntos relativos à filosofia da sua forma de administrar e às técnicas empregadas no processo, muitos dirigentes de empresas mostram evolução na forma de encarar seu negócio e buscar a excelência em sua administração.

Algumas expressões frequentemente utilizadas, a exemplo de *administração participativa, empresa holística, administração virtual, intrapreneuring*, são citadas com frequência, tanto por dirigentes quanto por trabalhadores. Elas refletem a busca de caminhos para melhorar o desempenho organizacional, por meio de uma participação mais efetiva de todos os envolvidos nos processos administrativos e operacionais da empresa.

Muitas empresas brasileiras já participam de foros de debates, programados periodicamente para discutir os fatos positivos, os problemas e as eventuais dificuldades encontradas na implantação dessas novas propostas. Uma associação voltada para esse fim já foi criada em São Paulo (ANPAR – Associação Nacional de Administração Participativa), congregando empresários, dirigentes, pesquisadores, professores e consultores na área de administração. Com a promoção de reuniões periódicas, põem-se em discussão o atual estágio e os resultados obtidos com a aplicação dos princípios de administração participativa e com o desenvolvimento de novas pesquisas nessa área.

História e evolução da administração

Entretanto, em meio à torrente literária observada, algumas questões ainda permanecem em aberto: Quais os enfoques de gestão efetivamente adotados pelas empresas brasileiras? O que as leva a adotá-los? Por quais meandros nossas organizações buscam resolver os percalços que enfrentam a cada dia em nosso atribulado ambiente econômico e que vêm se deflagrando em escala mundial? Os resultados por elas obtidos são satisfatórios ou espelham, em última instância, apenas uma frustrada tentativa de adaptação à realidade em que se encontram?

Com o objetivo de fornecer respostas preliminares a estas intrigantes questões, a proposta aqui apresentada é a de efetuar um reconhecimento inicial das características de cada uma das novas formas de gestão que vêm sendo adotadas pelas empresas brasileiras, identificando os rumos e tendências que uma nova realidade na administração das organizações pode alcançar nesta década.

Entretanto, somente situando historicamente os diferentes estudos e considerando os conhecimentos e os valores da época em que surgiram é que nos permitimos compreender as bases do presente. Em virtude disso, a primeira parte deste trabalho será dedicada ao estudo da **Evolução das Teorias Administrativas** que embasam o conhecimento desenvolvido na área, durante este século, assim como as condições que justificaram e facilitaram o seu surgimento e posterior adoção.

Não se pretende aqui delimitar temporalmente o surgimento exato de um enfoque ou teoria administrativa e sua substituição ao antigo. Na verdade, o que marca e caracteriza o surgimento de uma abordagem? A primeira publicação a respeito? Sua adoção pioneira por uma empresa? Sua adoção por um determinado número de organizações? Os debates gerados em torno do tema? A dificuldade em responder a essas questões tem provocado certa confusão dentro do que nos é apresentado como Teoria Geral da Administração. A sequência lógica que se busca no desenvolvimento da teoria administrativa segue diferentes padrões, conforme o autor que a trata. Para alguns, por exemplo, a Burocracia surgiu com as obras de Max Weber, em fins do século XIX. Para outros, porém, a elaboração de uma teoria administrativa burocrática é posterior às escolas clássica e de relações humanas.

ADMINISTRAÇÃO OU GESTÃO?

Afinal, qual é a diferença entre administração e gestão? Ambas as palavras têm origem latina, *gerere* e *administrare*.[1] *Gerere* significa conduzir, dirigir ou governar. *Administare* tem aplicação específica no sentido de gerir um bem, defendendo os interesses dos que o possuem. Administrar seria, portanto, a rigor, uma aplicação de gerir.[2]

A confusão entre os termos é ainda mais agravada quando buscamos um paralelismo com outras línguas. Em francês, a confusão entre os termos *administration* e *gestion* também existe, sendo complementada pelo uso do verbo *manager*, dispor com cuidado. Em termos práticos, o termo *administration* é normalmente associado à administração pública, enquanto *gestion* é visto como a nossa administração de empresas. A língua inglesa, cujos representantes tanto contribuem para a evolução do pensamento administrativo, não escapou à ambiguidade no uso das palavras *administration* e *management*, embora também nela *administration* seja mais utilizada para denotar atividades da administração pública.

Voltando à nossa língua pátria, o termo gestão parece se aplicar melhor à esfera empresarial. Basta pensar que, quando alguém se apresenta como administrador, esperamos logo a complementação: de empresas? público? de fazendas? de bens? Administrador de empresas é uma denominação genérica que raramente é encontrada nos planos de cargos e salários das organizações e não permite identificar o cargo ou a atividade desempenhada pelo indivíduo. Para as organizações, ele pode ser um técnico, analista ou gerente nas áreas de Recursos Humanos, Finanças, Marketing, Suprimentos, Planejamento etc., ocupando um cargo identificado especificamente com as suas atividades dentro da empresa. Na prática organizacional, todo indivíduo que desempenha uma função gerencial exerce as funções típicas do administrador, independentemente da sua formação técnica e profissional em qualquer área de conhecimento (engenharia, direito, economia, agronomia, medicina, informática etc.).

Nosso ponto de partida será com as **Teorias Clássica e Científica,** surgidas com as novas necessidades industriais, cujo enfoque privilegia a esfera produtiva

---

[1] CUNHA, Antônio Geraldo da. *Dicionário Etimológico da Língua Portuguesa.* Rio de Janeiro: Nova Fronteira, 1982.
[2] AKTOUF, Omar. *Le Management entre Tradition et Renouvellement.* Canadá, Boucherville: Gaëtan Morin, 1989.

e cujos princípios têm sido questionados ao longo do tempo. Em seguida a esses primeiros embriões de um estudo sistemático e científico da administração, apresentaremos a **Escola de Relações Humanas**, reação lógica a um sistema excessivamente mecanizado. O estudo dos princípios da **Burocracia**, tal como surgiu, permitirá compreender melhor o porquê de sua adoção ainda hoje.

Seguindo o desenvolvimento das ciências comportamentais, especialmente da antropologia, psicologia e sociologia, a administração adotou e adaptou conceitos recém-elaborados nessas áreas, tendo como ponto central de pesquisa a motivação humana na empresa. É o que veremos com o **Behaviorismo** ou **Teoria Comportamental**. Paralelamente, o **Estruturalismo** se propôs a resolver os conflitos existentes entre a Teoria Clássica, a Teoria das Relações Humanas e a Burocracia.

Já nos aproximando de décadas recentes, faremos uma breve incursão pela **Teoria dos Sistemas**, uma busca de síntese e integração das teorias precedentes, por meio da aplicação de conceitos da Teoria Geral de Sistemas à administração. Encerrando a primeira parte de nosso trabalho, veremos o surgimento do **Desenvolvimento Organizacional** como resposta à necessidade de um método adequado à promoção de mudanças, diante dos desafios ambientais e das demandas internas dos recursos humanos.

A segunda parte será dedicada à análise das **Teorias Modernas de Gestão**, que apresentam princípios que desde o final dos anos 1950 lançam nova luz sobre a prática da administração. Iniciaremos com a **Abordagem Contingencial**, resultado de estudos da integração da organização e seu ambiente e com a **Administração por Objetivos**, resposta às pressões que as empresas americanas sofriam na década de 1950, quando a tônica se deslocava das margens de lucros e redução das despesas para os resultados.

Com a inadequação dos tradicionais planejamentos de médio e longo prazos, dada a aceleração das mudanças principalmente na área tecnológica, a estratégia passou a ocupar maior espaço no mundo empresarial, dando origem a uma preocupação permanente com as ocorrências no ambiente externo: surgia a **Administração Estratégica**.

Sempre em compasso com os acontecimentos do ambiente, posto que a organização nele se insere, a administração se propôs a acompanhar a democratização das relações sociais e a complexidade das empresas modernas, resultado das novas mudanças e da intensificação das comunicações. Este foi o quadro de referência que permitiu o surgimento da **Administração Participativa**, visando a encontrar nos próprios recursos humanos o parceiro ideal para o desenvolvimento da organização.

A recuperação vertiginosa do Japão no pós-guerra suscitou o desejo das empresas ocidentais de aprender um pouco mais acerca da forma de gestão oriental. Como resultado de estudos a respeito, a **Administração Japonesa** transformou-se, já há algum tempo, em um modelo para organizações de todo o mundo e causou significativas mudanças na forma de abordar tanto o processo administrativo quanto o processo produtivo do setor industrial, sendo rapidamente absorvido por todos os outros setores empresariais. **Benchmarking** (copiar de quem sabe fazer bem ou melhor) é tratado ao final desse capítulo, embora a maior divulgação dessa atividade como "técnica" de administração tenha acontecido no contexto dos países ocidentais.

As **Estratégias Emergentes de Gestão** serão o tema da terceira parte deste trabalho. São novas propostas, modelos e técnicas mais ou menos fundamentados e com graus diversos de concisão e originalidade, que vêm provocando reações no mundo empresarial. A **administração holística**, a **administração empreendedora**, a **organização virtual** e a **reengenharia**, mais do que uma prescrição moderna para a gestão empresarial, representam uma inovação significativa na forma de enfrentar a integração dos objetivos organizacionais com o ambiente de negócios. São tratados também, como apêndices de alguns desses capítulos, o **downsizing** e a **learning organization**, que representam aspectos de mudança estrutural e no comportamento organizacional frente às necessidades impostas de maior competitividade pelo ambiente.

Tais propostas têm despertado um extraordinário interesse por parte de empresários e consultores, ansiosos por validar os princípios dos métodos empregados e obter os resultados potenciais enunciados por seus criadores. Em um futuro próximo, essas "novidades" dos anos recentes provavelmente estarão incorporadas à teoria de administração, aumentando o arcabouço de técnicas e instrumentos à disposição do administrador para efetivar os processos de mudança necessária à permanente atualização da gestão empresarial.

Encerrando a nossa abordagem dos estudos mais recentes em administração, discutiremos as tendências que apontam para novas relações entre o empregado e o empregador, enfocando o **fim do emprego**. Diante dessas tendências, frente ao impacto do desemprego no ambiente onde estão inseridas as empresas, face à forte relação entre desemprego e tecnologia e considerando que estes assuntos se refletirão na agenda de todos os administradores, torna-se pertinente uma reflexão sobre o tema, procurando explicitar sua relação com as estratégias emergentes de gestão no contexto dos anos 1990.

O último capítulo é dedicado às conclusões do trabalho e oferece uma breve reflexão sobre o significado das teorias e modelos apresentados, procurando discutir a postura da gestão empresarial no contexto do seu ambiente e das mudanças que estão ocorrendo.

Portanto, nossa incursão na evolução das abordagens que compreendem o conhecimento da teoria e prática na área de administração de empresas pode ser dividido em três blocos:

1 – **Evolução das Teorias Administrativas**, apresenta uma revisão histórica e conceitual das principais teorias administrativas que se consagraram até meados da década de 1960 (no Brasil começavam a aparecer os cursos acadêmicos de administração), quando a perspectiva estratégica dos negócios e o questionamento de alguns princípios da administração científica conduziram os estudos e pesquisas da área para uma maior participação e melhor preparação do elemento humano na gestão empresarial.

2 – **Teorias Modernas de Gestão**, onde são discutidas as teorias de gestão que vêm sendo defendidas nas últimas décadas, atingindo um grau de complexidade tal que deixaram de ser simples modelos e formaram um corpo de conhecimentos consistente e abrangente dos aspectos técnicos, estratégicos e humanos que compõem a organização.

3 – **Estratégias Emergentes de Gestão**, que se materializam nas propostas de mudança mais recentes dos princípios já consagrados e na forma de encarar os propósitos e a missão da organização. São propostas que atualmente estão impulsionando as pesquisas na área de gestão e recebendo forte influência do desenvolvimento tecnológico, principalmente nos setores de comunicações e teleprocessamento de informações em tempo real. Alguns pontos abordados podem até ser considerados eventos passageiros ou "modismos", sem maiores consequências para um aprofundamento na teoria e prática da administração. Todavia, refletem um momento na vida das organizações em que se tornaram o foco das preocupações e provocaram mudanças significativas nas suas operações e relações de trabalho.

Parte 1
Evolução das teorias administrativas

capítulo 1

Teoria clássica e teoria científica

Origem

Grande parte das corporações mundiais que conhecemos hoje foi impulsionada ou transformada pela Revolução Industrial. Desenvolvendo as máquinas e preconizando a divisão do trabalho, ampliando a rede de transportes e estreitando as comunicações, empregando um massivo exército industrial de mão de obra e reduzindo os custos de produção, a Revolução Industrial lançou a base de um novo tempo, transformando profundamente não só o mundo das organizações, mas toda a sociedade. A economia deixou de ter uma base artesanal e manufatureira para se firmar na produção industrial e mecanizada. Com o nascimento das fábricas, surgiu um primeiro paradigma de administração, defendendo racionalização da produção, divisão de tarefas em múltiplas etapas, supervisão cerrada e obediência hierárquica.

O QUE É PARADIGMA

Na linguagem usual, paradigma é visto como sinônimo de modelo. Thomas Kuhn, grande estudioso da questão, considera paradigmas "realizações reconhecidas durante algum tempo por uma comunidade científica específica, proporcionando os fundamentos para sua prática posterior".[1]

Trocando em miúdos, um paradigma é um modelo explicativo, que pode (ou ao menos deveria) ser continuamente reformulado. Assim, um novo paradigma é aceito quando consegue explicar a realidade mais – ou melhor – do que o paradigma em vigor.

---

[1] KUHN, Thomas S. *A estrutura das revoluções científicas*. 3. ed. São Paulo: Perpectiva, 1992. p. 29.

Para Kuhn, o desenvolvimento da ciência ocorre por meio de uma substituição de paradigmas, formando uma escada. Cada degrau representaria um paradigma, sendo galgado graças ao que foi desenvolvido no degrau anterior. Assim, por mais criticáveis que algumas teorias administrativas possam nos parecer hoje, na época em que foram criadas, elas certamente pareciam ser o que havia de melhor – e por isso foram adotadas e praticadas. Elas eram consoantes com a realidade em que foram criadas: seu momento histórico, seu contexto político-social, seu nível de comunicações. E, graças a elas, o conhecimento administrativo pôde evoluir.

REVOLUÇÃO INDUSTRIAL, A REVOLUÇÃO DA PRODUÇÃO

Considera-se em história a ocorrência de duas revoluções industriais, ambas originadas na Grã-Bretanha, único país a cumprir uma série de condições básicas para ser o terreno fértil pioneiro para a eclosão da revolução industrial.[2]

A Primeira Revolução Industrial (1780/1840) foi uma profunda transformação econômica e social. O homem do campo e o antigo artesão, destituídos de qualquer coisa e possuindo apenas sua força de trabalho, passaram a vendê-la ao novo capitalista industrial. Além disso, os meios de produção e o próprio resultado dela não mais pertenciam ao antigo trabalhador autônomo e pequeno proprietário. A manufatura de algodão, típica dessa primeira fase, promovia a transformação dos métodos tradicionais, com a difusão de máquinas e a divisão do trabalho.

Durante a Segunda Revolução Industrial (1840/1895), o processo de industrialização se alastrou da Grã-Bretanha para vários países, promovida por um aprimoramento dos meios de transporte e pelo abundante capital acumulado na Inglaterra, ávido por ser investido. Provindo do comércio colonial em expansão, do contrabando, do tráfico de escravos, da agricultura e da produção manufatureira, o capital britânico encontrou nas estradas de ferro seu escoadouro natural. Alavancando os lucros com a explosão das comunicações e transações internas e externas facilitadas pela nova rede de transporte, a industrialização na Grã-Bretanha atingiu seu auge.

A revolução dos meios de produção não se apoiava mais no pioneirismo do setor têxtil mas na difusão de novas tecnologias e formas de organização, estimulada pela industrialização do setor de bens de capital. Paralelamente, a afluência política da burguesia era legitimada pela implantação do sistema parlamentarista, resultado das revoluções burguesas do século XVII. Era o poder do novo capital sobrepujando a tradição hierárquica secular.

---

[2] Para maiores detalhes, ver as obras de HOBSBAWN, E. J. *Da Revolução Industrial Inglesa ao Imperialismo*. Rio de Janeiro: Editora Forense Universitária, 1978; MANTOUX, Paul. *A Revolução Industrial no século XVIII*. São Paulo: UNESP/Hucitec.

A mecanização do trabalho passou a receber todas as atenções das organizações emergentes. Aprimoramentos mecânicos e tecnológicos da produção resultavam em maiores quantidades e menores custos, possibilitando reduzir os preços praticados e aumentar o mercado potencial da organização. A perspectiva empresarial passou a ser sistemática, abrangente e de mais longo prazo.

Princípios gerais da Teoria da Administração Científica

Na virada do século XIX, Frederick Taylor desenvolveu estudos a respeito de técnicas de racionalização do trabalho do operário (*Piece Rating System*, 1895 e *Shop Management*, 1903). Suas ideias preconizavam a prática da divisão do trabalho, defendida anteriormente por Smith e Babbage e já adotada na época. Em 1911, Taylor publicou um estudo mais elaborado (*Principles of Scientific Management*), com base em sua experiência em fábrica, generalizando-a como um modelo para a prática da administração. A característica mais marcante do estudo de Taylor é a busca de uma organização científica do trabalho, enfatizando tempos e métodos e por isso é visto como o precursor da ***Teoria da Administração Científica***.

TAYLOR, MECÂNICO E CONSULTOR

Americano de família enriquecida pelo comércio com a Índia, Frederick Taylor (1856-1915) interrompeu bruscamente seus estudos em Harvard e começou a trabalhar como aprendiz em uma fábrica de amigos da família. Quatro anos depois ingressou na Midvale Steel Co., também de propriedade de conhecidos, desenvolvendo a carreira de mecânico enquanto estudava engenharia. Quando deixou a Midvale, tornou-se o primeiro engenheiro a desenvolver consultoria de empresas de forma independente.[3] Obcecado por regras desde criança, quando adulto o rigor de Taylor era tal que, a cada baile, chegava a fazer uma lista das moças atraentes e outra das não atraentes, de forma a poder repartir seu tempo entre elas, igualitariamente![4]

---

[3] AKTOUF, Omar. *Le management entre tradition et renouvellement*. Canadá, Boucherville: Gaëtan Morin, 1989.
[4] KAKAR, Sudhir. *Frederick Taylor:* A study in personality and innovation. Cambridge, Massachusetts: MIT Press, 1970.

Taylor via a necessidade premente de aplicar métodos científicos à administração, para garantir a consecução de seus objetivos de máxima produção a mínimo custo. Para tanto, defendia os seguintes princípios:

- *Seleção científica do trabalhador* – o trabalhador deve desempenhar a tarefa mais compatível com suas aptidões. A maestria da tarefa, resultado de muito treino, é importante para o funcionário (que é valorizado) e para a empresa (que aumenta sua produtividade).

- *Tempo-padrão* – o trabalhador deve atingir no mínimo a produção-padrão estabelecida pela gerência. É muito importante contar com parâmetros de controle da produtividade, porque o ser humano é naturalmente preguiçoso. Se o seu salário estiver garantido, ele certamente produzirá o menos possível.

- *Plano de incentivo salarial* – a remuneração dos funcionários deve ser proporcional ao número de unidades produzidas. Essa determinação se baseia no conceito do *Homo economicus*, que considera as recompensas e sanções financeiras as mais significativas para o trabalhador.

- *Trabalho em conjunto* – os interesses dos funcionários (altos salários) e da administração (baixo custo de produção) podem ser conciliados por meio de busca do maior grau de eficiência e produtividade. Quando o trabalhador produz muito, sua remuneração aumenta e a produtividade da empresa também.

- *Gerentes planejam, operários executam* – o planejamento deve ser de responsabilidade exclusiva da gerência, enquanto a execução cabe aos operários e seus supervisores.

- *Divisão do trabalho* – uma tarefa deve ser dividida no maior número possível de subtarefas. Quanto menor e mais simples a tarefa, maior será a habilidade do operário em desempenhá-la. Ao realizar um movimento simples repetidas vezes, o funcionário ganha velocidade na sua atividade, aumentando o número de unidades produzidas e elevando seu salário de forma proporcional ao seu esforço.

- *Supervisão* – também deve ser funcional, ou seja, especializada por áreas. A função básica do supervisor, como o próprio nome indica, é controlar o trabalho dos funcionários, verificando o número de unidades produzidas e o cumprimento da produção-padrão mínima.

- *Ênfase na eficiência* – existe uma única maneira certa de executar uma tarefa *(the best way)*. Para descobri-la, a administração deve empreender um estudo de tempos e métodos, decompondo os movimentos das tarefas executadas pelos trabalhadores.

ADMINISTRAÇÃO: CIÊNCIA OU ARTE?

Costuma-se considerar que um campo de estudos é uma *ciência* quando possui um corpo teórico próprio, articulado de forma a indicar a seus seguidores como se portar em casos específicos, prevendo os resultados desse comportamento.

Já a arte é considerada uma habilidade, o desenvolvimento de atitudes ainda baseadas essencialmente na intuição, no risco de serem tomadas sem que seus resultados sejam previsíveis. Arte é a competência para conseguir um resultado concreto desejado.[5]

Considerando-se esses aspectos, a administração ainda se encontra em uma fase amalgamada de arte e ciência, seguindo essencialmente uma série de conceitos ideológicos e reeditando modelos administrativos que parecem funcionar, para a partir disso começar a fundar seu corpo teórico. A observação da prática da administração vem fornecendo informações que, pouco a pouco, vão constituindo sua teoria. Os conhecimentos adquiridos, reformulados e complementados pelos teóricos, são então postos em prática, sendo confirmados ou retrabalhados.

O aspecto científico da administração, entretanto, deu seus primeiros passos com os estudos de Taylor. Para crescer com personalidade própria, o atual conhecimento administrativo apoia-se em um conjunto de ciências afins: sociologia, economia, história, psicologia, estatística. Isso confere à administração seu caráter multidisciplinar ou, de forma mais moderna, interdisciplinar, já que essas diferentes disciplinas são integradas em um só contexto.

---

[5] KOONTZ, Harold, O'DONNELL, Cyril & WEIHRICH, Heinz. *Administração* – fundamentos da teoria e da ciência. 14. ed. São Paulo: Pioneira, 1986.

Considerações acerca da administração científica de Taylor

- *Enfoque mecanicista do ser humano* – a visão da organização como uma máquina, que pode e deve seguir um projeto definido, recebe críticas ferozes de estudiosos da administração. A partir dessa concepção, cada funcionário é considerado uma mera engrenagem no corpo da empresa, tendo desrespeitada sua condição de ser humano.

- *Homo economicus* – o incentivo monetário, apesar de importante, não se revela suficiente para promover a satisfação dos trabalhadores. O reconhecimento do trabalho, os incentivos morais e a autorrealização são aspectos fundamentais, que a administração científica desconsidera.

- *Abordagem fechada* – a administração científica não faz referência ao ambiente da empresa. A organização é vista de forma fechada, desvinculada de seu mercado, tendo negligenciadas as influências que recebe e impõe ao que a cerca.

- *Superespecialização do operário* – com a fragmentação das tarefas, a qualificação do funcionário passa a ser supérflua. Ele passa a desenvolver tarefas cada vez mais repetitivas, monótonas e desarticuladas do processo como um todo. A superespecialização leva à alienação do trabalhador, no melhor estilo retratado por Chaplin em *Tempos Modernos*.

- *Exploração dos empregados* – como decorrência do estímulo à alienação do funcionário, da falta de consideração de seu aspecto humano e da precariedade das condições sociais existentes à época (falta de legislação trabalhista digna, proibição de movimentos sindicais), a administração científica legitima a exploração dos operários em prol dos interesses patronais.

Taylor é normalmente visto como um cientista insensível e desumano, que tratava os operários como objetos de análise isolados, em favor de estudos que favoreciam a elite empresarial. Entretanto, poucos apontam a preocupação de Taylor com o aumento da eficiência da produção, buscando a redução dos custos não apenas para elevar os lucros, mas também para elevar a produtividade dos trabalhadores, aumentando seus salários. Não pode deixar de ser observado que, em uma época que ainda sofria os reflexos dos regimes feudal e escravocrata, as ideias de Taylor representavam um avanço na forma de encarar a participação do trabalhador no processo produtivo.

Todavia, as constantes críticas aos métodos utilizados por ele levaram o Congresso norte-americano a convocá-lo a prestar depoimento à Câmara dos Representantes em 1912. Ele foi forçado a se defender perante os congressistas, que acreditavam que suas ideias conduziriam à exploração e à demissão dos trabalhadores. Acompanhe um trecho desse depoimento:

> "A grande revolução mental que ocorre na atitude mental das duas partes sob a administração científica é representada pelo fato de que ambos os lados tiram seus olhos da divisão do excedente, como questão dominante e voltam conjuntamente suas atenções para o aumento do tamanho do excedente, até que este se torne tão grande, que passa a ser desnecessário brigar sobre como deve ser dividido. Começam a perceber que quando param de brigar uns com os outros e em vez disso lutam ombro a ombro na mesma direção, o tamanho do excedente criado por seus esforços conjuntos torna-se realmente assombroso. Ambos os lados reconhecem que quando substituem o antagonismo e o conflito por cooperação amigável e solidariedade tornam-se capazes, em conjunto, de aumentar tanto esse excedente, que passa a haver amplo espaço para um substancial aumento de salários para o trabalhador e aumento igualmente significativo dos lucros do industrial."[6]

Além disso, por mais que se critique os estudos minuciosos de Taylor em tempos e métodos do processo produtivo, muitas de suas conclusões continuam sendo válidas e aplicáveis ao moderno processo produtivo. A divisão do trabalho em tarefas mínimas, por exemplo, estimulou o desenvolvimento de estudos de tecnologia e automação industrial que, hoje, permitem que o trabalho humano seja utilizado em tarefas menos entediantes, poupando o trabalhador de realizar tarefas monótonas e pessoalmente pouco enriquecedoras.

Os seguidores das ideias de Taylor

Muitos outros autores e pesquisadores desenvolveram as ideias defendidas por Taylor em seus estudos e práticas administrativas.

Henry Ford é visto como um dos responsáveis pelo grande salto qualitativo no desenvolvimento da atual organização empresarial.[7] Ciente da importância do consumo de massa, lançou alguns princípios que buscavam agilizar a produção, diminuindo seus custos e tempo de fabricação:

---
[6] KOONTZ; O'DONNELL; WEIHRICH. Op. cit., p. 43-45.
[7] HAMMER, Michael; CHAMPY, James. *Reengenharia*. 11 ed. Rio de Janeiro: Campus, 1994.

- **Integração vertical e horizontal** – produção integrada, da matéria-prima ao produto final acabado (integração vertical) e instalação de uma enorme rede de distribuição (integração horizontal).
- **Padronização** – ao instaurar a linha de montagem e a padronização do equipamento utilizado, Ford obtinha agilidade e redução de custos, em detrimento da flexibilização do produto. É anedota comum atribuir a Ford a ideia de que o consumidor podia escolher qualquer carro Ford, desde que fosse "de bigode preto".[8]
- **Economicidade** – redução dos estoques e agilização da produção. "O minério sai da mina sábado e é entregue sob a forma de um carro, ao consumidor, na terça-feira à tarde."[9]

Frank Gilbreth (1868-1924). Seguindo uma trajetória semelhante, embora independente da de Taylor, Gilbreth abdicou de estudar no Massachusetts Institute of Technology (MIT) para se tornar aprendiz de pedreiro. Dez anos depois, já superintendente-chefe da Whidden Company, deu início a uma carreira de consultor independente (1895). Defensor de grande parte dos princípios da administração científica, como a divisão do trabalho, o objetivo básico de Gilbreth era descobrir a melhor forma de trabalhar.

Lillian Gilbreth, doutoranda em inglês, resolveu, após seu casamento com Frank, mudar seus interesses acadêmicos para a psicologia. Sua tese no assunto, *The Psychology of Management*, é um dos primeiros estudos acerca do homem na indústria. Enquanto Frank defendia a eliminação dos desperdícios como forma de aumentar a produtividade, Lillian considerava o ambiente e as oportunidades oferecidas aos trabalhadores essenciais para aprimorar a produtividade.[10]

Henry Gantt, que trabalhou com Taylor na Midvale Steel Company, talvez seja o mais conhecido dos seguidores de Taylor, por ter desenvolvido métodos gráficos para representar planos e possibilitar melhor controle gerencial. Destacou a importância do fator tempo, do custo e do planejamento, para a realização do trabalho. O gráfico de Gantt é uma técnica utilizada até hoje no planeja-

---

[8] Ford "de bigode" é o apelido do famoso "modelo T", carro em três volumes, típico do início do século e produzido apenas na cor preta
[9] WREN, Daniel A. *The evolution of management thought*. Nova York: The Ronald Press Company, 1972.
[10] CHIAVENATO, Idalberto. *Teoria geral da administração*. São Paulo: McGraw-Hill, 1979, p. 60.

mento, programação e controle de atividades e projetos, atualmente adaptada para sistemas computacionais sofisticados."[11]

FORD, O PAI DO CARRO POPULAR

Filho de imigrante irlandês, Henry Ford (1863-1947) iniciou sua carreira como aprendiz de mecânico. Fascinado pelo motor a combustão, fundou a Detroit Automobile Company, que faliu dois anos depois. Em 1903 organizou, com um grupo de pequenos investidores, a Ford Motor Company. Em 1908 lançou o modelo T, o primeiro carro popular americano produzido em escala industrial, vendendo 10.000 unidades no primeiro ano e 250.000 em 1914. O volume de vendas permitia a Ford manter baixos preços, sem detrimento dos lucros. Aparentemente, preconizando a futura participação dos funcionários nos lucros da empresa, Ford instituiu o salário mínimo de US$ 5 por dia para os que cumprissem alguns requisitos básicos.[12]

Além disso, Ford mostrou-se adiante de seu tempo quando considerava os recursos humanos da empresa. Ele defendia a ideia de que o segredo do sucesso está na habilidade de encarar os funcionários como seres humanos: "Em primeiro lugar, um empregador deve compreender as pessoas que trabalham para ele. Ele não deve cometer o erro de pensar neles como unidades ou ganhadores de salários ou como sendo diferentes dele mesmo, em qualquer aspecto. Se ele for obter seu melhor trabalho e esforço, seu interesse e, consequentemente, os melhores resultados em seu negócio, ele deve perceber que os seres humanos que trabalham para ele têm as mesmas ambições e desejos que ele".[13]

---

[11] Para maiores informações acerca da elaboração do gráfico, bem como suas diversas aplicações no setor industrial, recomenda-se CLARCK, Wallace. *The Gantt chart*. 3. ed. Londres: Sir Isaac Pitman & Sons Ltd., 1957.
[12] *The Encyclopedia Americana*. Nova York: Americana Corporation, 1970. v. 11.
[13] FORD, Henry. How I made a success of my business. In: CHANDLER, Alfred. *The application of modern systematic management*. Nova York: Amo Press, 1977, p. 447-448.

As funções gerenciais – a teoria clássica de Fayol

Paralelamente aos estudos de Taylor, o engenheiro francês Henri Fayol *(Administration Industrielle et Generale,* 1916) defendia princípios semelhantes na Europa, baseado em sua experiência na alta administração. Mas enquanto os métodos de Taylor eram estudados por executivos europeus, os seguidores da administração científica só deixaram de ignorar a obra de Fayol em 1949, quando foi finalmente publicada nos Estados Unidos.[14] Já desde a década de 1920 os Estados Unidos constituíam o maior reduto dos estudos em gestão empresarial. O atraso na difusão generalizada das ideias de Fayol fez com que grandes contribuintes do pensamento administrativo desconhecessem seus princípios.

Fayol relacionou quatorze princípios básicos, que podem ser estudados de forma complementar aos de Taylor, considerando que são vistos sob uma outra ótica empresarial. A própria divisão do trabalho, tão característica dos trabalhos de Taylor, era defendida por Fayol para cargos técnicos e também administrativos. Confira:[15]

1. ***Divisão do trabalho*** – a especialização dos funcionários, dos executivos da administração aos operários da fábrica, favorece a eficiência na fabricação, aumentando a produtividade.
2. ***Autoridade e responsabilidade*** – autoridade é o direito dos superiores hierárquicos de dar ordens que serão supostamente obedecidas; responsabilidade é a contrapartida da autoridade.
3. ***Unidade de comando*** – um empregado deve receber ordens de apenas um superior, evitando contra-ordens.
4. ***Unidade de direção*** – o controle único é possibilitado com a aplicação de um plano para grupos de atividades com os mesmos objetivos.
5. ***Disciplina*** – necessidade de se estabelecer normas de conduta e de trabalho, válidas para todos os funcionários. A ausência de disciplina joga a organização no caos.
6. ***Prevalência dos interesses gerais*** – os interesses gerais da corporação devem prevalecer sobre os interesses individuais.

---

[14] GEORGE Jr., Claude Swanson. *História do pensamento administrativo.* São Paulo: Cultrix, 1972.
[15] FAYOL, Henri. *Administração industrial e geral: previsão, organização, comando, coordenação e controle.* 9. ed. São Paulo: Atlas, 1975.

FAYOL, O VERDADEIRO PAI DA ADMINISTRAÇÃO?

Ingressando como engenheiro de minas na Société Anonyme Commentry-Fourchambault em 1860, Henri Fayol (1841-1925) foi nomeado seu diretor em 1888, com a missão de reverter o quadro de falência da empresa. Mais do que recuperá-la, Fayol a transformou em um vasto complexo metalúrgico, aposentando-se em 1918, aos 77 anos.

Seu sucesso era atribuído à sua forma abrangente e completa de pensar a empresa e os problemas básicos da administração prática. Sua obra básica, *Princípios gerais da administração*, compila suas conclusões, abordando tópicos como as características dos administradores, a importância de seu treinamento, suas funções básicas e os princípios básicos da administração. Buscou desenvolver a primeira teoria da administração, defendendo que seu estudo teórico deveria preceder a prática da profissão.

Em função disso, dada sua percepção dos problemas básicos da administração moderna e a universalidade de seu princípios gerais, alguns autores veem em Fayol o verdadeiro pai da administração.[16]

7. *Remuneração* – deve ser suficiente para garantir a satisfação dos funcionários e da organização.

8. *Centralização* – as atividades cruciais da organização e a autoridade para a sua adoção devem ser centralizadas.

9. *Hierarquia* **(cadeia escalar)** – defesa incondicional da estrutura hierárquica, respeitando à risca uma linha de autoridade fixa.

10. *Ordem* – deve ser mantida em toda a organização, preservando um lugar para cada coisa (pessoa) e cada coisa (pessoa) em seu lugar.

11. *Equidade* – a justiça deve prevalecer também no ambiente de trabalho, justificando a lealdade e a devoção dos funcionários à empresa.

12. *Estabilidade dos Funcionários* – a alta rotatividade do pessoal tem consequências negativas sobre o desempenho da organização e o moral dos trabalhadores.

---

[16] KOONTZ; O'DONNELL; WEIHRICH, Op. cit.

13. **Iniciativa** – deve ser entendida como a capacidade de estabelecer um plano e cumpri-lo.

14. **Espírito de Corpo ("Esprit de corps")** – o trabalho deve ser conjunto, facilitado pela comunicação dentro das equipes. Os componentes de um mesmo grupo precisam ter consciência de classe, para com isso defenderem seus propósitos.

Ao lado dos princípios gerais, Fayol enunciou as funções precípuas da gerência administrativa. O conjunto das *funções administrativas* forma o processo administrativo. A ideia de processo inclui o aspecto dinâmico da relação entre as diferentes funções, com cada uma delas influenciando e sendo influenciada pelas demais. São elas:

PLANEJAR – significa estabelecer os objetivos da organização, especificando a forma como serão atingidos. Parte de uma sondagem do futuro, desenvolvendo um plano de ações para atingir os objetivos traçados. É a primeira das funções, já que servirá de base diretora à operacionalização das outras.

COMANDAR – significa fazer com que os subordinados executem o que deve ser feito. Pressupõe que as relações hierárquicas estejam claramente definidas, ou seja, que a forma como administradores e subordinados se influenciam esteja explícita, assim como o grau de participação e colaboração de cada um para a consecução dos objetivos definidos.

ORGANIZAR – é a forma de coordenar todos os recursos da empresa, sejam humanos, financeiros ou materiais, alocando-os da melhor forma, segundo o planejamento traçado.

CONTROLAR – é estabelecer padrões e medidas de desempenho que permitam assegurar que as atitudes adotadas são as mais compatíveis com o que a organização almeja. O controle das atividades desenvolvidas permite maximizar a probabilidade de que tudo ocorra conforme as regras estabelecidas e as ordens ditadas.

COORDENAR – a implantação de qualquer planejamento seria inviável sem a coordenação das atitudes e esforços de toda a organização (departamentos e pessoal), tendo em vista os objetivos traçados.

Considerações acerca da teoria clássica

- *Obsessão pelo comando* – tendo como ótica a visão da organização com base na gerência administrativa, Fayol centrou seus estudos na unidade do comando, na autoridade e na responsabilidade. Em função disso, é normalmente visto como obcecado pelo comando gerencial.

- *A empresa como sistema fechado* – outra crítica frequentemente endereçada à administração clássica é que considerava a empresa como um sistema fechado. Ora, a partir do momento em que o planejamento é defendido como sendo a pedra angular da gestão empresarial, é difícil imaginar que a organização seja vista como uma parte isolada do ambiente.

- *Manipulação dos trabalhadores* – assim como a administração científica, a administração clássica foi tachada de tendenciosa, desenvolvendo princípios que buscavam, em última instância, explorar os trabalhadores. Entretanto, cabe diferenciar a elaboração e o estudo dos princípios e funções defendidos por Fayol da aplicação, muitas vezes deturpada, que alguns empresários fizeram (e fazem) dos mesmos.

Contrapondo as funções gerenciais de Fayol aos princípios científicos de Taylor

Enquanto Taylor estudava a empresa do ponto de vista do chão de fábrica para cima (privilegiando as tarefas da produção), Fayol a estudava da administração para baixo (privilegiando as tarefas da organização).

	ADMINISTRAÇÃO CIENTÍFICA	ADMINISTRAÇÃO CLÁSSICA
Precursor	Frederick Taylor	Henri Fayol
Origem	Chão de fábrica	Gerência administrativa
Ênfase	Adoção de métodos racionais e padronizados; máxima divisão de tarefas	Estrutura formal da empresa; adoção de princípios administrativos pelos altos escalões
Enfoque	Produção	Gerência

Detendo-se menos na organização sistemática da empresa, a ênfase de Fayol recaiu sobre os princípios da prática administrativa, dedicando atenção especial às diversas funções administrativas.

Não é raro encontrarmos a utilização indistinta dos termos **administração científica** e **administração clássica**. Entretanto, as diferenças entre as duas são patentes.

- A *administração científica* surgiu no chão de fábrica. Conforme o próprio nome indica, preconiza a adoção de métodos racionais e padronizados, a máxima divisão de tarefas e o enfoque centrado na produção.

- A *administração clássica*, que teve origem na alta administração, enfatiza a estrutura formal da organização e a adoção de princípios e funções administrativas necessárias à realização do trabalho. O sucesso do empreendimento, segundo Fayol, está relacionado ao desempenho satisfatório dessas funções em todos os setores da organização.

capítulo 2

Escola de relações humanas

Origem

Pode até parecer paradoxal que, frente à enorme onda de desemprego resultante da crise de 29, os estudiosos das organizações se preocupassem com o fator humano no trabalho. Entretanto, a crise funcionou como sinal de que, assim como os princípios econômicos vigentes até então, o paradigma da administração também necessitava passar por uma reformulação radical.

CRISE DE 29 – DO LIBERALISMO AO INTERVENCIONISMO

A crise de 29 foi um dos maiores choques que a economia mundial já atravessou. Até então, o capitalismo norte-americano seguia uma política liberal: os empresários pagavam salários baixos, mantinham os preços elevados, aumentavam a produção e o Estado não intervinha. Quando não havia demanda suficiente para a produção, recorriam ao financiamento da estocagem. Quanto maiores os estoques, maior a paralisação da produção, maior o desemprego, menor o nível de consumo. A crise se refletia na Bolsa, onde havia maior número de vendedores do que de compradores de ações, negociadas a preços cada vez mais baixos. Após a quebra da Bolsa, o governo assumiu uma postura intervencionista na Economia, regulando a produção e fixando limites para preços e salários. Surgiram o salário mínimo, o limite máximo de trabalho diário, a previdência social e a legalização das organizações sindicais.

A busca de uma maior eficiência nas empresas exigiu a reconsideração das relações e aspirações dos elementos humanos na organização. A humanização dos conceitos administrativos apresentou-se como mais adequada às novas exigências.

Paralelamente, desenvolveram-se vários campos das ciências humanas, que permitiam compreender melhor o funcionamento da psicologia do trabalhador.

Assim, os pesquisadores e estudiosos da psicologia do trabalho e industrial ressaltavam a importância da consideração conjunta dos fatores humano e material para a avaliação da produtividade no trabalho. Foram fundamentais para o desenvolvimento dessas propostas os conceitos desenvolvidos por Lewin[1] sobre o comportamento dos grupos sociais e que, posteriormente, também foram explorados na explicação dos aspectos comportamentais do processo de mudança dentro da organização. Todavia, as experiências desenvolvidas por Mayo[2] e sua equipe na fábrica da Western Electric Company (Hawthorne, Chicago) formam o quadro de referência que possibilitou delinear os princípios básicos da Escola de Relações Humanas.

LEWIN E O ESTUDO DOS GRUPOS

Judeu alemão emigrado para os EUA nos anos 1930, Kurt Lewin (1890-1947) estudou em Berlim com Max Wertheimer, um dos fundadores da Gestalt. Lewin defendia como comportamento do grupo um conjunto de forças e interações simbólicas que afetam não somente a estrutura grupal, mas também o comportamento individual. Esse processo contínuo de adaptação mútua recebeu o nome de "equilíbrio quase-estacionário".

Em 1945, Lewin fundou o Research Center for Group Dynamics, no Massachusetts Institute of Technology (MIT),[3] voltado para a pesquisa pura e aplicada sobre a formação e o comportamento dos grupos na sociedade e nas organizações.

Os pressupostos da abordagem de relações humanas

As pesquisas de Elton Mayo propiciaram um cenário favorável à introdução de uma nova abordagem na solução dos problemas de administração, focalizada no

---

[1] *A Dynamic Theory of Personality* (1935), *Principles of topological psychology* (1936), *Resolving social conflicts* (1948), *Field theory in social science* (1951).
[2] *The human problems of an industrial civilization* (1933), *The Social Problems of an Industrial Civilization* (1945), *The political problems in an industrial civilization* (1947).
[3] WREN, Daniel A. *The evolution of management thought.* Nova York: The Ronald Press Company, 1972. p. 322-325.

processo de motivar os indivíduos para o atingimento das metas organizacionais. Para tanto, alguns pressupostos sobre o comportamento humano precisavam ser aceitos e considerados pelos administradores:

- *Integração e comportamento sociais* – embora dotado de excelentes condições físicas para o trabalho, o trabalhador socialmente desajustado terá baixa eficiência. Isso porque os aspectos sociológicos, psicológicos e emocionais são mais importantes do que os técnicos. O papel da integração grupal é primordial para o bem-estar psicoemocional dos trabalhadores. Eles não agem individualmente, mas como membros de grupos. Desviando-se das normas grupais, sofrem punições sociais ou morais dos colegas mais severas do que as impostas pela organização, porque os marginalizam do relacionamento com o grupo. E o "esprit de corps" (espírito de corpo) que leva a situações como a de alguns trabalhadores que, mesmo não concordando com uma greve, participem do movimento em nome da coesão grupal. A administração que busca a eficiência e o aumento da produtividade deve então atentar à conciliação dos objetivos empresariais com os interesses subjetivos dos trabalhadores, para obter os resultados desejados.

- *Participação nas decisões* – a participação de cada um no processo decisório é fundamental, embora condicionada à situação e ao padrão de liderança adotado. O trabalhador é um ser pensante; ele deve estar sujeito a um controle de resultados, mas não a uma supervisão estrita, principalmente no que se refere ao modo de realizar sua tarefa. A participação nas decisões, favorecida por meio de uma comunicação de baixo para cima, estimula a iniciativa dos funcionários e aumenta a produtividade empresarial.

- *Homem Social* – o comportamento dos trabalhadores está condicionado não somente a aspectos biológicos, mas também a normas e padrões sociais. Dada a importância atribuída aos fatores psicoemocionais, a motivação econômica passa a ser secundária na determinação do rendimento do trabalhador; são prioritárias a necessidade de reconhecimento, aprovação social e a participação.

- *Conteúdo do trabalho* – trabalhos simples e repetitivos são monótonos e negativos para a motivação do trabalhador e, consequentemente, para o nível da produção. As tarefas devem ser estimulantes, incentivando o trabalhador a se interessar pela produtividade e qualidade do que desenvolve.

MAYO E A EXPERIÊNCIA DE HAWTHORNE

Formado em filosofia e medicina, professor em Harvard, o australiano Elton Mayo (1880-1949) começou a se interessar, em 1923, pela rotatividade de pessoal e queda de produtividade. A partir dos anos 20 percebia-se nas empresas americanas o que se convencionou chamar de *"spleen* industrial": um abatimento moral dos trabalhadores, com perda de interesse pelo trabalho, fadiga e monotonia.[4] Como continuação de uma série de estudos anteriores, entre 1927 e 1929, Mayo desenvolveu experimentos junto a grupos de trabalhadores da área de montagem de relés da indústria Hawthorne, da Western Electric. A experiência baseava-se na alteração de uma variável da condição de trabalho (iluminação, pausas, jornada de trabalho), enquanto as outras permaneciam constantes. Como a produtividade aumentava tanto no grupo experimental quanto nos outros, a conclusão foi a de que fatores físicos influenciam menos a produção do que os emocionais. O simples fato de mostrar, pela presença dos cientistas e pelas experiências, que havia interesse pelas condições dos operários, incentivava-os a se interessar novamente pelo trabalho.

Conforme o relatório das experiências: "Em termos do conceito de uma organização industrial enquanto sistema social, muitos dos problemas humanos de gestão podem ser reformulados. Uma visão tradicional desses problemas frequentemente distorce a situação humana real na planta industrial. Os trabalhadores, supervisores ou executivos são muitas vezes considerados separadamente de seu ambiente social e história pessoal e são tratados essencialmente como *homens econômicos*. A simples análise de causa e efeito de seu comportamento é substituída pelo contexto situacional mais rico, no qual suas vidas são vividas e nas quais prevalece a relação de dependência mútua."[5]

Observação – Uma descrição detalhada de todas as fases da experiência de Mayo e sua equipe pode ser encontrada no relatório de pesquisa *Management and the worker* e no vídeo "O Fator Humano: os estudos de Hawthorne para os gerentes de hoje", produzido por Salenger Educational Media e distribuído no Brasil por Siamar – Treinamento e Desenvolvimento Ltda.

---

[4] AKTOUF, Omar. Op. cit., p. 201-202.
[5] ROETHLISBERGER, E. J.; DICKSON, William J. *Management and the worker*. 6. ed. Cambridge, Massachusetts: Harvard University Press, 1943. p. 569.

Contribuições importantes para a abordagem humanística

Oliver Sheldon, filósofo britânico, apresentou em 1923 uma filosofia de administração, enfatizando as responsabilidades sociais da empresa. A organização tinha como obrigação não apenas oferecer produtos e serviços à comunidade, como também zelar por seu bem-estar. Para tanto, era fundamental o estabelecimento das diretrizes a serem seguidas pela organização. Definindo o papel da administração, incluía:

"a determinação e a execução de políticas, a coordenação de funções e os processos das organizações como atividades válidas e integrais da administração."[6]

Alfred J. Marrow, psicólogo especializado em psicologia industrial, foi durante vinte anos dirigente da Harwood Manufacturing Corporation. Sua maior contribuição foi a introdução dos métodos de pesquisa da psicologia aplicada à solução dos problemas das organizações industriais, defendendo a criação de um clima de trabalho capaz de satisfazer as necessidades do trabalhador.

"Para conseguir entender melhor como as pessoas sentem e por que agem de determinada maneira são necessárias mais do que simples explicações. Não será por meio de informações que administradores conseguirão conhecer seus empregados. Esse entendimento sobrevirá quando examinarem a fundo seus próprios métodos, quando compreenderem o que empresta eficiência à liderança e quais são as motivações a serem tomadas em consideração."[7]

Ordway Tead defendia a compreensão do comportamento administrativo com base no conhecimento da natureza humana. O administrador, sendo um profissional com dons especiais e um educador, deve ser um líder.

"A natureza humana é, por assim dizer, matéria-prima com a qual todo chefe executivo, em qualquer nível, tem de trabalhar. Se tiver algum conhecimento da força de tensão, da elasticidade, da perfeita capacidade de reação do material com

---

[6] MEGGINSON, Leon C.; MOSLEY, Donald C.; PIETRI Jr., Paul H. *Administração conceitos e aplicações*. São Paulo: Harbra, 1986. p. 63.
[7] MARROW, Alfred J. *Administração humanizada*. 2. ed. São Paulo: IBRASA, 1964.

que trabalha, seus julgamentos, estratégias e métodos terão probabilidade de dar melhor resultado do que se trabalhasse por instinto."[8]

Mary Follett atribuía grande importância às relações individuais na organização e ao reconhecimento das motivações dos trabalhadores, cujas reações não podem ser definidas com precisão. Assim, não há fórmula fixa para a solução dos problemas da empresa. Utilizando conhecimentos de psicologia, analisava padrões de comportamento dos funcionários, dentro das organizações. Como conclusão, recomendava às organizações desejosas de alterar o comportamento de seus funcionários no trabalho que alterassem seus próprios padrões de comportamento:

> "A psicologia, assim como nossa observação, mostra-nos não apenas que não podemos levar as pessoas a fazer coisas de forma mais satisfatória através de ordens ou exortações; mas também que até mesmo raciocinar com elas, convencê-las intelectualmente, pode não ser suficiente. Até mesmo o *consentimento do governado* não irá levá-las a realizar todo o trabalho que supostamente deveriam fazer, uma consideração importante para os que advogam a representação dos funcionários. Toda a nossa vida passada, nosso treinamento inicial, nossas últimas experiências, todas as nossas emoções, crenças, preconceitos, cada desejo que temos, formaram certos costumes mentais que os psicólogos chamam de padrões de ação. (...) Esta é uma consideração importante para nós, por que de um certo ponto de vista o sucesso nos negócios depende grandemente disso – se nossa empresa é tão organizada e administrada, que tende a formar certos hábitos, certas atitudes mentais."[9]

Considerações acerca da abordagem de relações humanas

Da mesma forma que as teorias científica e clássica, a abordagem humanística foi alvo de veementes críticas. Se muitas delas apresentam fundamento, outras se referem a uma análise superficial da abordagem, gerando compreensões equivocadas de suas propostas. Entretanto, por mais ácidas que sejam as análises dos princípios por ela defendidos, cabe lembrar que sua eclosão serviu de base para o desenvolvimento de escolas posteriores em estudos de gestão.

---

[8] TEAD, Ordway. *A arte da administração*. 2. ed. Rio de Janeiro: FGV, 1975. p. 42.
[9] METCALF, Henry C.; URWICK, L. *Dynamic administration* – The collected papers of Mary Parker Follett. Nova York: Harper & Brothers Publishers, 1940. p. 51-53.

- **Negação do conflito entre empresa e trabalhadores**

Como o reconhecimento do conflito entre os objetivos da empresa e os interesses dos trabalhadores implicaria diferenciação das metas dos trabalhadores e da empresa, o movimento de relações humanas tenta resolvê-lo negando sua existência. Essa atitude reflete uma superficialidade no tratamento do tema, em detrimento dos trabalhadores. A negação exclui qualquer possibilidade de resolução do conflito, o que é simplesmente uma posição confortável para a administração.

- **Restrição de variáveis e da amostra**

A abordagem de relações humanas restringiu-se a um número excessivamente pequeno de variáveis. Restringiu também o estudo a fábricas, impossibilitando a generalização de seus resultados a outros tipos de organização. Como resultado, a defesa de um *homem social*, em oposição ao *homem econômico* dos clássicos, pecava por não considerar o meio social como apenas um dos fatores que influenciam o comportamento das pessoas na empresa.

- **Concepção utópica do trabalhador**

A teoria das relações humanas baseava-se na visão idealizada de um operário feliz e integrado ao ambiente de trabalho. Entretanto, isso exigia uma negação das constatações práticas de que existem operários infelizes e produtivos e outros felizes e improdutivos. Felicidade e produtividade não são, portanto, diretamente proporcionais.

- **Ênfase excessiva nos grupos informais**

A importância da integração grupal como fator de aumento da produtividade também foi supervalorizada. A influência do grupo, além de ser limitada, representa apenas um dos fatores capazes de alterar o nível de produtividade dos trabalhadores.

- **Espionagem disfarçada**

O estímulo à participação dos funcionários nas decisões empresariais, por meio da comunicação de baixo para cima, acabou por deturpar seus objetivos declarados. A crítica que se faz é que a abertura de um espaço para a expressão dos trabalhadores passou a ser uma forma da administração: espionar as ideias e insatisfações dos trabalhadores, inteirando-se previamente dos movimentos trabalhistas reivindicatórios.

- *Ausência de novos critérios de gestão*

A teoria das relações humanas pode ser criticada por não fornecer critérios efetivos de gestão, indicando de forma mais prática o que deve ou não ser feito para se obter os melhores resultados empresariais. Paralelamente, não apresenta uma visão socioeconômica realista das relações empresa-funcionários.[10]

Influência da abordagem de relações humanas nos estudos posteriores

Apesar dessas limitações, as propostas que originaram a abordagem de relações humanas e os estudos que lhe deram seguimento permanecem vigentes até nossos dias. A abordagem humanística levantou aspectos que, pela primeira vez, começaram a ser analisados com seriedade dentro do contexto organizacional. Sua coerência e comprovada importância empírica os tornam atuais, mais de meio século após seu surgimento.

Dessa forma, quem hoje ousaria contestar a relevância da criação e da manutenção de um clima organizacional favorável aos trabalhadores? As empresas modernas não cessam de desenvolver o tema, estimulando as iniciativas que favoreçam o bom relacionamento entre seus funcionários e a formação da boa imagem da empresa junto aos mesmos. A defesa do endomarketing e as pesquisas de clima organizacional patrocinadas pelas próprias organizações são bons indicadores da atualidade e do interesse provocado pelo assunto.

A análise constante dos fatores motivadores do trabalho, o estímulo a um comportamento favorável às mudanças exigidas pelo ambiente e à iniciativa dos funcionários são aspectos que não passam despercebidos por nenhum executivo que se considere em dia com as modernas propostas de gestão. O que se busca, hoje, não é muito mais do que um objetivo traçado pela abordagem humanística: "manter as pessoas trabalhando efetivamente, ao mesmo tempo em que há permissão para que os indivíduos desenvolvam seu potencial e encontrem seu lugar na sociedade".[11]

---

[10] CORADI, Carlos Daniel. *O comportamento humano em administração de empresas*. São Paulo: Pioneira, 1985.
[11] MEGGINSON; MOSLEY; PIETRI. Op. cit., p. 68.

capítulo 3

Burocracia

Origem

Max Weber foi um dos fundadores da sociologia moderna. Contemporâneo das teorias científica e clássica, estudou a organização como parte de um contexto social, influenciada pelas mudanças sociais, econômicas e religiosas da época. O modelo burocrático surgiu então como uma proposta de estrutura administrativa para organizações complexas, dotada de características próprias, eficiente na sociedade industrial emergente.

As limitações das teorias clássica, científica e de relações humanas, já abordadas nos capítulos precedentes, fizeram com que alguns autores se voltassem às obras de Weber[1] na busca de uma teoria adequada sobretudo à nova complexidade das organizações. A racionalidade da Revolução Industrial tornava a inconstância do ser humano um empecilho ao bom funcionamento do novo modelo de organização industrial. A teoria burocrática surgiu então como paradigma de gestão, regulada pelas normas e inflexibilidade hierárquica.

As características da burocracia

O modelo burocrático segue preceitos rígidos e disciplinadores para o desempenho eficaz do indivíduo e da organização. A instabilidade das emoções e os comportamentos aleatórios eram vistos como perniciosos ao bom desempenho empresarial. Assim, os pressupostos da teoria saíam em defesa de aspectos coerentes com a visão racionalista do ser humano.

---

[1] WEBER, Max. *The Theory of Social and Economic Organization*. Nova York: The Free Press of Glencoe, 1964.

- *Ética protestante* – Como princípios básicos, o protestantismo defende a vida dedicada ao trabalho duro, à poupança e ao acetismo. Os que realmente se dedicam a essa conduta espartana (e portanto, seguem a vontade de Deus) alcançam a prosperidade e ficam em paz com o destino de sua alma. Com isso, quão mais rico, mais o indivíduo prova ser fiel e recompensado por Deus. A riqueza não é vista como um meio, mas como resultado de uma conduta.

WEBER E O ESPÍRITO DO CAPITALISMO

Sociólogo e economista alemão, Max Weber (1864-1920) dedicou-se ao estudo da história social comparada lidando, entre outros temas, com a sociologia da liderança, Estado, economia, direito, música e religião. Weber parecia ter um interesse particular pelo fato de o capitalismo não ter surgido no Oriente. Para o autor, sua gênese ocidental podia ser atribuída, entre outros motivos, a diferenças de religião. Sua tese era de que o impulso para o desenvolvimento de uma mentalidade capitalista tinha origem em religiões que, como o protestantismo, viam no sucesso econômico de um indivíduo a prova de ser um escolhido de Deus. "Entre os diaristas, os católicos denotam maior tendência para permanecer no artesanato, tornando-se consequentemente muitas vezes mestres-artesãos, enquanto os protestantes são mais atraídos pelas fábricas, onde preenchem as camadas superiores da mão de obra especializada e as posições administrativas. A explicação desses casos está, sem dúvida, nas peculiaridades mentais e espirituais adquiridas do meio, especialmente do tipo de educação propiciada pela atmosfera religiosa do lar e da família, que determinará a escolha da ocupação e, através dela, da carreira profissional."[2]

- *Homem organizacional* – o tipo de personalidade adequada à sociedade moderna é a do homem flexível ao desempenho de vários papéis simultâneos dentro da organização. Resistente às frustrações, dedicado de forma irrestrita ao cumprimento de suas tarefas, o funcionário da organização burocrática deve ser capaz de adiar as recompensas e o desejo de autorrealização.

---

[2] WEBER, Max. *A ética protestante e o espírito do capitalismo*. São Paulo: Pioneira, 1967. p. 22.

- *Racionalidade* – os objetivos devem ser atingidos da maneira mais racional e, portanto, poupadora de esforços. Assim como na Administração Científica, a Burocracia defende a existência da melhor forma de se realizar uma tarefa.

- *Divisão de trabalho e hierarquia* – a divisão de trabalho deve ser sistemática, coerente com os objetivos visados pela organização. Cada pessoa deve ter uma tarefa específica e uma autoridade condizente com ela. Forma-se assim uma hierarquia legítima de atividades, construída de acordo com as funções dos trabalhadores dentro da empresa. A legitimidade da cadeia hierárquica faz com que deva ser respeitada e aceita a qualquer custo.

- *Autoridade, poder, dominação e administração* – *autoridade* é a "probabilidade de que um comando ou ordem específica seja obedecida",[3] podendo se dar por hábito, afeição ou interesse em determinada situação. *Poder* é a probabilidade de impor a própria vontade à conduta dos outros, contra qualquer resistência. Na *dominação*, o governante tem o direito de impor seu poder e o governado, o dever de obedecer-lhe. Ao se exercer sobre muitas pessoas, a dominação necessita de um *aparato administrativo* que una governante e governados.

- *Promoção e seleção* – a consideração da competência técnica evita favoritismos e o incentivo à promoção da incompetência. Seguindo a lógica da racionalidade, o processo de seleção e promoção de um indivíduo deve ser resultado de sua dedicação e competência no cumprimento das metas organizacionais.

- *Separação entre propriedade e administração* – os administradores devem ser profissionais, especialistas, assalariados, fiéis ao cargo e aos objetivos da empresa. O trabalho que desempenham deve ser sua principal atividade. Com isso, o trabalhador passa a ser encarado não como um ser humano, dotado de personalidade e emoções, mas como o ocupante de um cargo, que tem sob sua responsabilidade um conjunto de atribuições.

- *Organização informal* – sendo imprevista, não é racional. Não sendo racional, não é desejada nas organizações burocráticas.

---

[3] ETZIONI, Amitai. *Organizações complexas*. São Paulo: Atlas, 1965.

Burocracia é um modelo

Embora a expressão *organização burocrática* seja utilizada de modo depreciativo para designar empresas complicadas no seu processo de trabalho e lentas no processo de decisão, a burocracia, de acordo com os princípios apresentados, mostrou-se uma forma adequada e muito aplicada às organizações de todo o tipo. A rigor, o modelo burocrático facilita a atividade de supervisão do trabalhador, que, de antemão, já possui todas as informações necessárias sobre a sua tarefa e o comportamento desejado pela administração.

Provavelmente nada revoltaria mais os defensores da verdadeira burocracia do que prever que seus pressupostos seriam tão amplamente deturpados. Afinal, a defesa do desempenho das tarefas da forma mais poupadora possível de esforços não é muito compatível com a visão que se faz hoje de uma organização burocratizada. Afinal, os princípios da burocracia defendem o cumprimento dos objetivos organizacionais de forma não apenas eficaz, mas eficiente.

EFICIÊNCIA *VERSUS* EFICÁCIA

A eficácia está relacionada ao cumprimento dos objetivos traçados. A eficácia da pescaria pode ser comprovada pela foto do orgulhoso pescador ao lado de um bonito dourado. Porém, pode ter sido uma pescaria ineficiente se, para tanto, nosso amigo tiver utilizado dinamite. Por outro lado, bravos participantes do Paris-Dacar podem ter uma corrida eficiente, na qual tudo transcorra na mais perfeita harmonia: não falte água, o carro não atole, sedutoras odaliscas não os afastem da corrida. Porém, a corrida não será eficaz se não for ganha.

A eficácia está associada ao conceito de fazer a coisa certa. A eficiência está associada à melhor forma de fazer a coisa certa. A eficácia significa atingir os objetivos traçados. A eficiência significa a melhor forma de atingi-los.

Da mesma forma, a promoção por mérito e competência não pode ser mais distante do que o estereótipo de *cabide de empregos* e *poço de incompetência*, que se atribui modernamente ao termo *burocracia*. Conforme argumenta Peter Blau:

"As burocracias podem ser encaradas como estratégias institucionalizadas para a consecução de objetivos administrativos, pelo esforço conjugado de muitos funcionários. Representam métodos de organização da conduta social, a fim de transformar os problemas excepcionais em obrigações rotineiras de peritos e efetuar a coordenação de encargos especiais. Em culturas diferentes, diferentes arranjos sociais provarão sua indicação para tais fins. Quando as relações sociais autoritárias prevalecem na família e na sociedade em geral e quando a falta de educação limita a qualificação de oficiais subalternos, como na Alemanha no tempo de Weber, o controle hierárquico estrito poderá ser o método mais eficiente de funcionamento burocrático. Todavia, quando a igualdade nas relações sociais é altamente estimada e quando se atingiu um nível muito mais elevado de educação popular, como nos Estados Unidos hoje em dia, permitindo considerável discrição aos funcionários subalternos no desempenho de suas responsabilidades, isto poderá constituir um sistema mais eficiente de administração."[4]

Seja como for, o movimento burocrático é alvo de críticas severas, principalmente daqueles que defendem a maior liberdade e autonomia do indivíduo para o melhor desempenho organizacional:

- *Limitação da espontaneidade*

As características da organização burocrática limitam a liberdade pessoal, tornando o trabalhador incapaz de compreender a organização como um todo. Sua visão é fragmentada, o que é prejudicial para a sua autorrealização e para o desempenho da empresa. A própria colocação dos objetivos da empresa como prioritários aos seus objetivos enquanto pessoa denota a relação impessoal e degradante de um ser humano condenado a abdicar de seus sentimentos e aspirações.

- *Despersonalização do relacionamento*

O funcionário não tem colegas de trabalho. Assim como ele próprio, as pessoas com quem se relaciona profissionalmente são meros ocupantes de cargos hierarquizados. Os relacionamentos intergrupais e interpessoais não são racionais; portanto, não podem ser benquistos na organização burocrática.

- *Substituição dos objetivos pelas normas*

As normas passam a ser gradativamente mais importantes do que os objetivos da organização. O trabalhador deixa de ser um especialista em determinada área para ser um especialista em normas. Consequentemente, o próprio princípio poupador de esforços passa a ser inviável.

---

[4] BLAU, Peter M. A Dinâmica da Burocracia. In: ETZIONI, Amitai (org.). *Organizações complexas.* São Paulo: Atlas, 1967. p. 335-336.

- **Conflito entre público e funcionários**

Como todos os clientes são atendidos conforme normas preestabelecidas, as especificidades de cada caso são desconsideradas. A inflexibilidade do tratamento dispensado acarreta conflitos entre clientes e funcionários.

capítulo 4

Behaviorismo

Origem

O movimento behaviorista surgiu como evolução de uma dissidência da escola de Relações Humanas, que recusava a concepção de que a satisfação do trabalhador gerava, de forma intrínseca, a eficiência do trabalho. A percepção de que nem sempre os funcionários seguem comportamentos exclusivamente racionais ou essencialmente baseados em sua satisfação exigia a elaboração de uma nova teoria administrativa.

O Behaviorismo ou Teoria Comportamental defendia a valorização do trabalhador em qualquer empreendimento baseado na cooperação, buscando um novo padrão de teoria e pesquisa administrativas. Foi bastante influenciado pelo desenvolvimento de estudos comportamentais em vários campos da ciência, como a antropologia, a psicologia e a sociologia. Adotando e adaptando para a administração conceitos originalmente elaborados dentro dessas ciências, propunha-se a fornecer uma visão mais ampla do que motivar as pessoas para agirem ou se comportarem do modo que o fazem, particularizando as situações específicas do indivíduo no trabalho.

Dentre os trabalhos fundamentais para a eclosão do Behaviorismo, destacam-se os de Barnard, acerca da cooperação na organização formal, e os de Simon, relativos à participação dos grupos no processo decisório da organização. Eles ofereceram os principais pontos de referência para a formulação das propostas iniciais dessa abordagem. Posteriormente, essas ideias e propostas foram complementadas pela Teoria X e Y de McGregor, pelo Sistema 4 de Rensis Likert, pelas teorias motivacionais de Herzberg e de McClelland, assim como pelos estudos de Chris Argyris.

Aspectos organizacionais enfatizados pelo Behaviorismo

- *Processo decisório* – diante de uma série de alternativas, os decisores selecionam (conscientemente ou não) a que representa a melhor opção. Seguindo a hierarquia organizacional, as decisões particulares são reflexos de decisões globais. Os processos administrativos são, por isso, basicamente processos decisórios.

BARNARD E A COOPERAÇÃO NA ORGANIZAÇÃO FORMAL

Diplomado por Harvard, Chester Barnard (1886-1961) foi presidente da United Services Organisation (USO) durante a II Guerra Mundial e presidente da Fundação Rockefeller, entre 1952 e 1954. Ao concluir que as Teorias Clássica e Científica não se aplicavam adequadamente à prática e que a abordagem de Relações Humanas não conseguira estruturar uma teoria que pudesse ser utilizada como guia para o comportamento do executivo, propôs uma teoria da cooperação na organização formal.

Segundo Barnard, o executivo é o fator mais estratégico da organização. Suas funções são comparáveis às do sistema nervoso, incluindo o cérebro, em relação ao resto do corpo: "Ele (o cérebro) existe para manter o sistema corpóreo, dirigindo aquelas ações que são necessárias para um melhor ajustamento ao ambiente, mas não se pode dizer que ele existe para administrar o corpo, do qual uma grande parte das funções é independente dele e das quais ele, por sua vez, depende."[1] Cabe ao executivo desempenhar algumas funções essenciais: prover o sistema de comunicação; promover a garantia de esforços essenciais; formular e definir o propósito organizacional.

O grupo assume um papel muito importante no desempenho de cada uma dessas funções, já que o ser humano não atua isoladamente, mas interagindo com os outros por meio de relações sociais. Resulta disso a importância dos grupos informais: "As organizações informais são encontradas dentro de todas as organizações formais, as últimas sendo essenciais para a ordem e a consistência; as primeiras, para a vitalidade. Constituem fases de reação mútua da cooperação e são mutuamente dependentes."[2]

- *Liderança* – a capacidade de fazer a melhor escolha é característica dos líderes, que flexibilizam a decisão, apoiando-se na colaboração de to-

---

[1] BARNARD, Chester I. *As funções do executivo.* São Paulo: Atlas, 1971. p. 214-215.
[2] BARNARD, Chester I. (1971). Op. cit., p. 272.

dos. "A liderança se refere à qualidade do comportamento dos indivíduos, através do qual eles guiam pessoas ou suas atividades em esforço organizado."[3] A liderança depende do *indivíduo*, de seus *seguidores* e das *condições* em que ocorre. Portanto, um bom líder deve entender a organização, os indivíduos que a compõem e suas inter-relações. Somente assim poderão estimular ações coordenadas.

SIMON E A PARTICIPAÇÃO DOS FUNCIONÁRIOS

Herbert A. Simon defendia que a estrutura e o desempenho das funções na empresa são facilitadas pela análise da influência da organização nas decisões e no comportamento geral dos funcionários. Como toda atividade administrativa é grupal, a empresa retira do trabalhador parte da autonomia decisória e a substitui por um processo decisório organizacional. Com isso, o processo decisório passa a ser o resultado da participação dos vários grupos que formam a empresa.

Simon e Barnard desenvolveram uma teoria acerca da participação dos funcionários nas decisões organizacionais, denominada *Teoria do Equilíbrio Organizacional*. Segundo ela, a organização é um sistema de comportamentos sociais de várias pessoas, os chamados *participantes*, que recebem *incentivos* e fazem *contribuições* para a empresa. "A organização será *solvente* – e continuará existindo – somente enquanto as contribuições forem suficientes para proporcionar incentivos em quantidade bastante para induzirem à prestação de contribuições."[4]

- *Autoridade e consentimento* – "autoridade é a característica de uma comunicação (ordem) numa organização formal, em virtude da qual ela é aceita por um contribuinte ou *membro* da organização, como governando a ação com que ele contribui; isto é, dirigindo ou determinando o que ele faz ou o que ele não deve fazer, no que tange à organização."[5] Mesmo quando a aceitação se dá por meio de coerção física, repousa sobre o consentimento dos indivíduos. Isso só ocorre quando se apresentam

---

[3] BARNARD, Chester I. *Organization management*. Cambridge, Massachusetts: Harvard University Press, 1962. p. 82-83.
[4] MARCH, James G.; SIMON, Herbert A. *Teoria das organizações*. Rio de Janeiro: USAID/FGV, 1967. p. 103-104.
[5] BARNARD, Chester I. (1962). Op. cit. p. 169.

simultaneamente as seguintes condições: eles entendem a comunicação; no momento de decidir, acreditam que não é incompatível com o objetivo da organização ou com o seu interesse pessoal; encontram-se mental e fisicamente aptos a concordar com ela.
- **Homem administrativo** – os homens são racionais diante de uma situação com vários dados: eventos futuros e distribuição de probabilidades desses eventos, alternativas de ação disponíveis e suas consequências, princípios próprios de ordem de preferência. Baseando-se em tomada de decisões, o homem administrativo tem um comportamento apenas satisfatório e não otimizante.[6]
- **Conflito de objetivos** – o conflito entre os objetivos dos indivíduos e da organização é inevitável. Para Argyris,[7] com o tempo o trabalhador passa por vários estágios, até atingir a maturidade. Entretanto, a estrutura e os processos organizacionais são incoerentes com as aspirações de trabalhadores maduros, que se sentem capacitados a sugerir mudanças e propor inovações para a melhoria do desempenho organizacional, mas nem sempre encontram canais de comunicação abertos às suas propostas.

As Teorias X e Y de McGregor

Insatisfeito com a inadequação do modelo de relações humanas às realidades da vida empresarial, Douglas McGregor (1906-1964) centrou seus estudos na relação entre o sucesso da organização e sua capacidade de prever e controlar o comportamento humano. Suas experiências levaram-no a desenvolver o conceito de que as estratégias de liderança são influenciadas pelas crenças do líder acerca da natureza humana. Para ilustrar sua descoberta, construiu duas teorias contrastantes, conhecidas como teorias X e Y.

Segundo a *Teoria X*, seguidora dos princípios da administração científica:

- o ser humano tem uma aversão natural ao trabalho;
- a maioria das pessoas precisa ser controlada, coagida, dirigida e punida para trabalhar;
- o ser humano prefere ser dirigido, ter pouca responsabilidade, pouca ambição e ter garantia de trabalho.

---

[6] MOTTA, Fernando C.P. *Teoria geral da administração*: uma introdução. 19. ed. São Paulo: Pioneira, 1995.
[7] ARGYRIS, Chris. *Personalidade e organização. O conflito entre o indivíduo e o sistema*. Rio de Janeiro: Renes, 1968.

O homem apresenta-se então como um ser carente, que se esforça para satisfazer suas necessidades e garantir a sua sobrevivência por meio de atividades compulsórias e pouco interessantes para a sua realização pessoal. Com isso, a motivação por estímulo só funciona até certo ponto e a autoridade passa a ser fundamental para assegurar a direção e o controle dos funcionários.[8]

Entretanto, segundo McGregor, a viabilidade de aplicação da Teoria X é comprometida por se basear em pressupostos errôneos ou apenas parcialmente verdadeiros acerca da natureza humana, enunciados pelas teorias clássica e científica.

Concluindo pela inadequação da Teoria X às organizações, McGregor contrapõe a ela a Teoria Y, baseada nos seguintes princípios:[9]

- o dispêndio de esforço físico e mental no trabalho é tão natural quanto o descanso;
- o homem está sempre disposto a se autocorrigir para atingir os objetivos com os quais está comprometido;
- o compromisso com os objetivos depende das recompensas com sua consecução;
- o ser humano aprende não só a aceitar responsabilidades, como a procurá-las;
- imaginação, criatividade e engenhosidade na solução de problemas são comuns;
- na vida industrial moderna são utilizadas as potencialidades intelectuais do homem.

Assim, enquanto na Teoria X a autoridade determina a direção e o controle, na Teoria Y é a integração que legitima a autoridade. A integração é a base da Teoria Y; ela sugere autocontrole quando as necessidades do indivíduo e da organização são reconhecidas. A administração por integração e autocontrole é vista como uma estratégia de ação, ou seja, uma forma de dirigir as pessoas, integrando seus objetivos aos organizacionais. Sua viabilidade é possibilitada por meio do esclarecimento das exigências gerais do trabalho, do estabelecimento de metas, de um processo gerencial para prazos limitados e da avaliação dos resultados obtidos.

---

[8] McGREGOR, Douglas. *O lado humano da empresa*. São Paulo: Martins Fontes, 1980.
[9] McGregor. Op. cit.

Teoria X Concepção tradicional de direção e controle	Teoria Y Integração entre objetivos individuais e organizacionais
O ser humano tem aversão natural ao trabalho.	O ser humano vê o esforço físico e mental no trabalho de forma tão natural quanto querer descansar.
A maioria das pessoas precisa ser controlada, dirigida, coagida e punida, para que finalmente trabalhe.	A maioria das pessoas busca naturalmente se autocorrigir para atingir os objetivos que se propuseram alcançar.
O homem é um ser carente, que se esforça para satisfazer uma hierarquia de necessidades.	O compromisso com um objetivo depende das recompensas que se espera receber com sua consecução.
O ser humano não consegue assumir responsabilidades.	O ser humano não só aprende a aceitar as responsabilidades, como passa a procurá-las.
A participação dos funcionários é um instrumento de manipulação dos mesmos.	A participação dos funcionários é uma forma de valorizar suas potencialidades intelectuais, como: imaginação, criatividade e engenhosidade.
O líder adota um estilo autocrático.	O líder adota um estilo participativo.

Na prática, o que se percebe quanto às teorias acima é que dificilmente uma empresa se enquadra de forma perfeita nas caricaturas das teorias X e Y. Em particular, o próprio McGregor ressalta a dificuldade de integrar os objetivos pessoais aos organizacionais, conforme proposto pela Teoria Y.[10]

As contribuições de Chris Argyris

Chris Argyris dedicou-se ao estudo do comportamento organizacional, um campo da ciência do comportamento que enfoca o entendimento e procura explicar o comportamento do indivíduo e dos grupos nas organizações. Sua hipótese de estudos era que o indivíduo não deve ser visto como uma mera acumulação de suas partes; ao contrário, é dotado de personalidade própria.

Segundo o comportamento organizacional, é fundamental para a redução dos conflitos internos da empresa e seu bom desempenho geral que as propriedades dos dois componentes básicos da organização social (o indivíduo e a organização formal) sejam diagnosticadas. Após estudos desenvolvidos nesse campo, Argyris concluiu que as necessidades dos indivíduos saudáveis tendem a ser incompatíveis com as exigências da organização formal.[11] Para que o indivíduo se mantenha psicologicamente saudável, tem de criar seu próprio grupo de regras informais. Com isso, ele consegue:

---

[10] McGREGOR. Op. cit.
[11] ARGYRIS, Chris (1968). Op. cit.

- reduzir seu sentimento de dependência, submissão, subordinação e passividade;
- minimizar a probabilidade de ficar sujeito à arbitrariedade do poder;
- expressar seus sentimento reprimidos;
- criar seu próprio mundo informal, com cultura e valores próprios.

Baseando-se nas teorias X e Y de McGregor, Argyris propôs um modelo de comportamento dos funcionários na organização associando o padrão de comportamento A à teoria X e o padrão de comportamento B à teoria Y:[12]

Teoria X	Teoria Y
Corresponde à falta de confiança nas pessoas e à sua dependência e controle pela administração. Autoridade administrativa centralizada e autoritária.	Corresponde à melhor distribuição de poder na organização, com delegação de responsabilidades. O homem é visto como um contribuinte ativo.
Padrão A	**Padrão B**
Representa os comportamentos interpessoais, a dinâmica de grupo e as normas organizacionais associadas à teoria X.	Propõe maior confiança nos funcionários, maior interesse em seus sentimentos. Fornece possibilidade de comprometimento interno e experimentação de novas ideias.

- *A **teoria X** corresponde à falta de confiança nas pessoas e à sua dependência e controle pela administração, com uma autoridade mais centralizada e autoritária. O **padrão A** representa os comportamentos interpessoais, a dinâmica de grupo e as normas organizacionais associadas a essa teoria.*
- *A **teoria Y** corresponde à melhor distribuição do poder, com democracia, delegações e responsabilidades, considerando o homem um "contribuinte ativo". O **padrão B** representa os comportamentos democráticos e participativos.*

A passagem de XA para YB reflete o perfil da organização que busca minimizar os conflitos com seus funcionários e aprimorar continuamente seus processos produtivos e gerenciais. Entretanto, a empresa deve estar consciente da possibilidade de enfrentar resistências a mudanças de comportamento, o que resultaria em uma transição penosa e exaustiva. A probabilidade de mover a empresa de XA para YB aumenta com a geração e a difusão de informações úteis por toda a organização, incentivando o comprometimento interno em todos os níveis.

---

[12] ARGYRIS, Chris. *Management and organizational development*. Nova York: McGraw-Hill, 1971.

Outras contribuições

Frederick Herzberg também buscou identificar os fatores que motivam os funcionários. Como resultado de pesquisas em organizações, detectou que os entrevistados associavam insatisfação com o trabalho ao ambiente de trabalho e satisfação com o trabalho ao conteúdo do mesmo.

Agrupando os fatores relativos ao ambiente – supervisão, relações interpessoais, condições físicas de trabalho, salário, políticas e práticas administrativas – denominou-os *fatores de higiene*. Quando esses fatores ficam abaixo do nível aceitável, o resultado é a insatisfação com o trabalho.

Os fatores que causam satisfação foram chamados de *fatores motivacionais*: realização pessoal, reconhecimento do trabalho, responsabilidade e progresso profissional. A administração deve perceber que os fatores de higiene são importantes, mas, uma vez neutralizada a insatisfação, não geram resultados positivos. Apenas os fatores motivacionais conduzem ao melhor desempenho.[13]

McClelland dividiu os fatores motivacionais, que levam os indivíduos a se comportar de maneiras diferentes, em três categorias:

- *necessidade de realização*: relacionada ao desenvolvimento de tarefas e à consecução de desafios, é parcialmente responsável pelo crescimento econômico de um país;
- *necessidade de poder*: diz respeito à vontade de alguém influenciar pessoas e sistemas organizacionais, variando de pessoa a pessoa;
- *necessidade de afiliação*: consiste no conjunto de impulsos que levam a pessoa a pertencer a um grupo e ser amada.[14]

Como resultado de seus estudos, concluiu que as pessoas com necessidades comuns apresentam algumas características comuns. No que tange à necessidade de realização, por exemplo:

- só reagem bem a um objetivo quando participam de sua formulação;
- ao formular suas metas, tendem a optar pelas realistas, mas, moderadamente, difíceis;

---

[13] HERZBERG, Frederick; MAUSNER, Bernard; SNYDERMAN, Barbara B. *The motivation to work*. Nova York: John Wiley & Sons, 1959.
[14] CORADI, Carlos Daniel. *O comportamento humano em administração de empresas*. São Paulo: Pioneira, 1986. p. 163-170.

- estão mais preocupadas com a realização pessoal do que com recompensas externas.

A originalidade do trabalho de McClelland também reside na busca de correlações entre as necessidades e as características sócio-políticas de vários países, dentro do contexto de um estudo acerca da motivação humana.[15]

Rensis Likert e sua equipe desenvolveram uma série de pesquisas comportamentais no Institute for Social Research, da Universidade de Michigan. Discutindo os padrões de gerenciamento vigentes nos Estados Unidos até os anos 1950, Likert concluiu que os líderes mais centrados nos empregados e que praticavam uma supervisão mais geral alcançavam maior produtividade na empresa do que os que se centravam nas tarefas, praticando supervisão cerrada.

"Os supervisores que registram os melhores padrões de desempenho focalizam a atenção primeiramente sobre os aspectos humanos dos problemas de seus subordinados e procuram formar grupos de trabalho realmente eficientes, com elevadas metas de produtividade."[16]

Da mesma forma, a habilidade do dirigente em utilizar métodos de supervisão em grupo aumenta a produtividade e a satisfação dos funcionários:

"Os grupos de trabalho que possuem elevado grau de lealdade entre colegas e objetivos comuns parecem ser eficientes na realização de tais objetivos. (...) Se, por outro lado, a natureza da supervisão que os controla faz com que rejeitem os objetivos da organização e estabeleçam metas conflitantes com os ditos objetivos, as metas por eles adotadas podem ter efeitos surpreendentemente desfavoráveis sobre a produtividade."[17]

---

[15] CORADI. Op. cit., p. 170.
[16] LIKERT, Rensis. *Novos padrões de administração*. São Paulo: Pioneira, 1971. p. 21.
[17] LIKERT. Op. cit., p. 48.

O comportamento e a prática gerencial

O behaviorismo recebe críticas comuns a outros enfoques, a exemplo da que o acusa de enxergar a prática administrativa com base nos objetivos dos dirigentes das empresas. De forma mais específica, o que sobressai é a contestação da validade prática da Teoria Comportamental. Pesquisas empíricas levantaram dúvidas de que a administração participativa seja a melhor forma de administração. A relação estabelecida entre satisfação moral e nível de produtividade é vista de forma simplista. Em função disso, as propostas do behaviorismo são consideradas por alguns administradores abstratas demais para que possam resolver problemas práticos específicos.

A teoria behaviorista revela as crenças e a realidade do mundo empresarial na década de 1950. Suas propostas contribuíram para a evolução do pensamento administrativo, servindo de base para o surgimento de novas abordagens ao estudo da administração.

Lembrando Thompson & Van Houten:

> "Conforme as ciências comportamentais desenvolveram suas capacidades, os problemas sociais cresceram e as pressões sobre os cientistas comportamentais aumentaram, no sentido de que busquem soluções para problemas atuais. É claro que, se uma ciência espera continuar recebendo apoio da sociedade, é sua incumbência demonstrar sua utilidade; mas se os cientistas focalizarem apenas os problemas atuais, deverão reduzir a capacidade da ciência de ser relevante amanhã. A utilidade da ciência em qualquer época está baseada em seu conhecimento acumulado, então sua utilidade futura depende da atenção continuada na acumulação de conhecimentos teóricos significativos."[18]

---

[18] THOMPSON, James D.; HOUTEN, Donald R. *The behavioral sciences: an interpretation*. Reading, Massachusetts: Addison-Wesley, 1970. p. 253-254.

capítulo 5

Estruturalismo

Origem

A Teoria Estruturalista surgiu como um desdobramento da Burocracia, buscando resolver os conflitos existentes entre a Teoria Clássica (com sua abordagem mecanicista do homem econômico), a Teoria das Relações Humanas (com sua visão ingênua do homem social) e a própria Teoria Burocrática (que propunha a aplicação de um modelo organizacional ideal e universal, inviável na prática). Independentemente das críticas específicas a cada uma dessas teorias, as três forneciam um enfoque somente parcial e fragmentado da organização.

A INFLUÊNCIA DAS CIÊNCIAS SOCIAIS[1]

A Teoria Estruturalista na administração foi fortemente influenciada pelo estruturalismo nas ciências sociais.

- Lévy-Strauss lançou a ideia de *estruturalismo abstrato*, no qual modelos abstratos representam a realidade empírica.
- Gurwitch e Radcliff-Brow, com o *estruturalismo concreto*, viam na estrutura um conjunto de relações sociais.
- Marx, no *estruturalismo dialético*, via a estrutura como um conjunto de partes que se diferenciam, tornam-se independentes, mantendo-se integradas ao todo por reciprocidade e não por reunião.
- Weber, criando o *estruturalismo fenomenológico*, detectava nas relações entre os elementos do todo a impossibilidade de o tipo ideal de estrutura retratar fiel e completamente o fenômeno real.

---

[1] CHIAVENATO, Idalberto. *Teoria geral da administração*. São Paulo: McGraw-Hill, 1979.

A ideia básica do Estruturalismo é considerar a organização em todos os seus aspectos como uma só *estrutura*, fornecendo uma visão integrada da mesma: analisar as influências de aspectos externos sobre a organização, o impacto de seus próprios aspectos internos, as múltiplas relações que se estabelecem entre eles.

Um dos fundadores do Estruturalismo foi Amitai Etzioni.[2]

Crítico do Behaviorismo, via a organização como um complexo de grupos sociais, cujos interesses podem ou não ser conflitantes. Minimizando esses conflitos, o trabalho pode se tornar mais suportável, embora não seja fonte de satisfação total do trabalhador.

ETZIONI, O PRECURSOR DO ESTRUTURALISMO

Ao anunciar a origem da teoria estruturalista como uma síntese das teorias clássica e científica, da abordagem de relações humanas e dos estudos de Weber, Etzioni defende que sua derivação mais imediata é da visão humanista.

Os estruturalistas sugeriram que a teoria de relações humanas não permitia uma visão completa da organização e que sua visão parcial favorecia a administração e iludia os trabalhadores.

Os estruturalistas veem a organização como uma unidade social grande e complexa, onde interagem muitos grupos sociais. Embora esses grupos compartilhem alguns interesses (por exemplo, a viabilidade econômica da companhia), têm outros incompatíveis (por exemplo, referentes à maneira de distribuição dos lucros brutos da organização). Compartilham alguns valores, principalmente os nacionais, cuja influência se torna evidente em períodos de crise internacional, mas discordam em muitos outros, como, por exemplo, suas avaliações do lugar do trabalho na sociedade. Os diversos grupos poderiam cooperar em certas esferas e competir em outras, mas dificilmente são ou podem tornar-se uma grande família feliz, como frequentemente dão a entender os autores de Relações Humanas."[3]

Características do estruturalismo

- *Submissão do indivíduo à socialização* – o desejo de obter recompensas materiais e sociais (como prestígio, reconhecimento de seus pares etc.)

---

[2] ETZIONI, Amitai. *Organizações complexas*. São Paulo: Atlas, 1967.
[3] ETZIONI, Amitai. *Organizações modernas*. 5. ed. São Paulo: Pioneira, 1964. p. 68-69.

faz com que o indivíduo aceite desempenhar vários papéis sociais em seu trabalho. Isso é possível graças à existência de diversos grupos dentro da mesma organização.

- **Conflitos inevitáveis** – os conflitos entre os interesses dos funcionários e os objetivos da empresa são inevitáveis. Ao considerar os aspectos racionais e irracionais das necessidades empresariais e individuais, os conflitos podem ser reduzidos, mas não eliminados. Sua minimização pode tornar o trabalho mais suportável, apesar de não satisfatório. Por outro lado, se forem disfarçados, os conflitos se expressarão de outras formas, como abandono do emprego ou aumento do número de acidentes.[4]

- **Hierarquia e comunicações** – a hierarquia é vista como perniciosa à comunicação dentro da empresa. "Mas, seguindo-se a suposição de que a hierarquia é um pré-requisito funcional para a coordenação em uma organização formal, suas disfunções são consideradas um custo inevitável, custo esse que poderá ser reduzido mas não eliminado."[5]

- **Incentivos mistos** – os estruturalistas consideram que, também na questão dos incentivos, tanto os clássicos (incentivo monetário) quanto os humanistas (incentivos sociais) tinham uma visão parcial. Os indivíduos, sendo seres complexos, precisam se realizar em diversos aspectos. Vistos de uma forma global, os diversos tipos de incentivos não existem de maneira independente: "Embora se tenha verificado que as recompensas sociais são importantes nas organizações, isso não diminui a importância das recompensas materiais".[6]

A contribuição de alguns estruturalistas

Blau e Scott, ao estudarem as organizações formais enquanto organizações rigidamente estabelecidas para atingir determinadas finalidades,[7] ressaltam que a formação de grandes empresas industriais tem levado o foco das pesquisas sociais nas organizações a se deslocar do indivíduo para os grupos. Para Blau e Scott, a grande falha da abordagem de Relações Humanas, nesse aspecto, foi

---

[4] ETZIONI, Amitai. (1964). Op. cit., p. 70-73.
[5] BLAU, Peter M. ; SCOTT, W. Richard. *Organizações formais*. São Paulo: Atlas, 1970. p. 210-214.
[6] BLAU; SCOTT. Op. cit. p. 77-78.
[7] BLAU; SCOTT. Op. cit.

"atomizar as relações humanas em grupos de trabalho, tratando-as como se fossem atributos de membros individuais do grupo e, consequentemente, ignorando a rede organizada de relações sociais que caracteriza as estruturas de grupo".[8]

Propondo-se a sanar essa falha, apresentam estudos grupais em cuja base deve ser possível distinguir, nas atitudes grupais, o que é influência das atitudes individuais do que é gerado por normas e valores grupais. Para operacionalizar essa análise, os autores recomendam separar dois efeitos do *clima de grupo*, definido pelos valores e normas que prevalecem entre seus componentes, englobando resistências e coesões:[9]

- *O clima de grupo pode mudar as atitudes dos membros individuais.*
- *As atitudes prevalecentes no grupo podem alterar as atitudes de seus componentes, independentemente de suas próprias atitudes individuais.*

Thompson atribui à rigidez do modelo burocrático a responsabilidade pela falta de compreensão da organização como um todo. A própria definição dos objetivos organizacionais, por exemplo, não pode ser encarada de forma estática e definitiva. Do mesmo modo, a estratégia seguida pelas organizações para se ajustar a seu ambiente pode seguir vários modelos, conforme a atuação das mesmas quanto a objetivos comuns:

- *Concorrencial* – ocorre quando organizações que compartilham dos mesmos objetivos procuram atingi-los em separado. Entretanto, pode também surgir em uma situação monopolística: "A sociedade julga a empresa não apenas por seu produto acabado mas também em termos da conveniência de aplicar recursos para este fim. Mesmo a organização que detém o monopólio de certo produto tem de concorrer para obter o apoio da sociedade."[10]
- *Cooperativa* – as relações cooperativas entre organizações podem atingir diversos níveis, conforme o grau de trabalho conjunto implantado para a consecução de objetivos comuns. Assim, existem três tipos básicos de cooperação:

---

[8] BLAU; SCOTT. Op. cit., p. 106.
[9] BLAU; SCOTT. Op. cit.. p. 104-127.
[10] THOMPSON, James D.; McEWEN, William J. Objetivos organizacionais e ambiente. In: ETZIONI, Amitai (org.). *Organizações complexas*. São Paulo: Atlas, 1967. p. 177-187.

- *Negociação* – compreende as relações estabelecidas entre duas ou mais organizações para a troca de bens ou serviços entre si.
- *Co-opção* – envolve uma parcela muito mais significativa de penetração de uma empresa no processo decisório da outra. Como exemplo, teríamos a participação de representantes de instituições financeiras nas reuniões de cúpula de empresas que pretendem ampliar seus recursos financeiros; em outras palavras, pode ser visto como um "processo de absorção de novos elementos pela liderança, ou estrutura que determina a política de uma organização, como meio de evitar ameaças à sua estabilidade ou existência".[11]
- *Coalizão* – é a combinação de duas ou mais organizações para a consecução dos objetivos comuns. Requer um compromisso entre seus participantes, no sentido de adotarem decisões conjuntas para ações futuras. A título ilustrativo, temos empresas de setores específicos que se unem para desenvolver pesquisas.

Perrow, analisando o ambiente da organização, conclui que este é influenciado pelas outras organizações e pela sociedade em que se insere. Em função disso, a empresa deve estabelecer objetivos que considerem sua relação com o ambiente.

"O ambiente constitui sempre uma ameaça e um recurso. Às vezes é claramente um dos dois e outras vezes o que poderia ter constituído uma ameaça transforma-se em um recurso, a um certo preço, naturalmente."[12] Em função disso, Perrow propõe que a organização subdivida seus objetivos em cinco níveis:

1. *Objetivos da sociedade* – englobam grandes organizações que preenchem as necessidades da sociedade.
2. *Objetivos de produção* – tratam de tipos de produção definidos em termos das funções do consumidor.
3. *Objetivos de sistemas* – indicam a forma de a empresa funcionar, independentemente dos bens e serviços que produz.
4. *Objetivos de produtos* – caracterizam os bens e serviços produzidos.

---
[11] THOMPSON; McEWEN. Op. cit.
[12] PERROW, Charles. *Análise organizacional* – um enfoque sociológico. São Paulo: Atlas, 1976. p. 141-142.

5. *Objetivos derivados* – determinam os usos que a organização faz do poder originado na consecução de outros objetivos. "As organizações criam considerável poder, que podem utilizar de modo consistente, para influenciar seus próprios membros e o ambiente."[13]

Considerações acerca da abordagem estruturalista

As críticas feitas ao Estruturalismo normalmente são respostas às críticas formuladas pelos próprios estruturalistas, em especial à Escola de Relações Humanas. Assim, alguns defensores dessa escola discordam da consideração geral de que ela nega a existência de conflitos e alegam que seus críticos confundem relações humanas com "ser amável com as pessoas".[14]

Várias considerações são formuladas especificamente à Teoria Estruturalista, embora não constituam propriamente críticas à mesma. As duas principais são:

1) Ampliação da abordagem

A Teoria Estruturalista foge da proposta de tentar compreender como o trabalhador vê sua organização e seu ambiente, passando a ter como objeto de estudo a estrutura da organização em si.

2) Ampliação do estudo para outros campos

A Teoria Estruturalista ampliou o campo de estudos. As empresas normalmente pesquisadas pelos estudiosos da administração eram as empresas industriais. Os partidários da Teoria Estruturalista tiveram o mérito de alargar esse campo, incluindo organizações não industriais e sem fins lucrativos.

---

[13] PERROW. Op. cit. p. 165-211.
[14] MOTTA, Fernando C. *Teoria geral da administração*: uma introdução. 19. ed. São Paulo: Pioneira, 1995.

capítulo 6

Teoria dos sistemas

Origem

A Teoria dos Sistemas surgiu de uma percepção dos cientistas de que certos princípios e conclusões eram válidos e aplicáveis a diferentes ramos da ciência. Imbuído dessa filosofia, o biólogo alemão Ludwig von Bertalanffy[1] lançou em 1937 as bases da Teoria Geral dos Sistemas.

A teoria foi amplamente reconhecida na administração durante os anos 1960. Sua difusão deveu-se a uma necessidade de síntese e integração das teorias precedentes. De forma concomitante, o desenvolvimento de novas áreas científicas, como a informática, possibilitou a operacionalização e a aplicação de conceitos da Teoria dos Sistemas à administração.

BERTALANFFY E A INTEGRAÇÃO DAS CIÊNCIAS

Bertalanffy defendia a ideia de que não somente os aspectos gerais das diferentes ciências são iguais, como as próprias leis específicas de cada uma delas podem ser utilizadas de forma sinérgica pelas outras. Com base nessa tese, Bertalanffy desenvolveu a Teoria Geral dos Sistemas, cujos principais pressupostos são:[2]

- há uma tendência geral no sentido da integração das várias ciências, naturais e sociais.
- esta integração parece centralizar-se em uma Teoria Geral dos Sistemas.
- esta teoria pode ser um importante meio para alcançar uma teoria exata nos campos não físicos da ciência.
- desenvolvendo princípios unificadores que atravessam *verticalmente* o universo das ciências individuais, esta teoria aproxima-nos da meta da unidade da ciência.
- isto pode conduzir à integração, muito necessária na educação científica.

---

[1] BERTALANFFY, Ludwig von. *Teoria geral dos sistemas*. 2. ed. Petrópolis: Vozes, 1975.
[2] BERTALANFFY. Op. cit., p. 60-63.

Os pesquisadores Johnson, Kast e Rosenzweig foram os primeiros a defender que a integração da Teoria dos Sistemas à teoria administrativa levaria a um aprimoramento da administração. Churchman desenvolveu sua aplicação à empresa, incluindo o conceito de sistema de informações da administração.

Paralelo entre organismos e organizações[3]

No sentido de buscar uma melhor compreensão do paralelismo existente entre os organismos vivos e as organizações, Zaccarelli propõe um esquema comparativo, envolvendo alguns aspectos relacionados à origem, ao ciclo de vida, ao conceito e às disfunções de ambos:

Organismos	Organizações
Herdam seus traços.	Adquirem estrutura em estágios.
Morrem.	Podem ser reorganizadas.
Têm um ciclo de vida predeterminado.	Não têm um ciclo de vida definido.
São seres concretos.	São seres abstratos.
São seres completos (não precisam praticar parasitismo ou simbiose).	São seres incompletos.
A doença é um distúrbio no processo vital.	O problema é um desvio nos procedimentos adotados pela organização.

Assim, organismos e organizações apresentam uma série de aspectos específicos que os diferenciam. Uma das características mais particulares das empresas é sua capacidade de ampliar seu ciclo de vida por meio de reorganizações contínuas. Percebe-se com isso a necessidade vital de as empresas se modernizarem constantemente, sob o risco de acelerarem o fim de seu ciclo de vida.

Características gerais

Um sistema pode ser visto como um todo organizado ou complexo; uma combinação de coisas ou partes, formando um todo complexo ou unitário.[4] As ideias centrais da Teoria de Sistemas aplicada à administração podem ser explicadas a partir dos seguintes aspectos:

---

[3] ZACCARELLI, Sérgio B. *Ecologia de empresas*. São Paulo: Atlas, 1980.
[4] KAST, Fremont; ROSENZWEIG, James. *Organização e administração* – um enfoque sistêmico. 3. ed. São Paulo: Pioneira, 1987.

OS PRIMÓRDIOS DA TEORIA DOS SISTEMAS

Se fizermos uma análise retrospectiva da teoria da administração, encontraremos a referência à ideia de sistemas, embora eventualmente primária, em obras de vários estudiosos. Taylor preconizava a sistematização da seleção dos trabalhadores e das condições de trabalho. Fayol via a administração como a integração de várias tarefas, agregadas para o cumprimento de objetivos comuns. Mayo defendia a empresa como um sistema social, composto por seres humanos. Follett propunha a unidade integrativa e Barnard defendia o equilíbrio entre as comunicações formal e informal, na empresa e fora dela. O que essas noções tinham em comum?[5]

- Havia sempre um objetivo que guiava a empresa, uma razão para a sua existência.
- Para atingir esse objetivo, havia um *input* na empresa, uma combinação de fatores humanos, equipamentos e materiais utilizados em um processo de trabalho, que gerava um *output*, isto é, o resultado final da atividade organizacional, materializado em um bem ou serviço.
- O controle e as medidas de desempenho eram necessários para comparar o desempenho real com o planejado e propiciar informações de *feedback*, realimentando o sistema para a avaliação das ações passadas e a tomada de decisões futuras.
- O processo de transformação já era visto como sendo influenciado pelas interações entre funcionários e equipamentos.

- *Homem funcional* – os papéis são mais enfatizados do que as pessoas em si. Nas organizações, as pessoas se relacionam por meio de um conjunto de papéis. Diferentes variáveis interferem nesses papéis: variáveis organizacionais, de personalidade e interpessoais. A interação de todas elas é fundamental para que a organização alcance maior produtividade.
- *Conflitos de papéis* – as pessoas não agem em função do que são, mas em função dos papéis que representam. Cada papel estabelece um certo tipo de comportamento: transmite uma certa imagem, define o que uma pessoa supostamente deve fazer, o que "não pega bem", "não é de bom tom", não condiz com o comportamento que se espera dela. Da mesma forma,

---

[5] WREN, David A. *The evolution of management thought.* Nova York: The Ronald Press Company, 1972. p. 481.

nós não reagimos às ações das pessoas com quem nos relacionamos, mas aos papéis que estas desempenham. As expectativas geradas pelos papéis são em grande parte determinadas pelo contexto organizacional. A forma como cada um se comporta nesse complexo sistema de papéis vai determinar sua alteração ou manutenção. Dado que cada membro influencia e é influenciado pelos outros, as relações que estabelece afetam sua própria personalidade e suas relações com os demais. Expectativas frustradas quanto aos papéis dos outros podem gerar conflitos internos na organização.

- *Incentivos mistos* – conforme a integração específica de seus grupos ou subsistemas, a empresa deve encontrar o melhor equilíbrio entre incentivos monetários e não monetários. A obtenção desse equilíbrio vai se refletir no melhor desempenho de seus funcionários.

- *Equilíbrio integrado* – "o sistema aberto define-se como um sistema em troca de matéria com seu ambiente, apresentando importação e exportação, construção e demolição dos materiais que o compõem."[6] Dada a complexidade da integração dos diversos subgrupos na formação do sistema empresarial, qualquer ação sobre uma unidade da empresa atingirá todas as outras unidades. A necessidade de adaptação ou reação obriga o sistema a responder de forma una a qualquer estímulo externo.

- *Estado estável* – para impedir a entropia (tendência ao desgaste, à desintegração e ao aumento da aleatoriedade), a empresa procura manter uma relação constante na troca de energia com o ambiente. O estado estável pode ser atingido a partir de condições iniciais e por meio de meios diferentes. A organização se diferencia dos demais sistemas sociais pelo seu alto nível de planejamento.[7]

O enfoque sistêmico na organização

Toda organização se insere num meio ambiente onde se originam os recursos utilizados para o desenvolvimento da sua atividade (produção ou prestação de serviços) e para o qual se destinam os resultados do seu trabalho. A figura 6.1 representa esquematicamente o sistema organizacional, como um conjunto de três

---

[6] BERTALANFFY. Op. cit., p. 193.
[7] KAST; ROSENZWEIG. Op. cit.

elementos interdependentes: entradas, processamento e saídas, envolvido pelas forças externas que provocam mudanças na estrutura e no desempenho de cada um desses elementos e como consequência afetam o sistema como um todo.

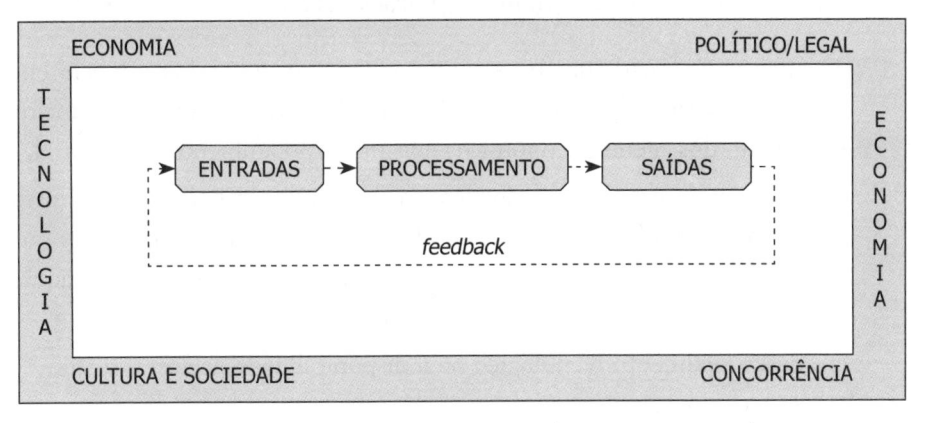

Figura 6.1 – O enfoque sistêmico e o ambiente organizacional.

CHURCHMAN E A MECÂNICA DE AUTOMÓVEIS

"Os sistemas são constituídos de conjuntos de componentes que atuam juntos na execução do objetivo global do todo. O enfoque sistêmico é simplesmente um modo de pensar a respeito desses sistemas totais e seus componentes."[8] Traçando analogias com situações cotidianas para explicar e defender a Teoria dos Sistemas em um ambiente empresarial, Churchman lembra que a melhor maneira de descrever um carro é fazendo menção à sua função – e não à sua estrutura, que pode variar incrivelmente. Por mais diferentes que possam parecer um *jeep* da Segunda Guerra e um carro futurista japonês, sua função será sempre a mesma.

Assim, um sistema é um conjunto de partes, coordenadas para realizar determinadas finalidades. O objetivo do cientista da administração é justamente detalhar o sistema total: seu ambiente (condições importantes, mas fora do controle da administração), sua finalidade, a estruturação de seus componentes (atividades) e os recursos disponíveis para as ações específicas do sistema. Daí a necessidade de sistemas de informações gerenciais, registrando as informações importantes para a tomada de decisões, disponibilidade de recursos e oportunidades.

---

[8] CHURCHMAN. Op. cit.

O meio ambiente que envolve a organização é representado nessa figura pelos elementos que influenciam diretamente o desempenho do sistema organizacional. Alguns dos aspectos que consideramos relevantes e que mais influenciam o desempenho do sistema organizacional são:

- a atuação do Estado nas áreas política e legal, sancionando e estabelecendo leis, decretos e normas que definem prioridades e regulam o funcionamento dos agentes econômicos que atuam no ambiente empresarial;
- a situação da economia e do sistema financeiro do país, que no nosso caso também sofre influência significativa das decisões dos órgãos governamentais, além da significativa participação do Estado na gestão de empresas que operam em setores considerados estratégicos;
- o desenvolvimento tecnológico ou a disponibilidade de acesso às inovações tecnológicas;
- o nível educacional e cultural da sociedade, que influi tanto na obtenção de mão de obra qualificada, técnica e de nível superior, quanto no comportamento do consumidor, refletido na exigência de um maior grau de qualidade e sofisticação dos produtos colocados no mercado;
- a concorrência com outras organizações, que provoca a necessidade de um permanente esforço de acompanhamento das condições de mercado e busca de informações sobre clientes, produtos e serviços oferecidos;
- a preocupação com a ecologia e a preservação do meio ambiente por parte dos órgãos oficiais e/ou não governamentais, que tem forçado as organizações a desenvolver novos processos de produção, utilizar outros componentes na fabricação e criar e manter uma imagem "ecologicamente correta" de sua linha de produtos e serviços.

O modelo representado na figura 6.2 apresenta os fatores que compõem os três elementos básicos do sistema em qualquer tipo de organização, visto que ele se insere no ambiente onde as mudanças são características intrínsecas.

As **entradas** *(inputs)* do sistema organizacional são os recursos que a empresa obtém ou extrai do ambiente. Compreendem as informações, o capital, a mão de obra, os equipamentos, a matéria-prima etc.

O processamento refere-se às competências das pessoas, aos procedimentos e à tecnologia adotada pela organização, tanto em termos administrativos quanto operacionais, para a transformação dos recursos utilizados em bens e serviços.

As **saídas** *(outputs)* são os resultados do processamento e compreendem os produtos, serviços e informações que serão destinados ao ambiente e, mais especificamente, aos clientes ou usuários da organização.

O que estamos procurando evidenciar nessa figura é o atendimento aos objetivos que a organização moderna pretende atingir e o efeito de *"feedback"* que o sistema oferece para a avaliação do desempenho da organização. Embora seja natural se considerar o lucro como o objetivo principal da empresa, entendemos que a satisfação dos clientes e usuários é o que efetivamente conduz à obtenção do lucro, porque traz vantagens competitivas mais permanentes como, por exemplo, as compras repetitivas, a valorização da marca, a avaliação da qualidade e a participação no mercado.

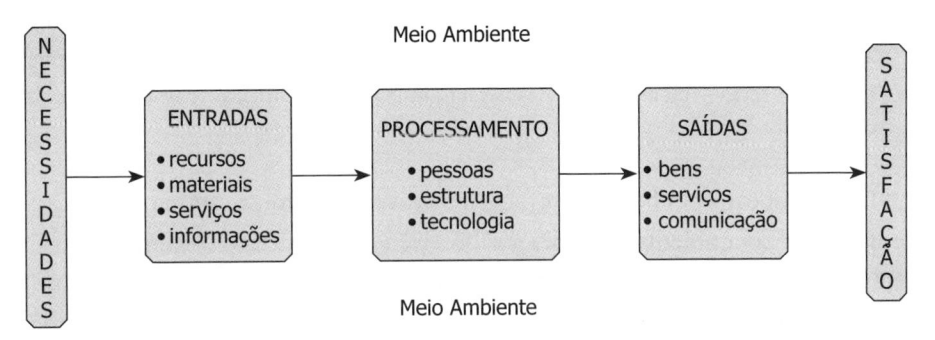

```
NECESSIDADES                    Meio Ambiente                           SATISFAÇÃO
           →  ENTRADAS    →   PROCESSAMENTO    →   SAÍDAS     →
              • recursos      • pessoas            • bens
              • materiais     • estrutura          • serviços
              • serviços      • tecnologia         • comunicação
              • informações
                                Meio Ambiente
```

Figura 6.2 – O sistema organizacional.

O processo de *feedback*, isto é o retorno das informações para alimentar o sistema, vai aparecer na forma de uma avaliação qualitativa e quantitativa dos resultados da atividade organizacional e do grau de atendimento às necessidades que se pretende satisfazer. A obtenção dessas informações pode ser provocada (por meio de pesquisa de campo) ou aparecer naturalmente, desde que a organização esteja acompanhando e monitorando os seus registros internos e os dados oriundos do seu próprio meio ambiente.

Críticas à abordagem sistêmica

Uma das críticas mais severas com que se defronta a abordagem sistêmica na administração se refere à *cientificidade excessiva* no tratamento dos problemas da organização. Apesar de apresentar semelhanças com um sistema biológico, o sistema administrativo possui características próprias e as associações entre as relações internas da empresa e as que ocorrem na natureza (mutualismo, simbiose, parasitismo) devem ser consideradas dentro de limites claros.[9] Exageros de paralelismo podem levar a considerar a empresa como um sistema cujo funcionamento é tão previsível quanto o dos sistemas biológicos.

Conforme diz Joan Woodward, uma das precursoras da Abordagem Contingencial que vamos discutir no Capítulo 8, criticando a excessiva ênfase e importância atribuída à teoria de sistemas aplicada à administração:

> "A ideia de uma Teoria Geral dos Sistemas está ganhando popularidade; procura-se desenvolver uma ciência universal usando-se elementos organizacionais comuns encontrados em todos os níveis do sistema como sua estrutura conceitual. Esta abordagem oferece possibilidades atraentes. (...) Mas é perigoso tomar como dado que os elementos organizacionais encontrados nos diferentes níveis do sistema tenham a mesma natureza ou operem da mesma maneira. É impossível saber até que ponto a analogia pode ser feita e é duvidoso que a descrição de um sistema social em termos cibernéticos, neste estágio, leve a uma melhor compreensão do sistema."[10]

Outro aspecto também contestado por diversos autores está na *ênfase desproporcional* no ambiente. Embora a sobrevivência e o sucesso das empresas estejam cada vez mais condicionados à sua adaptação a um ambiente turbulento, a ênfase nas condições empresariais externas não deve ser exagerada. Segundo esses críticos, o ambiente interno da empresa não deve ser continuamente modificado em função de variações ambientais cujo impacto ainda não foi devidamente avaliado. A harmonia do ambiente interno também deve ser alvo de contínua atenção por parte dos gestores.

---

[9] ZACCARELLI, Sérgio B. *Ecologia de empresas*. São Paulo: Atlas, 1980.
[10] WOODWARD, Joan. *Organização industrial – teoria e prática*. São Paulo: Atlas. 1977. p. 240-241.

capítulo 7

Desenvolvimento organizacional

Origem

O período de transformações sociais que caracterizou a década de 1960 e provocou mudanças significativas no comportamento das pessoas, principalmente nos segmentos mais jovens da sociedade, também foi sentido no ambiente empresarial e na administração das organizações. Os mercados se internacionalizavam, as atividades de marketing adquiriam importância crescente e inovações tecnológicas faziam surgir novos produtos, provocando a rápida obsolescência dos produtos tradicionais e criando novos hábitos de consumo na população. Dentro das organizações, os próprios valores alteravam-se, ganhando vigor as exigências de independência, autovalorização e desempenho de tarefas estimulantes para a realização profissional do indivíduo.[1]

As pressões ambientais afetavam as organizações da época em todos os aspectos da sua gestão e os reflexos dessas forças eram notados nas suas operações de mercado. A concorrência em mercados até então estáveis e dominados por grupos empresariais tradicionais acirrava-se com o ingresso de corporações menores, porém com tecnologia de ponta na sua atividade. Os novos produtos lançados permitiam ao consumidor escolher dentre um número maior de alternativas. A ampliação e a sofisticação dos mercados consumidores internos, tanto dos países de economia estável quanto dos países emergentes em termos de desenvolvimento econômico, estimulavam o crescimento das organizações.

Por outro lado, a crescente valorização e especialização de profissionais no ramo de administração de negócios e o reconhecimento (já naquela época aceito

---

[1] BECKHARD, R. *Desenvolvimento organizacional*: estratégias e modelos. São Paulo: Edgard Blucher, 1972.

pela comunidade científica e confirmado por consultores e dirigentes empresariais) de que o homem organizacional não buscava tão somente a remuneração para a satisfação das suas necessidades estimularam pesquisadores de diferentes áreas de conhecimento a desenvolver estudos e a propor um novo modelo de gestão que permitisse aos indivíduos a consecução dos seus objetivos pessoais e, ao mesmo tempo, contribuísse significativamente para que os objetivos organizacionais fossem alcançados. Surgiu então uma nova abordagem à gestão dos negócios de uma empresa e que seus iniciadores denominaram *Desenvolvimento Organizacional* – DO. Voltado para o reconhecimento e análise das forças de mudança que pressionam as atividades e os negócios de uma empresa no ambiente em que atua, o movimento de DO tomou corpo e as suas propostas se integraram efetivamente à teoria e à prática da administração de empresas.

A organização e as mudanças

A palavra-chave no Desenvolvimento Organizacional é *mudança*. Se o ambiente científico-tecnológico e mercadológico fosse estável e previsível, não haveria pressões para mudanças. Se os objetivos organizacionais e individuais fossem integrados, as necessidades de mudanças também seriam minimizadas. Assim, o Desenvolvimento Organizacional foi inicialmente reconhecido como uma estratégia ou programa de ação, voltado para gerenciar o processo de mudança organizacional. Propondo um modelo de administração adequado aos novos desafios ambientais e às demandas internas dos membros da organização, sua ênfase recaía sobre a constante preocupação com a renovação e o reconhecimento das crises.[2] Para tanto, cada funcionário começou a ser considerado como um ser dotado de ambições complexas e mutáveis, com competências e capacidades específicas.[3] A maior participação e a realização dos trabalhadores foram estimuladas, gerando valores organizacionais voltados aos ideais humanístico-democráticos.

Mas, afinal, quais os riscos que as mudanças ambientais podem impor às organizações tradicionais? Ocorre que quando a empresa é administrada de forma rígida, sem muita flexibilidade para se adaptar às mudanças que estão ocorrendo no meio ambiente em que opera, as forças internas de desenvolvimento e de deterioração geram ciclos destrutivos, resultando em *problemas internos* (baixa

---

[2] OLIVEIRA, G. *Desenvolvimento organizacional: teoria e diagnóstico*. Rio de Janeiro: FGV, 1979.
[3] BENNIS, Warren G. *Desenvolvimento organizacional*: natureza, origens e perspectivas. São Paulo: Edgard Blucher, 1972.

produtividade e qualidade dos produtos e serviços, crises), *sistema organizacional ineficaz* (controles inócuos, objetivos indefinidos, retrabalho) e *comportamento disfuncional* (absenteísmo, apatia, alta rotatividade). Indicado para situações de transformação, um programa de DO facilita o contorno desses problemas.[4]

Já na introdução deste capítulo afirmamos que os primeiros e principais autores a defender essas propostas voltadas para o monitoramento e gerenciamento da mudança desencadearam um movimento cujos princípios permanecem refletidos, nos dias de hoje, nas políticas e procedimentos das organizações. Independentemente do modelo de gestão adotado, as organizações atentas às mudanças que afetam direta ou indiretamente a sua atividade têm conseguido se adaptar, sobreviver e crescer, mesmo em condições instáveis e adversas do ambiente de negócios. As propostas apresentadas por esses autores revelam a existência de duas tendências que, embora não sejam conflitantes, definem *a priori* a orientação a ser dada a um programa de Desenvolvimento Organizacional:[5]

- orientação para os processos de *relacionamento entre pessoas e grupos* dentro da organização (preconizada por Warren Bennis, Edgard Schein e Richard Walton).
- orientação para a necessidade de uma cultura organizacional adequada à consecução dos objetivos de *eficiência e lucro empresariais* (Blake e Mouton) e para a necessidade de organizar *o trabalho e os relacionamentos humanos*, em função de fatores intrínsecos às tarefas e de fatores externos à organização (Lawrence e Lorsch).

Ao rejeitar o modelo tradicional de autoridade-obediência, alguns autores veem a gênese dos programas de DO nas ideias fornecidas por Mayo, Roethlesberger e Lewin, valorizando o desenvolvimento pessoal e a participação dos funcionários.[6] Para esses autores, o Desenvolvimento Organizacional baseia-se no reconhecimento da importância da cultura da empresa sobre o comportamento de seus integrantes.[7] Qualquer projeto de desenvolvimento da organiza-

---

[4] FRENCH, Wendell; BELL, Cecil. *Organizational Development* – Behavioral science interventions for organizational improvement. Englewood Cliffs: Prentice-Hall, 1973.
[5] SCHEIN, Edgar. *Consultoria de procedimentos*: seu papel no desenvolvimento organizacional. São Paulo: Edgard Blucher, 1972.
[6] ARGYRIS, Chris. *Management and organizational development*. McGraw-Hill, 1971; *Personalidade e organização* – o conflito entre o sistema e o indivíduo. Rio de Janeiro: Rennes, 1969.
[7] BLAKE, Robert; MOUTON, Jane. *A estruturação de uma empresa dinâmica através do desenvolvimento organizacional do tipo GRID*. São Paulo: Edgard Blucher, 1972.

ção deve então se concentrar no comportamento dos indivíduos, mesmo que as mudanças necessárias se situem na área tecnológica, nos sistemas administrativos e operacionais adotados ou na estrutura organizacional da empresa.

O foco da mudança organizacional

Toda organização pode ser entendida e analisada sob três aspectos que configuram a sua atividade empresarial: **estrutura, tecnologia** e **comportamento**. A organização muda quando alterações ocorrem em um desses aspectos.[8] Na realidade, esses aspectos são os elementos que compõem e caracterizam uma organização. A **estrutura** envolve a hierarquia administrativa, os sistemas e processos de trabalho interno, o fluxo de comunicação e a definição da missão, objetivos e políticas organizacionais. A **tecnologia** refere-se aos sistemas operacionais adotados, equipamentos, engenharia do processo e do produto, desenvolvimento de pesquisa, métodos de trabalho etc. O **comportamento** está relacionado aos procedimentos adotados na administração dos recursos humanos da organização, aos conhecimentos, às habilidades e às atitudes das pessoas que dela participam e ao seu relacionamento interpessoal.

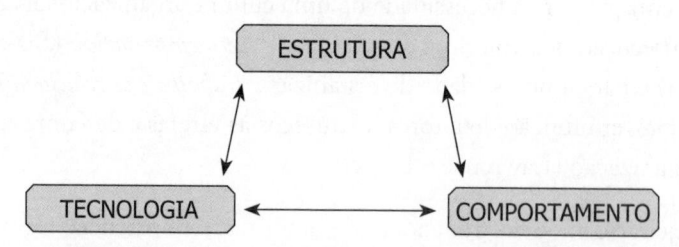

Figura 7.1 – As bases para o desenvolvimento da organização.

Esses três elementos são altamente interdependentes e estão em constante interação sob a influência de forças comuns, de modo que uma mudança em qualquer um deles provavelmente afetará os outros. Assim, um programa de mudança eficaz será um programa que reconheça a relação entre estes três elementos e a tentativa de mudar os três na medida do necessário.[9] Isto significa que a mudança pretendida pela organização poderá estar muito bem definida e

---

[8] LEAVITT, Harold J. Applied organization change in industry: structural, technical and human approaches. In: W.W. Cooper, H.J. Leavitt: M.W. Shelly (orgs.). *New perspectives in organization research*. Nova York: Wiley, 1964.
[9] STONER, James F. *Administração*. São Paulo: Prentice-Hall do Brasil, 1988. p. 263.

delimitada em termos do problema a ser resolvido, mas o consultor ou agente de mudança que desencadeará o processo deverá planejar a sua intervenção tendo em vista a abrangência e os requisitos do sistema em que aquele problema está inserido.

O processo de mudança comportamental

Kurt Lewin, cujos estudos sobre dinâmica de grupos contribuíram para justificar algumas das propostas da abordagem de Relações Humanas (ver Capítulo 2), desenvolveu a "Teoria do Campo de Força" em Ciências Sociais, na qual discute o processo de se obter uma mudança efetiva no comportamento das pessoas. Posteriormente, Edgard Schein elaborou um modelo baseado nessa teoria, que pode ser aplicado a pessoas, grupos e organizações. O processo de mudança resultante do trabalho de Lewin e Schein compreende uma sequência de três etapas:

Fase 1: Descongelamento   Fase 2: Implantação   Fase 3: Recongelamento

Figura 7.2 – As três fases do processo de mudança comportamental, segundo Lewin.

- O **descongelamento** do padrão de comportamento atual significa tornar a necessidade de mudança tão aparente que o indivíduo não consiga encontrar argumentos para evitá-la. Isto pode ser obtido introduzindo-se novas informações para identificar exatamente onde estão as discrepâncias entre os objetivos e o desempenho atual, diminuindo-se a força dos valores antigos e inadequados ou demonstrando sua falta de eficácia.[10]

---

[10] STONER, James F. Op. cit., p. 260.

- a introdução das **mudanças desejadas no comportamento**, mediante a demonstração de situações em que os novos valores e atitudes são mais adequados e apresentam melhores resultados. Segundo Lewin, estes valores e atitudes serão aprendidos e internalizados pelo indivíduo quando são apresentadas situações em que dele se exige um desempenho eficaz.
- o **recongelamento**, que visa a consolidar o novo padrão de comportamento, por meio de mecanismos de reforço e apoiados nos resultados e benefícios obtidos com a mudança efetivada. O reconhecimento da participação das pessoas no processo de implantação e do desempenho mais eficaz da organização é, portanto, fator decisivo para a incorporação do novo padrão de comportamento do indivíduo.

Neste modelo de processo de mudança proposto por Lewin/Schein está implícita a necessidade de um esforço significativo por parte da organização, no sentido de fazer com que a mudança seja desejada ou, ao menos, aceita sem constrangimento pelos indivíduos e grupos envolvidos no processo. Nesse caso, a fase inicial de descongelamento é crítica por ser o momento em que os focos, a intensidade e as causas da resistência às mudanças propostas vão aparecer. A resistência dos indivíduos à implantação de mudanças na organização pode ser encontrada em seis fatores apresentados na Figura 7.3.

A **insegurança** e a **ameaça** são dois fatores que provocam resistência no indivíduo que não se sente apto a aprender novas tarefas ou que percebe que a mudança pode prejudicar a sua posição, o cargo que ocupa ou os benefícios já adquiridos na organização.

A **predisposição natural** é um fator comum a todas as pessoas, genericamente, independente da sua condição de "homem social" ou "homem organizacional". É considerado normal o comportamento do indivíduo que se opõe, em maior ou menor grau de resistência, à aceitação das "novidades" ou inovações que lhe são propostas, porque toda mudança provoca resistência.[11] Isto ocorre porque o indivíduo terá de deixar uma situação de inércia (confortável ou não, porém conhecida) e encarar uma nova situação, a princípio desconhecida e que certamente vai exigir um esforço maior de adaptação.

---

[11] MOSCOVICI, Fela. *Desenvolvimento interpessoal*. 4. ed. Rio de Janeiro: José Olympio, 1995. p. 159.

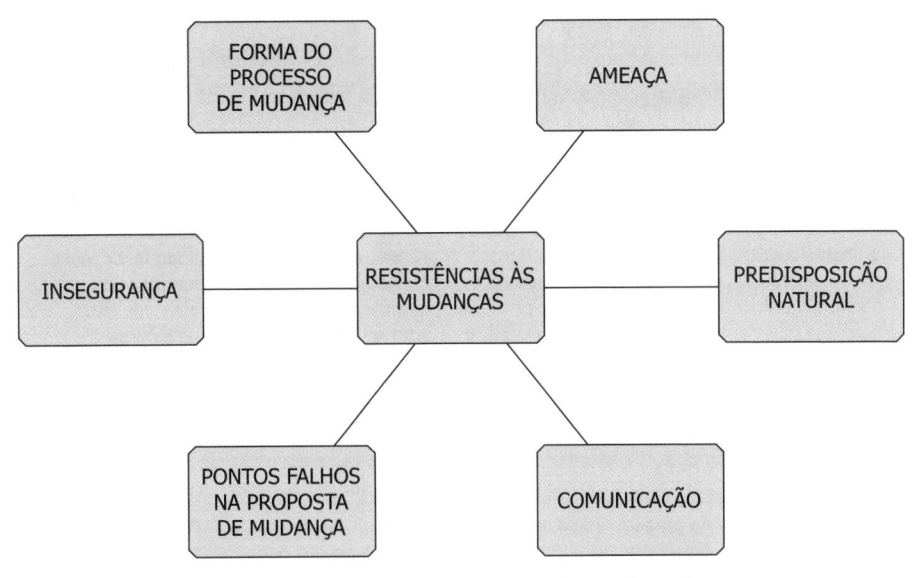

Figura 7.3 – Fatores que provocam resistências às mudanças.

A consciência de que existem **pontos falhos na proposta de mudança** pode ser uma forma de resistência bastante útil para a organização, uma vez que diferentes avaliações da situação representam um tipo de conflito desejável, que deve ser reconhecido e explorado pelos administradores para tornar mais eficaz o projeto de mudança.[12]

A falta de **comunicação** com os envolvidos no processo favorece um clima de intranquilidade e incertezas dentro da organização, promovendo o surgimento de informações e interpretações diversas das pretendidas pelos agentes da mudança. Isso permite que os indivíduos levantem barreiras às mudanças, antes mesmo de tomarem conhecimento de seus objetivos.

Do mesmo modo, a **forma como é desenvolvido o processo**, sem maiores preocupações com a conscientização e participação dos elementos envolvidos no planejamento e implantação das mudanças necessárias, pode significar prejuízos, atrasos, sabotagens e insatisfação generalizada entre todos os membros da organização.

Na tentativa de minimizar a resistência às mudanças que se pretende introduzir, Kotter e Schlesinger propõem seis métodos para se lidar com o problema, conforme apresentado no Quadro 7.1.[13]

---

[12] STONER. Op. cit.
[13] KOTTER, John P.; SCHLESINGER, Leonard A. Choosing Strategies for Change. *Harvard Business Review*, v. 57, n. 2, março/abril, 1979.

Quadro 7.1 – Métodos para se lidar com a resistência à mudança

MÉTODO	COMUMENTE EMPREGADO QUANDO..	VANTAGENS	DESVANTAGENS
1. Educação + comunicação	Há falta de informação e análise imprecisa.	Uma vez convencidas, as pessoas muitas vezes ajudam a implantar a mudança.	Pode levar muito tempo se houver muitas pessoas.
2. Participação + envolvimento	Os iniciadores não têm todas as informações de que precisam para proteger a mudança e outros têm bastante poder para resistir à mudança.	As pessoas que participam comprometem-se com a implantação da mudança e qualquer informação importante que tenham será integrada no plano de mudança.	Pode levar muito tempo se os participantes projetarem uma mudança inadequada.
3. Facilidade + apoio	As pessoas estão resistindo à mudança por causa de problemas de ajustamento.	Nenhum outro método dá tão certo com problemas de ajustamento.	Pode levar tempo, ser caro e não dar certo.
4. Negociação + acordo	Alguém ou algum grupo com bastante poder para resistir à mudança terá, claramente, algo a perder com uma mudança.	Às vezes, é uma maneira relativamente fácil de se evitar uma grande resistência.	Pode ser muito cara se alertar outras pessoas para negociar a aceitação.
5. Manipulação + cooptação	Outra tática não dará certo ou será muito cara.	Pode ser uma solução relativamente rápida e barata para os problemas de resistência.	Pode levar a problemas futuros se as pessoas se sentirem manipuladas.
6. Coação explícita + coação implícita	A velocidade é essencial e os iniciadores da mudança têm bastante poder.	É veloz e pode vencer qualquer tipo de resistência.	Pode ser arriscado se deixar as pessoas irritadas com os iniciadores.

Fonte: Adaptado de KOTTER, John P.; SCHLESINGER, Leonard; Choosing Strategies for change, *Harvard Business Review*, v.57, n. 2, março/abril, 1979, p. 111. Direitos autorais de 1979 de President and Fellows of Harvard College. In: Stoner, James A. F. *Administração*. Rio de Janeiro: Prentice-Hall do Brasil, 1985, todos os direitos reservados.

Para esses autores, vencer a resistência à mudança envolve a adoção de um dos métodos elencados nesse quadro, de acordo com a situação que se apresenta e com a avaliação dos potenciais benefícios e prejuízos que podem vir a ocorrer com a aplicação de cada um. Todavia, a proposta de Kotter e Schlesinger não significa que deva ocorrer resistência para que seus métodos possam ser aplicados. Na realidade, o que se propõe é a adoção dessas práticas de forma preventiva, para evitar que aconteçam reações adversas às mudanças necessárias e que elas se tornem efetivamente desejadas pela organização. Não há dúvida de que treinamento, participação, envolvimento, orientação, apoio, negociação, comunicação etc. são atividades preparatórias que, certamente, facilitarão o desenvolvimento do processo de mudança e poderão eliminar as eventuais resistências às propostas de mudança, antes mesmo que se tornem aparentes.

O processo de desenvolvimento organizacional

A realização de um trabalho voltado para o desenvolvimento da organização não pretende solucionar problemas específicos, isolados, rotineiros ou eventuais em caráter emergencial, apresentando resultados imediatos e em curto espaço de tempo. O trabalho de Desenvolvimento Organizacional compreende um projeto de mudança abrangendo toda a organização, com o objetivo de melhorar sensivelmente o seu desempenho, atingindo níveis mais elevados de eficiência na utilização dos recursos disponíveis e de eficácia no cumprimento da sua missão e dos seus objetivos.

Dado esse estreito relacionamento com o processo de mudança nas organizações, a abordagem teórica e prática de Desenvolvimento Organizacional enfatiza o diagnóstico e análise dos problemas ou disfunções existentes na unidade em estudo para propor as medidas corretivas adequadas a cada situação particular. O modelo usualmente adotado para representar o processo de DO nas organizações pode ser compreendido em quatro etapas:

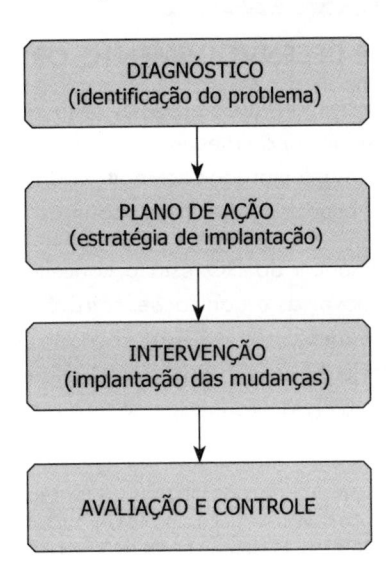

```
DIAGNÓSTICO
(identificação do problema)
        ↓
PLANO DE AÇÃO
(estratégia de implantação)
        ↓
INTERVENÇÃO
(implantação das mudanças)
        ↓
AVALIAÇÃO E CONTROLE
```

Estas quatro etapas identificam o trabalho do consultor de DO, assim considerado o agente de mudança externo à organização ou um indivíduo ou grupo da própria organização, encarregado de iniciar e gerenciar todo o processo.[14]

DIAGNÓSTICO – visa a geração de informações sobre as causas do problema, as mudanças que devem ocorrer para que o problema seja resolvido e os resultados esperados da mudança.

PLANO DE AÇÃO – compreende o estabelecimento da estratégia de intervenção para que as mudanças sejam efetivadas, incluindo o envolvimento das pessoas-chave no processo e os métodos a serem aplicados.

INTERVENÇÃO – diz respeito à execução do plano aprovado e à utilização de métodos sistemáticos de mudança comportamental. Intervir significa entrar nos diversos setores da organização ou nas relações entre as pessoas com o propósito de ajudar estas entidades a melhorar sua eficácia.[15]

AVALIAÇÃO E CONTROLE – engloba a coleta de dados que permitam comparar a situação anterior com a situação pós-intervenção. Logicamente, antes da intervenção e da implantação das mudanças propostas devem ser estabelecidos critérios objetivos de avaliação, que fornecerão a base para o acompanhamento, análise e controle, durante todo o processo e, particularmente, nesta fase.

AFINAL, O QUE É DESENVOLVIMENTO ORGANIZACIONAL

Existem várias definições formais de Desenvolvimento Organizacional. Embora os especialistas sejam unânimes em evidenciar mudanças planejadas na cultura e nos procedimentos organizacionais, cada um deles acaba por enfatizar também alguns aspectos específicos. Confira:

Argyris → "Na essência do DO está o conceito para vitalizar, energizar, atualizar, ativar e renovar as organizações, através de recursos técnicos e humanos. O desenvolvimento técnico é alcançado através das áreas de marketing, finanças, engenharia e produção. O desenvolvimento dos recursos humanos está ligado às relações interpessoais e à cultura organizacional."[16]

---

[14] FERREIRA, Ademir Antonio. A Etapa de Diagnóstico no Processo de Desenvolvimento das Organizações, *Revista IMES*, São Caetano do Sul, ano VII, n. 19, jan./ago. 1990.
[15] GIBSON, James L.; IVANCEVICH, John M.; DONNELLY Jr, James H. *Organizações*. São Paulo: Atlas, 1981.
[16] ARGYRIS, Chris (1971). Op. cit.

Beckhard → "DO é um esforço planejado, que abrange toda a organização, através de intervenções planejadas nos procedimentos da organização e usando os conhecimentos fornecidos pelas ciências do comportamento."[17]

Bennis → "DO é uma complexa estratégia educacional, com a finalidade de mudar crenças, atitudes, valores e estrutura das organizações, para que elas possam se adaptar melhor aos novos mercados, tecnologias e desafios."[18]

French e Bell → "DO é o esforço de longo prazo para melhorar o processo de solução de problemas de uma organização, com ênfase na cultura de equipes de trabalho, na assistência de um agente de mudança e utilização da tecnologia da ciência comportamental aplicada, inclusive pesquisa-ação."[19]

Lawrence e Lorsch → "DO é a coordenação de diferentes atividades de contribuições individuais, com a finalidade de efetuar transações planejadas com o ambiente."[20]

Moura → "DO é um processo global de mudança planejada, que visa tornar a organização mais eficiente, adaptável às mudanças, principalmente às de natureza social e tecnológica e busca a harmonização entre o atendimento das necessidades humanas e a consecução das metas da organização."[21]

Schein → "DO pode ser melhor definido como um processo de mudança planejado, conduzido a partir do topo da hierarquia organizacional, que considera os aspectos técnicos e humanos da organização e utiliza consultores internos ou externos no planejamento e implementação das mudanças a serem feitas. O propósito dos projetos de desenvolvimento organizacional pode envolver mudança cultural ou a construção de um time executivo mais efetivo ou a redução de problemas específicos de relacionamento intergrupal."[22]

Como pode ser notado nessa breve descrição de cada uma das fases e refletido nas definições tradicionalmente encontradas na literatura, o Desenvolvimento Organizacional está voltado para um processo de mudança planejada que visa a atingir a eficácia da organização. A eficácia, por sua vez, está ancorada na mudança de comportamento das pessoas, para que os resultados previstos

---

[17] BECKHARD. Op. cit.
[18] BENNIS. Op. cit.
[19] FRENCH; BELL. Op. cit.
[20] LAWRENCE, Paul; LORSCH, Jay. *Desenvolvimento das organizações* – diagnóstico e ação. São Paulo: Edgard Blucher, 1972.
[21] MOURA, Paulo C. C. *O Benefício das Crises* – desenvolvimento organizacional e mudança planejada. Rio de Janeiro: Livros Técnicos e Científicos, 1978.
[22] SCHEIN, Edgar H. *Organizational Culture and Leadership*. 2. ed. Nova York: Library of Congress Cataloging-in-Publication Data, 1992. p. 316-318.

sejam alcançados. Não se deve esquecer, portanto, que a premissa básica, subjacente à teoria e ao processo de DO, é a de que o desenvolvimento da organização deve ocorrer na medida em que se dê o desenvolvimento dos indivíduos que dela participam.[23]

Daí decorre a ênfase, às vezes exagerada, na maneira de abordar o treinamento de pessoal como parte de um programa de DO. Conforme veremos mais adiante, embora necessário, este não constitui o aspecto mais relevante a ser considerado, mesmo porque as características do treinamento inserido num processo de desenvolvimento organizacional são, na forma, no conteúdo e nos objetivos, muito diferentes da educação formal em que se oferece ao indivíduo um certo volume de novos conhecimentos. Na prática, reuniões com grupos de gerentes e funcionários para detonar um processo de mudanças na organização são atividades que o agente de mudança promove, já a partir da fase de diagnóstico da situação. Elas são preparadas com todas as características de sessões de treinamento, visando obter informações para a correta identificação do problema, sem que necessariamente devam ser rotuladas de treinamento.

Tendo em vista esses aspectos envolvidos na abrangência e nas características de cada uma das fases é que se propõe um quadro referencial do programa de Desenvolvimento Organizacional (DO), com maior detalhe das ações iniciais na fase de diagnóstico que, além de crítica, envolve diferentes abordagens para a análise do problema.

O diagnóstico em discussão[24]

O trabalho do consultor e do agente de mudança começa, em termos práticos, bem antes da fase de diagnóstico, na forma em que essa fase se encontra definida na literatura sobre o assunto, conforme discutido anteriormente. Os contatos iniciais entre o consultor (ou grupo interno/externo) e os dirigentes da organização em estudo levam necessariamente à identificação dos sintomas que estão gerando os problemas e/ou indefinições, na totalidade ou em alguns setores da empresa: é a situação aparente ou declarada em que se encontra a empresa e que está gerando alguma espécie de anomalia em seu desempenho.

---

[23] FERREIRA, Ademir A. O Apoio à Atividade Gerencial. Caderno de Empresas de *O Estado de S. Paulo*, 10/02/89, p. 50.
[24] FERREIRA, Ademir A. Op. cit.

É nesse primeiro contato que vai se revelar também a expectativa dos dirigentes em relação aos resultados do trabalho que se pretende realizar. Essa expectativa representa a situação futura desejada, embora não haja indícios suficientes, nesse momento, de que seja factível de ser alcançada. Da mesma forma, a interação com o ambiente externo e o posicionamento da organização frente aos seus competidores, tanto quanto junto às fontes de recursos, devem ser aspectos igualmente considerados na definição de uma primeira abordagem para o direcionamento do levantamento de informações junto aos corpos gerencial, técnico e funcional da empresa.

A sequência do trabalho, portanto, logo após os primeiros contatos com a direção da empresa, deve se caracterizar pelo levantamento de informações acerca da organização (missão, políticas, objetivos, indicadores de desempenho etc.) e o seu ambiente (contexto atual e perspectiva do desempenho setorial e global da economia, concorrência, ameaças e oportunidades etc.).

A Figura 7.4 procura representar essas fases iniciais do diagnóstico, onde se pretende obter uma visão mais clara e situacional dos negócios da empresa.

CONTATOS INICIAIS
(com direção e gerência)
- problema(s) declarado(s)
- expectativas

DEFINIÇÃO DA ORGANIZAÇÃO
- missão
- financeiros
- objetivos
- estratégias
- políticas
- planos

INDICADORES
- de vendas
- financeiros
- de produtividade
- de posição de mercado
- de participação dos recursos humanos
- de produção etc.

AMBIENTE ORGANIZACIONAL
- informações setoriais
- dados macroeconômicos
- concorrência
- fatores de produção (insumos)
- tendência dos negócios
- restrições e oportunidades

RECONHECIMENTO INICIAL DA ORGANIZAÇÃO

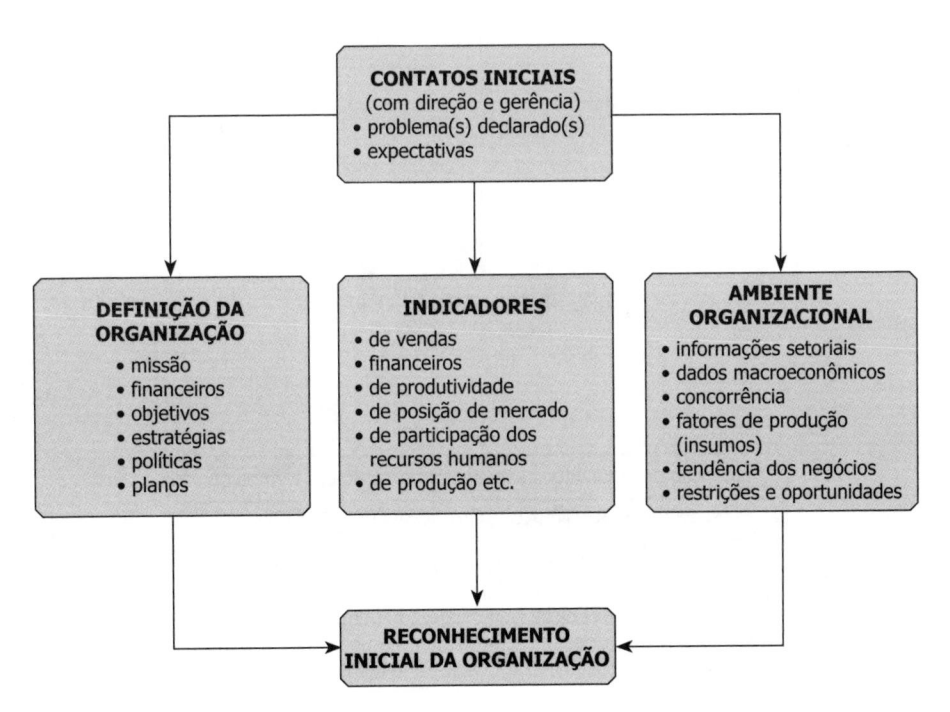

Figura 7.4 – Levantamento de informações sobre a organização e o seu ambiente: primeiros passos do diagnóstico.

Desenvolvido com objetividade, esse trabalho vai oferecer como resultado o reconhecimento inicial da organização, permitindo que o consultor identifique os alvos principais de uma investigação mais profunda sobre a situação real dos negócios, por meio da ótica e da percepção dos indivíduos que a administram efetivamente (ocupantes de cargos gerenciais, de supervisão e especialistas). O esquema apresentado na Figura 7.5 acrescenta mais esta etapa como parte do processo de diagnóstico, a qual enfeixa o ciclo de observações e informações para a análise e interpretação do grupo de consultores. Somente depois de um trabalho mais profundo com esses grupos de gerentes, supervisores, técnicos e especialistas, os quais vão oferecer a sua percepção da organização formal e informal, dos negócios da empresa e do ambiente que a cerca, é que os agentes da mudança poderão iniciar um plano de intervenções para ser proposto e discutido com a direção da empresa.

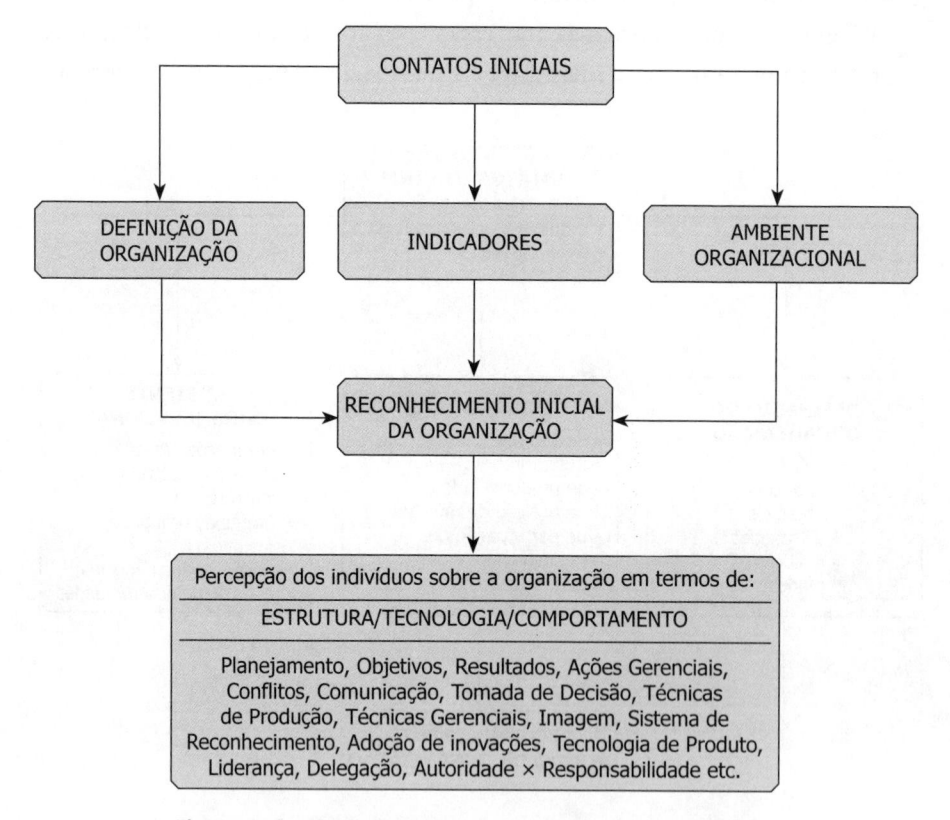

Figura 7.5 – Diagnóstico por meio da percepção dos indivíduos que trabalham na organização.

Para agilizar a fase de diagnóstico, consultores em desenvolvimento organizacional têm empregado com sucesso o método da pesquisa-ação, que consiste:[25]

- na coleta sistemática de dados a respeito de um sistema em funcionamento, com vistas a algum objetivo, meta ou necessidade;
- no *feedback* dos dados coletados no próprio sistema;
- em ações visando alterar variáveis do sistema, selecionadas com base nos dados e em hipóteses;
- na avaliação dos resultados por meio da coleta de novos dados.

PESQUISA OU AÇÃO? A PESQUISA-AÇÃO[26]

A pesquisa-ação tem suas origens em experiências desenvolvidas pelo Instituto Tavistock (Inglaterra) no pós-guerra. Formado por antropólogos, psicólogos e psiquiatras, o Instituto desenvolveu programas em seleção de pessoal, tratamento de neuroses de guerra e reabilitação de prisioneiros.

Aplicada à administração, a pesquisa-ação baseia-se na colaboração dos integrantes da organização, para que possam resolver seus próprios problemas.

Segundo M. Foster, do Instituto Tavistock, a *"pesquisa-ação é um tipo de pesquisa social aplicada, que difere de outras variedades pelo imediato envolvimento do pesquisador no processo de ação e onde a intenção das partes é a de se envolver na mudança, que compreende as características do próprio sistema"*.[27]

Em termos de DO, a pesquisa-ação é uma técnica que permite queimar etapas, acelerando o processo de identificação de problemas e propondo alternativas de solução, dado que o processo de DO é basicamente um programa de pesquisa-ação, elaborado para aprimorar o desempenho organizacional.

A pesquisa-ação fornece uma abordagem e um processo de geração e uso de informações que embasarão o programa de ação a ser adotado pela empresa. "As naturezas do desenvolvimento organizacional e da pesquisa-ação são muito similares. Ambos são variantes da ciência comportamental aplicada; ambos são orientados para a ação; ambos se baseiam em dados; ambos exigem colaboração estreita entre pessoas internas e externas ao processo; e ambos são invenções sociais voltadas para a resolução de problemas."[28]

---

[25] FRENCH; BELL. Op. cit.
[26] FELICÍSSIMO, José Roberto; AVANCINE, Sérgio Luiz. Em busca de uma metodologia: a pesquisa-ação. *Cadernos FUNDAP*, ano 1, n. 2, outubro, 1981.
[27] FOSTER, Clark M. In: FELICÍSSIMO e AVANCINE. Op. cit.
[28] FRENCH e BELL. Op. cit., p. 95-96.

O plano de ação

Como o processo de Desenvolvimento Organizacional se refere basicamente a pessoas, o plano de implementação das mudanças, ou seja, estratégia de intervenção, deve considerar os valores, as relações interpessoais e o clima organizacional. O aspecto tecnológico da empresa, embora seja parte integrante do programa de capacitação do pessoal envolvido, passa portanto a ocupar um papel coadjuvante, visto que normalmente não há dificuldade em se absorver novos conhecimentos técnicos ou em aprender a utilizar uma nova tecnologia. Como vimos, a dificuldade maior reside efetivamente em se adotar novos padrões de comportamento e uma atitude favorável frente às inovações propostas. O desenvolvimento do plano de ação e da estratégia de intervenção deve ter como ponto de partida o diagnóstico estabelecido. Ela vai definir a série de passos a serem adotados para que a empresa se transforme do que é para o que pretende ser. O desenvolvimento dos aspectos prioritários da estratégia tem, assim, íntima relação e coerência com os objetivos organizacionais.

O entendimento crucial da administração da mudança passa com isso a ser o reconhecimento de um terceiro estado, o *estado da transição*, que ocorre quando a organização já não é o que era, mas ainda não é o que será. Para que a mudança seja bem-sucedida, é necessário não somente conhecer o estado atual e ter uma visão do estado futuro, mas compreender as distâncias entre os dois estados, seus desafios e problemas previsíveis.[29]

A estratégia adotada pela empresa pode buscar diferentes níveis de mudança, das mais radicais às mais brandas. A escolha vai depender de uma série de aspectos internos, como disposição dos funcionários e orientação política da empresa. Dentro dessa gradação, podemos destacar mudanças:

- *evolucionárias* – pequenas e dentro das expectativas do *status quo*.
- *revolucionárias* – destroem ou contradizem os arranjos do *status quo*.
- *desenvolvimento sistemático* – evitam o progresso superficial da evolução e as rupturas violentas da revolução. Buscam modificar toda a empresa, aumentando a dedicação dos administradores à busca da lucratividade.[30]

---

[29] NADLER, David A.; GERSTEIN, Marc S.; SHAW, Robert B. *Arquitetura organizacional*. Rio de Janeiro: Campus, 1994.
[30] BLAKE e MOUTON. Op. cit.

Independente do grau de mudança pretendido, o plano de ação deve obrigatoriamente considerar os seguintes pontos:

- metas e prazos estabelecidos;
- técnicas de intervenção que serão utilizadas;
- grupos-alvo em cada etapa do processo;
- caracterização do resultado final desejado.

Por fim, a estratégia deve considerar a participação de todos os membros da organização, isto é, a definição do grau de envolvimento das pessoas no processo de mudança, sem qualquer vinculação ao seu nível hierárquico, função ou tempo na empresa.

COMO IMPLANTAR UMA ESTRATÉGIA DE INTERVENÇÃO?

- Organizar *seminários*, nos quais diferentes equipes discutem os objetivos, criticando e comparando os resultados e a atuação de cada um.
- Identificar *centros de lucros*, coordenados independentemente por *equipes de planejamento*, indicadas pela cúpula administrativa. Cada equipe de planejamento funciona como se seu centro de lucro fosse independente, com a função de examinar cada aspecto das atividades de compra, venda, fabricação e distribuição.
- Aperfeiçoar o trabalho em equipe, *analisando as ações de todas as equipes* da empresa. Os integrantes localizam dificuldades, planejando ações para melhor contribuir para a empresa. Afinal, ninguém conhece melhor os problemas do que quem os enfrenta dia após dia.
- Desenvolver um *modelo estratégico ideal*, que será testado, avaliado e estudado por todos os membros da organização. Com isso, os funcionários se sentem estimulados e comprometidos com os objetivos, emocional e intelectualmente.

Intervenção

As intervenções de DO formam um conjunto de atividades estruturadas, previstas no plano de ação e nas quais os grupos-alvo ou indivíduos são envolvidos e se engajam no desempenho de tarefas, direta ou indiretamente relacionadas à mudança pretendida e, consequentemente, contribuem para o melhor desempenho organizacional. O sucesso das intervenções vai depender do acerto na escolha da estratégia, refletido no grau em que as unidades organizacionais selecionadas se engajarem na consecução dos objetivos estabelecidos. Portanto, as atividades de intervenção compreendem também o processo de sensibilização e conscientização dos indivíduos para a necessidade de mudança e a fixação dos valores que devem permear todo o processo.

Existe uma grande variedade de técnicas de intervenção disponíveis, às quais são frequentemente agregadas novas técnicas, geralmente originadas de pesquisas e estudos na área das ciências do comportamento. Esse elenco de técnicas e instrumentos, que se convencionou chamar de tecnologia de DO, pode ser melhor visualizado nos seguintes grandes grupos ou tipos de intervenções praticadas em programas de Desenvolvimento Organizacional:[31]

Atividades de diagnóstico – como vimos anteriormente, a etapa de diagnóstico, que corresponde ao levantamento de dados e informações voltado para apurar a situação atual da organização, o grau de importância de um problema, *o modo como as coisas são feitas*, as percepções individuais e outros aspectos diretamente relacionados ao objeto do programa de DO, já é uma forma de intervenção na atividade organizacional. Os métodos disponíveis variam de instrumentos projetivos ou descritivos, em que o indivíduo tem de representar a sua posição dentro da organização, aos métodos mais tradicionais de coleta de dados, como entrevistas, questionários, pesquisas, reuniões, debates e seminários.

Atividades de formação de equipe – são atividades dirigidas para aumentar a operação efetiva das equipes de trabalho dentro da empresa. Compreende basicamente técnicas de dinâmica de grupo aplicadas aos diferentes tipos de equipe que podem existir na organização, tais como equipes formais de trabalhos, equipes força-tarefa temporárias e equipes de projetos especiais. Elas podem se relacionar a certos tipos de tarefas, à maneira como as coisas são feitas, às habilidades necessárias ao cumprimento dessas tarefas, às alocações de recursos necessários ou podem ainda se relacionar à natureza e qualidade dos relacionamentos entre os membros da equipe ou entre eles e o líder.

---

[31] Essa forma de relacionar as técnicas de intervenção em "famílias" ou grupos de atividades é abordada por: FRENCH, Wendell L.; BELL JR., Cecil H. *Organization development*. Englewood Cliffs, Nova Jersey: Prentice-Hall Inc., 1973.

Atividades intergrupais – são atividades criadas para melhorar a eficiência de grupos interdependentes. Elas se concentram em atividades conjuntas, tendo como referência as tarefas que devem ser realizadas no próprio trabalho e o resultado dos grupos. Estes são considerados mais como um único sistema do que como dois subsistemas, uma vez que os objetivos são comuns.

Atividades de educação e treinamento – visam a aperfeiçoar habilidades e conhecimento de indivíduos. Existem diferentes formas de propiciar o aprendizado e várias abordagens possíveis. Por exemplo, o indivíduo pode ser educado de forma isolada do seu grupo de trabalho (em um grupo contendo estranhos) ou em contato com seu grupo de trabalho, quando todos os participantes também podem aprender a lidar melhor com o conflito interpessoal. Dessa forma, o trabalho pode ser direcionado para as habilidades técnicas requeridas para um desempenho eficiente da tarefa ou pode ser direcionado para aprimorar a competência interpessoal. Ambas vão conduzir a um melhor desempenho em termos de exercício de liderança, responsabilidades e funções de membros do grupo, tomada de decisão, solução de problemas, estabelecimento e planejamento de metas etc.

Análise do campo de forças – de acordo com a teoria do *campo* de força de Kurt Lewin, todo comportamento é resultante de um equilíbrio entre forças de impulsão para a mudança e forças de restrição a novas propostas e, por conseguinte, favoráveis à manutenção da situação atual. A tendência natural, quando se pretende que uma mudança ocorra efetivamente, é a de aumentar a intensidade das forças de impulsão. Lewin argumenta que essa atitude geralmente provoca maior resistência à mudança, ou seja, ativa as forças de restrição que impedem de se atingir o novo ponto de equilíbrio desejado. Portanto, diminuir as forças de restrição mediante a identificação do que está provocando a resistência é uma maneira mais eficaz de fazer a mudança acontecer do que aumentar as forças de impulsão.

Embora não se caracterize como uma técnica, a análise do campo de forças propõe que se faça em primeiro lugar um levantamento de informações sobre as prováveis forças de resistência que podem vir a ocorrer num processo de mudança. Em seguida, deve-se construir um diagrama, como o mostrado na Figura 7.6, procurando visualizar, registrar e avaliar em termos de importância e intensidade as forças atuantes a favor e contra as mudanças pretendidas.

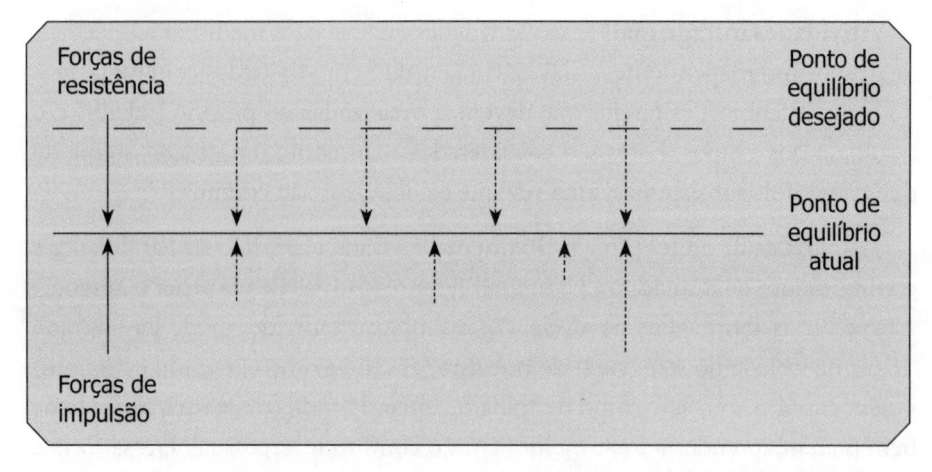

Figura 7.6 – Diagrama do campo de forças de Lewin.[32]

Atividades tecno-estruturais – visam a aumentar a eficiência das possíveis soluções técnicas ou estruturais para os problemas da organização e a evitar constrangimentos que afetem indivíduos ou grupos. As atividades podem tomar a forma de experiências, com novas estruturas de organização e avaliação de suas eficiências em termos de metas específicas ou visualizar novas maneiras de adaptar recursos técnicos aos problemas.

LEWIN E A TEORIA DO CAMPO DE FORÇAS

Lewin adotou da psicologia o conceito de campo como um *espaço de vida*, formado pelo indivíduo estudado e o meio que o cerca. As variáveis desse meio (físicas, econômicas, sociais) são interdependentes e devem então ser consideradas como pertencentes a um campo único. Um dos aspectos mais interessantes da Teoria de Campo diz respeito ao dinamismo que atribui aos acontecimentos que influenciam os indivíduos estudados, caracterizando a teoria como um método de analisar relações causais. "Todo comportamento (incluindo ação, pensamento, desejo, busca, valorização, realização etc.) é concebido como uma mudança de algum estado de um campo numa unidade de tempo, (dx/dt)."[33] O processo de mudança de uma situação para outra e as eventuais resistências geradas contra essa transformação merecem particular

---

[32] Com base em: HUSE, Edgard F. Organization development and change. 2. ed. West Publishing Company, 1980. In: STONER, J. Op. cit.
[33] LEWIN, Kurt. *Teoria de campo em ciência social.* São Paulo: Pioneira, 1965. p. XIII.

destaque em suas formulações. Conforme o autor, "a tarefa prática da administração social, bem como a tarefa científica de compreender a dinâmica da vida do grupo, exige a compreensão do desejo pela mudança específica ou da resistência a ela".[34] Lewin concluiu que mudanças são facilitadas quando as pessoas pensam que elas mesmas descobriram a necessidade de mudanças, em vez de serem aconselhadas a mudar.

Atividades de consultoria de processo – a consultoria de processo é um trabalho realizado por consultores experientes, "que ajudam o cliente a perceber, entender e agir em função de eventos do processo que ocorrem no seu ambiente",[35] Estas atividades, talvez com mais precisão, descrevem uma abordagem, um estilo de consultoria, no qual se oferece ao cliente os princípios básicos a respeito do comportamento humano nas organizações e das habilidades necessárias para diagnosticar e lidar com esse aspecto da vida organizacional. A ênfase inicial recai sobre processos, tais como comunicações, papéis do líder e dos membros em grupos, solução de problemas e tomada de decisão, normas e crescimento do grupo, liderança, autoridade e cooperação e competição intergrupais.

Atividades de DO "GRID" – são atividades desenvolvidas e patenteadas por Robert Blake e Jane Mouton, compreendidas em um modelo de seis fases do processo de mudança que envolve toda a organização. Os recursos internos são desenvolvidos para conduzir a maioria dos programas, que podem durar de três a cinco anos para se completar. O modelo começa por aprimorar as experiências individuais e habilidades de liderança dos gerentes (fase 1), passa às atividades de desenvolvimento de equipe (fase 2) e então às atividades de relacionamento intergrupal (fase 3). Fases posteriores incluem o estabelecimento das metas (fase 4), a estratégia de implementação (fase 5) e terminam com uma fase de avaliação da mudança na cultura da organização e dos resultados obtidos (fase 6), procurando definir também o direcionamento futuro do programa.[36]

Atividades de orientação e aconselhamento – são atividades desenvolvidas por um consultor externo ou membros da própria organização que trabalham com indivíduos, no sentido de ajudá-los a definir metas de aprendizagem, saber como os outros veem seu comportamento e aprender novos modos de compor-

---

[34] LEWIN, Kurt. Op. cit., p. 226.
[35] SCHEIN, Edgar H. Op. cit.
[36] BLAKE e MOUTON. Op. cit.

tamento que possam facilitar a consecução dos seus objetivos. Desenvolvidas por meio de reuniões estruturadas com indivíduos ou grupos, essas atividades levam à discussão de metas e objetivos, avaliação de capacidades e do treinamento adicional necessário para suprir as deficiências de cada um.

Atividades de planejamento e estabelecimento de metas são atividades que incluem teoria e experiência em planejamento e estabelecimento de metas, utilizam modelos de solução de problemas, paradigmas de planejamento, modelos de *discrepância* entre organização ideal e organização real e outros modelos específicos de processos da organização em estudo. A finalidade de todos eles é aperfeiçoar estas habilidades ao nível do indivíduo, do grupo e de toda a organização. O exemplo mais característico de uma técnica voltada para esse fim é a administração por objetivos (Ver Capítulo 9), que remonta à década de 1960 e que, posteriormente, se consolidou como prática administrativa usual em muitas organizações.

Outras intervenções adicionais aplicadas em programas de DO, que por si só não constituem um elenco de técnicas, mas têm sido utilizadas com frequência e apresentado resultados significativos, são a reunião de confrontação, treinamento de sensibilidade, análise de campo de forças e a técnica de análise de papel (TAP).

Reunião de confrontação – desenvolvida por Beckhard, trata-se de um encontro de um dia, envolvendo toda a gerência da empresa. Por meio de uma série de atividades, o grupo gera informações acerca de seus problemas, analisando suas prováveis causas e desenvolvendo planos de ação escalonados, com vistas a resolver as dificuldades apontadas. Os resultados da aplicação das reuniões de confrontação parecem ser favoráveis à sua adoção, consistindo numa forma rápida, simples e confiável de levantar e apresentar soluções para problemas organizacionais.[37]

Técnica de análise de papel (TAP) – é usualmente utilizada para esclarecer expectativas e obrigações de cada um dos membros de um grupo para incrementar suas eficácia e eficiência. É particularmente útil no caso de grupos novos, mas sua aplicação também costuma ser indicada quando os papéis dos componentes de um grupo são confusos ou ambíguos. A premissa básica da

---

[37] FRENCH; BELL. Op. cit., p. 127-129.

técnica é a crença de que a determinação consensual do papel de cada membro leva a uma maior satisfação mútua.[38]

Treinamento de sensibilidade – a sensibilidade refere-se não apenas ao indivíduo para consigo mesmo, como para com os outros. Assim, a própria denominação da técnica denota a ênfase que recai sobre os problemas individuais e os problemas entre o indivíduo e o grupo. Seu pressuposto básico é que um desempenho fraco tem como causa os problemas emocionais das pessoas, que devem atingir os objetivos traçados de forma coletiva. O treinamento envolve um grupo (o chamado grupo T), cujos membros são estimulados a expor suas emoções com relação a si mesmos e aos colegas. É fundamental a presença de um orientador experiente, que tem por função facilitar o processo de aprendizagem e estimular a participação e a contribuição de cada um na análise e interpretação dos fatos que estão sendo discutidos e dos problemas para os quais estão buscando soluções. A eficácia dessa atividade e sua capacidade de mudar o comportamento das pessoas visando o aprimoramento da organização são aspectos muito discutidos da validade desta técnica. Os resultados não conclusivos referentes às relações entre treinamento de sensibilidade e o melhor desempenho organizacional fizeram com que os administradores e especialistas em DO ficassem céticos quanto a seu uso continuado.[39]

Um esquema de classificação das intervenções

Uma forma de se obter uma melhor visualização do emprego desses grupos de intervenções num programa de DO é apresentada no Quadro 7.2, o qual procura refletir uma tipologia de intervenções baseada nas respostas às seguintes questões:[40]

- A intervenção é dirigida basicamente para o aprendizado grupal ou individual?

- A intervenção focaliza tópicos de tarefa ou processo? (Tarefa é o que está sendo feito, processo é como ela é cumprida, inclusive como as pessoas estão se relacionando e que processos e dinâmica estão ocorrendo.)

---

[38] FRENCH; BELL. Op. cit., p. 117-119.
[39] GIBSON; IVANCEVICH; DONNELLY. Op. cit., p. 391-393.
[40] FRENCH; BELL. Op. cit.

Quadro 7.2 – Intervenções de DO classificadas por duas dimensões independentes: Indivíduo-Grupo e Tarefa-Processo[41]

		DIMENSÃO INDIVÍDUO vs. GRUPO	
		FOCO NO INDIVÍDUO	**FOCO NO GRUPO**
DIMENSÕES DE TAREFA vs. PROCESSO	ÊNFASE NA TAREFA	Técnica de análise de papel Educação: habilidades técnicas, também tomada de decisão, solução de problema, estabelecimento de meta e planejamento de trabalho e da carreira DO GRID fase 1 Possivelmente, enriquecimento da tarefa e administração por objetivos	Mudanças tecno-estruturais Reunião de confrontação Sessões de treinamento e desenvolvimento Atividades intergrupais DO GRID fases 2 e 3
	ÊNFASE NO PROCESSO	Consultoria de processo com aconselhamento e assessoria aos indivíduos Educação: dinâmica grupal, mudança planejada Grupos de treinamento T (abertos) DO GRID fase 1	Sessões de treinamento e desenvolvimento Atividades intergrupais Consultoria de processo Grupos de treinamento T (fechados) DO GRID fases 2 e 3

Assim, esse esquema do Quadro 7.2 mostra uma tipologia das intervenções de DO procurando aproximar e agrupar em cada um dos quadrantes as técnicas adotadas em resposta a essas duas questões. Na realidade, é difícil apontar as intervenções precisa e exclusivamente para uma única necessidade ou focalizada numa só dimensão, mesmo porque uma intervenção pode ter atributos de mais de um dos quadrantes. Geralmente, porém, as intervenções são vistas como pertencendo predominantemente ao quadrante no qual estão inseridas.

Controle e avaliação dos resultados

O processo de Desenvolvimento Organizacional é contínuo: **diagnóstico, planejamento, implantação, avaliação, novo planejamento, nova implantação, nova avaliação** e assim sucessivamente. A avaliação é portanto a última fase de um ciclo e a primeira de um novo ciclo, tendo a função de realimentá-lo até que a mudança esteja efetivamente implementada.

A mudança poderá ser considerada implementada quando estiver tão bem integrada à organização que os problemas originais não retornam e o processo de desenvolvimento resultante é contínuo.[42]

---

[41] FRENCH, Wendell L.; BELL JR, Cecil H. *Organization development*. Englewood Cliffs, Nova Jersey: Prentice-Hall, 1973.
[42] ARGYRIS. Op. cit.

Portanto, a etapa de avaliação no processo de DO é a comparação entre os indicadores de desempenho da organização no momento em que foi desencadeado o processo e a situação observada após as primeiras intervenções realizadas. Como em qualquer atividade de planejamento, devem ter sido estabelecidos no plano de implantação das mudanças os pontos de referência para o acompanhamento e controle do trabalho desenvolvido. Esses pontos de referência servem como um balizamento durante o desenvolvimento do processo, permitindo identificar até que ponto a situação ideal ou desejada está sendo alcançada. Logicamente, os critérios utilizados para a avaliação deverão estar intimamente relacionados com o problema que deu origem ao processo e, portanto, são específicos em cada situação. Todavia e de forma genérica, alguns indicadores de desempenho organizacional podem servir para se avaliar o resultado parcial ou total do trabalho após a efetivação das mudanças:

- produtividade global, por setor ou unidade;
- diminuição de custos;
- redução de perdas no processo produtivo;
- horas de *retrabalho*;
- rotatividade dos empregados;
- homens/hora empregados na produção;
- lucratividade;
- posicionamento nos mercados em que a empresa atua.

Embora esses indicadores quantitativos ofereçam dados objetivos e claros sobre o desempenho da organização, em inúmeras situações os benefícios auferidos com a mudança são avaliados qualitativamente, como por exemplo melhoria do clima organizacional, maior adequação do fluxo de trabalho e de informações, agilidade e confiabilidade no processo de tomada de decisões, melhor relacionamento entre as pessoas, motivação e moral elevado, clima organizacional saudável etc. Essa avaliação mais descritiva do comportamento organizacional pós-mudança pode não apresentar números nem acréscimos percentuais dos indicadores de desempenho a que nos referimos anteriormente, mas certamente é condição fundamental para que eles ocorram.

Evolução do conhecimento e prática de DO

Desde o surgimento e a aplicação dos primeiros conceitos, princípios e técnicas de DO por seus idealizadores, no final da década de 1950 e início dos anos

1960, a teoria e a prática dessa área de conhecimento têm passado por uma série de fases, cada uma delas condicionada pela atuação das forças econômicas, tecnológicas, sociais e culturais do ambiente organizacional em estudo.

Os estágios iniciais na evolução de DO são caracterizados pela introdução na prática corrente da administração de empresas, dos valores pessoais daqueles que conceberam, estruturaram e definiram a abrangência dessa nova teoria. Bennis, Argyris, Schein, os principais articuladores do movimento, enfatizavam os seguintes aspectos para a implantação de uma proposta de desenvolvimento da organização:[43]

- *orientação para o longo prazo* na administração da mudança e envolvimento de toda a organização num processo participativo, onde todas as pessoas deveriam ser ouvidas para a resolução dos problemas.

- ênfase nas *ciências do comportamento aplicadas* para o êxito do processo, implicando que os coordenadores do projeto tenham competência nas áreas de comunicação e relacionamento interpessoal, resolução de problemas e tomada de decisão, além da capacidade de obter cooperação intergrupal para a efetiva implantação das mudanças.

- *consultor externo* para exercer o papel de agente de mudança especializado na análise, diagnóstico e interpretação do comportamento dos indivíduos e dos grupos dentro da organização, além de facilitador para o desenvolvimento do processo.

- *esforço de mudança dirigido pela alta direção da empresa*, visando a demonstrar o compromisso dos líderes da organização com o projeto de mudança e procurando reforçar o necessário envolvimento e apoio de toda a organização com as propostas de mudança apresentadas.

- ênfase na *pesquisa-ação*, como uma metodologia necessária para o envolvimento do consultor com os grupos-alvo do processo. As etapas de uma metodologia de trabalho orientada para a pesquisa-ação que compreendem a coleta de informações, o diagnóstico, a elaboração de um plano de ação e a sua implementação, não podem ser desenvolvidas em laboratório e requerem que todo o trabalho seja realizado no próprio sistema em que as mudanças deverão ser introduzidas.

---

[43] SANZGIRI, Jyotsna; GOTTLIEB, Jonathan Z. Philosophic and pragmatic influences on the practice of organization development, 1950-2000. *Organizational dynamics*, v. 21, outono, 1992. p. 57-69.

Essas proposições básicas para um projeto de DO consolidaram-se numa metodologia usualmente adotada pelas organizações para a resolução dos problemas e conflitos relacionados às mudanças no ambiente interno e externo à organização. Na década de 1970, entretanto, foram notadas algumas diferenças significativas na abordagem de DO em relação às práticas anteriores. Essa fase de DO caracterizou-se por uma visão mais pragmática e voltada para a obtenção de resultados mensuráveis e de curto prazo nas propostas apresentadas. Efetivamente a maior parte das pesquisas, estudos e projetos realizados nessa área acontecia nos Estados Unidos e a situação de retração da economia norte-americana e a concorrência em qualidade e preço dos produtos estrangeiros provavelmente tornaram os empresários mais preocupados com os investimentos nas fábricas, deixando em plano secundário os aspectos gerenciais das mudanças. Esse deslocamento dos valores situacionais da época forçava os praticantes de DO a adotar uma orientação pragmática e, portanto, o trabalho nesse campo foi mais orientado para as técnicas e instrumentos aplicáveis ao processo.[44] A administração por objetivos, as decisões baseadas nos indicadores de custo/benefício de uma atividade, a gerência participativa e o controle da qualidade total foram alguns dos instrumentos utilizados pelas organizações dentro dessa filosofia de *mudança com resultados quantificáveis* e que marcaram essa fase do Desenvolvimento Organizacional.

O surgimento e a rápida difusão das técnicas industriais japonesas, no final dos anos 1970, contribuíram para amenizar a momentânea desaceleração dos projetos de pesquisa sobre o assunto nos Estados Unidos e provocaram uma revolucionária mudança na forma tradicional da gestão das empresas em todo o mundo, a partir da década de 1980. Sustentadas por um elenco extraordinário de inovações tecnológicas no setor de informática e telecomunicações (desenvolvidas pelas corporações norte-americanas de tecnologia de ponta) e aliadas a uma cultura organizacional de disciplina e participação, as técnicas de produção orientais foram aplicadas nos serviços e escritórios, com significativos resultados em produtividade e qualidade. Com a tecnologia de informação dominada e oferecendo recursos cada vez mais avançados para todos os setores da organização, os praticantes de DO voltaram a se preocupar com o método e o processo de implantar as mudanças, integrando e ampliando os princípios originalmente estabelecidos.

---

[44] SANZGIRI; GOTTLIEB. Op. cit.

Assim foi possível considerar intervenções simultâneas de curto e longo prazo, desenvolver uma base de conhecimento interdisciplinar para analisar a cultura da organização, ampliar metodologicamente os meios de atingir a eficácia organizacional, enfatizar o processo de administração da qualidade e compreender o contexto e a dimensão do poder dentro da empresa para obter a efetiva implantação das mudanças pretendidas. A reengenharia de processos, os programas de qualidade total centrados no indivíduo, a terceirização das atividades-fins da organização, a flexibilização e diminuição dos níveis hierárquicos das estruturas, o trabalho em equipes autônomas e o incentivo na formação de empreendedores dentro da própria organização são alguns dos aspectos que caracterizaram o direcionamento das atividades de DO nesse período e que estão oferecendo subsídios para as futuras considerações sobre o trabalho.

Nesta segunda metade da década de 1990, estamos vivenciando uma nova fase da teoria e prática de DO que está sendo influenciada, em primeiro lugar, pela avaliação dos resultados obtidos na fase anterior, principalmente no que se refere às mudanças mais radicais introduzidas na estruturação e nos processos administrativos e operacionais da organização. Em segundo lugar, pelos reflexos que o avanço tecnológico nas comunicações globais ainda provoca no comportamento das pessoas e das organizações, diminuindo as distâncias e aumentando o conhecimento. Algumas expressões usuais no meio empresarial e utilizadas diariamente pelos veículos de comunicação, como por exemplo *globalização da economia*, *internacionalização de mercados* e *formação de blocos econômicos*, procuram traduzir as tentativas das grandes corporações mundiais no sentido de eliminar as barreiras comerciais e fiscais entre países, abrindo espaço para o surgimento de empresas globais com plantas espalhadas nos diversos continentes, sem uma clara distinção da nacionalidade dos produtos fabricados. Dentro desse contexto de empresas globais e acelerado desenvolvimento tecnológico, as perspectivas do trabalho de DO para o ano 2000 deverão considerar as seguintes tendências:

- mudanças nas relações de trabalho, em razão da maior profissionalização e especialização do empregado, dos custos envolvidos na legislação trabalhista e da ameaça de instabilidade social, caso persistam os índices crescentes de desemprego, diminuição da jornada de trabalho e aplicação do conceito de *empregabilidade* para definir o perfil do trabalhador desejado.
- estruturas organizacionais que podem ser ajustadas em função das estratégias dos negócios da empresa e que permitam deslocar a força de

trabalho para atender demandas prementes do ambiente e do mercado, *achatamento* da estrutura, diminuição dos cargos de média gerência, aumento das atribuições e da abrangência dos cargos gerenciais.

- crescimento do setor de serviços: saúde, educação, lazer, tecnologia da informação, práticas esportivas, preocupação com a eficiência e a produtividade nesse setor, transferência para a iniciativa privada da responsabilidade pela prestação de parte desses serviços nos países onde predomina a intervenção estatal.
- acirramento da concorrência em nível internacional, que deve provocar uma concentração de esforços maior, por parte das empresas, para a criação e a manutenção dos seus nichos de mercado no seu próprio país ou no mercado externo.
- estabelecimento de empresas nas regiões onde houver maior disponibilidade de recursos (principalmente mão de obra) para a fabricação de produtos, serviços acessórios, manutenção e assistência ao cliente.
- formação de dirigentes capazes de compreender e interpretar os impactos que as mudanças no âmbito da sociedade e da tecnologia vão provocar na ética e nos valores dentro da sua organização, necessidade de o dirigente assumir o papel de líder dos processos de transformação da cultura da empresa e de técnico do time ou conselheiro no seu relacionamento com as pessoas.

Mais do que um exercício de previsão, a projeção dessas mudanças num quadro de referência futuro vai permitir aos profissionais de DO introduzir no seu plano de ação o aprendizado dos acontecimentos passados, adaptando as lições já aprendidas às considerações e propostas de atuação dentro de um novo cenário prospectivo.

Para o êxito do desenvolvimento organizacional

Esta exposição sobre a proposta de desenvolvimento da organização por meio de um processo contínuo e permanente de gerenciamento das mudanças que ocorrem no ambiente empresarial, além de expor os princípios e a metodologia que oferecem o suporte teórico e técnico para o processo de Desenvolvimento Organizacional, procurou demonstrar também que para o sucesso de um trabalho desse tipo são fundamentais a postura e a atitude assumidas pela direção e funcionários diretamente envolvidos com as propostas de mudança e com os objetivos que se pretende alcançar. Alguns aspectos que fogem do campo técnico-metodológico de realização do trabalho, mas que devem estar presentes e suficientemente claros para todos aqueles que vão conduzi-lo, referem-se a:

- contar com o envolvimento total e a disposição de assumir riscos no alto escalão da empresa e no departamento de recursos humanos;
- garantir a coerência entre as informações da alta administração e seu comportamento;
- contar com o entendimento e o apoio dos líderes informais;
- perceber a existência de fatores desencadeadores de mudanças, tais como funcionários desanimados;
- ter percepção realista de um estado organizacional desejado;
- perceber a separação entre fins e meios.

Atualidade das propostas de DO

As críticas surgidas depois que as propostas de desenvolvimento organizacional se consolidaram numa área de conhecimento não propiciaram argumentos suficientes para evitar que os princípios, a metodologia e as técnicas de diagnóstico e intervenção de DO fossem definitivamente incorporados à teoria e à prática da administração de empresas. Todavia, ainda persistem algumas críticas ao trabalho de DO, as quais se sustentam basicamente na atribuição de uma excessiva ênfase comportamental na análise dos problemas organizacionais, o que pode conduzir a diferentes interpretações dos fatos, em função do viés perceptual do analista ou então, numa situação extrema, podem ser manipulados de acordo com o interesse do dirigente. Mais especificamente, essas críticas focalizam:

A **imprecisão**, visto que a base de DO é apontada por alguns autores como sendo excessivamente heterogênea e pouco precisa, servindo-se de algumas poucas descobertas da teoria do comportamento organizacional.

A **ênfase no treinamento de habilidades** no relacionamento interpessoal, que força o indivíduo a se adaptar ao ambiente da organização, fazendo com que acredite ser feliz num jogo de submissão.

As **aplicações distorcidas** quando o programa de DO é usado por alguns dirigentes como meio de promoção pessoal, sendo a efetiva mudança organizacional um objetivo secundário; esse tipo de comportamento desvirtua a proposta da teoria, dando margem à sua má compreensão e aceitação.

A **falta de novidade**, porque segundo esses autores, o método utilizado no processo de DO limitou-se a reformular alguns princípios da escola de Relações Humanas e da Teoria Comportamental.

Essas críticas são normalmente consideradas superadas, na medida em que pesquisadores acadêmicos, consultores e dirigentes de empresas continuaram e continuam desenvolvendo estudos e projetos na área, reconhecendo a efetiva contribuição das propostas de DO ao processo de mudança organizacional.

As ideias centrais de DO, apresentadas há cerca de quarenta anos, persistem com muito vigor no limiar do século XXI e se tornaram, mais do que um modelo, uma filosofia de negócios e um princípio básico da gestão empresarial dos dias de hoje: mudar para sobreviver em condições de difícil previsibilidade e ambientes em constante mutação. DO, nesse contexto, sugere que a organização deve procurar se antecipar ao comportamento das forças ambientais que, provavelmente, estarão influenciando seus planos futuros e buscar vantagens competitivas para a consolidação da sua posição no mercado.

Parte 2
Teorias modernas de gestão

capítulo 8

Abordagem contingencial

Origem

A abordagem contingencial surgiu como resultado de uma série de pesquisas que estudaram a relação da empresa com e dentro de seu ambiente. Elaborada por um grupo de pesquisadores, administradores e consultores, seu objetivo básico era aplicar os conceitos das principais escolas em situações gerenciais concretas.[1]

Ao verificar que métodos eficientes em certas situações não surtiam os mesmos resultados em outras, os precursores da teoria contingencial (Joan Woodward, Alfred Chandler, Tom Burns, G.M. Staler) tentaram encontrar justificativas para esses resultados divergentes. Após várias pesquisas, chegaram à conclusão geral de que os resultados eram diferentes porque as situações eram diferentes. Daí o nome *contingencial*, ou seja, baseada no conceito da incerteza de que algo pode ou não ocorrer. A questão passava então a ser qual método aplicar e em quais situações, para obter os melhores resultados possíveis.

A fundamentação da abordagem contingencial está na teoria dos sistemas, já que defende a importância das inter-relações entre as partes de uma organização. Procurando complementar o conhecimento do assunto, propõe-se a analisar a natureza dessas relações.[2]

A teoria da contingência enfatiza que não há nada absoluto nas organizações ou na teoria administrativa; tudo é relativo, tudo depende. A abordagem contingencial explica que existe uma relação funcional entre as condições do ambiente e as técnicas administrativas apropriadas para o alcance eficaz dos objetivos da organização. As variáveis ambientais são as variáveis independentes, enquanto as técnicas administrativas são as variáveis dependentes, dentro de

---

[1] STONER, James A.F. *Administração*. Rio de Janeiro: Prentice-Hall, 1982. p. 37-39.
[2] STONER, James A. F.. Op. cit.

uma relação funcional. Porém, não há uma causalidade direta, visto que a administração de um negócio é ativa. O que se caracteriza nesta relação funcional, na verdade, é uma relação causal, do tipo *se-então*. Ou seja, as ações administrativas são contingentes das características situacionais para alcançar os resultados organizacionais. Em suma, a abordagem contingencial procura explicar que não há nada de absoluto nos princípios de organização. Os aspectos universais e normativos devem ser substituídos pelo critério de ajuste entre organização e ambiente e tecnologia, indicando, portanto, que não há uma melhor maneira de organizar. Em vez disso, as organizações precisam ser sistematicamente ajustadas às condições ambientais.[3]

Características gerais

O papel do ambiente – no que se refere à questão do ambiente, a abordagem contingencial foi além dos pressupostos da teoria dos sistemas, já que desenvolveu uma série de estudos relacionando empresas e ambiente, com novo enfoque. A teoria dos sistemas procurou analisar a relação existente entre a organização e o ambiente em que se encontra inserida. Já a abordagem contingencial privilegiou a natureza dessas relações, ou seja, quais as consequências, para a organização, de contar com um ambiente dinâmico? Seu sistema de organização permite que se adapte às variações ambientais? Qual a melhor forma de se reorganizar para se adaptar à nova situação ambiental de forma flexível?

A supremacia do transitório – derivando suas características de um ambiente em constante mutação, a empresa não pode ser estanque no tempo. Ela tem de reagir prontamente não só aos novos desafios, como às novas possibilidades que se apresentam.

O fim do modelo ideal – a melhor forma de gerir uma empresa depende de uma série de variáveis conjunturais, derivadas das pressões que recebe de seu ambiente. "Se a forma de gestão deve ser vista exatamente como dependente da situação que a organização está tentando atingir, seguem-se que não existe um único conjunto de princípios para a *boa organização*, um tipo ideal de sistema gerencial, que pode servir como modelo ao qual a empresa poderia ou deveria, com o tempo, aproximar-se."[4]

---

[3] CHIAVENATO, Idalberto. *Introdução à teoria geral da administração*. 3. ed. São Paulo: McGraw-Hill do Brasil, 1983. p. 551-552, 557, 563.
[4] BURNS, Tom; STALKER, G.M. *The management of innovation*. Londres: Tavistock Publications, Prefácio.

Tecnologia – a tecnologia adotada pela organização apresenta uma relação íntima com sua estrutura social e com a tendência ao sucesso empresarial. Os diferentes ambientes técnicos adotados pelas empresas impõem diversos graus de tensão aos funcionários. "A tecnologia, por influenciar os papéis definidos pela organização formal deve, portanto, influenciar o comportamento industrial, pois a medida como uma pessoa reage depende tanto das demandas de seu papel e das circunstâncias em que ela se encontra, quanto de sua personalidade."[5] Ao mesmo tempo em que influencia a forma de administrar, a tecnologia é condicionada aos objetivos da organização, em termos de produção: o que e para quem produzir.

Desenvolvendo algumas ideias

Tom Burns[6] – as empresas seguem dois tipos básicos de procedimentos organizacionais, resultando ou em um sistema mecânico, ou em um sistema orgânico.

- **Sistema mecânico** é aquele no qual as especialidades funcionais têm uma classificação rígida, assim como as obrigações, as diversas responsabilidades e o poder. A hierarquia de comando é bem definida, sustentando um fluxo de comunicação que transmite informações de baixo para cima e ordens de cima para baixo.
- **Sistema orgânico** apresenta maior flexibilidade, sendo as atribuições de obrigações, responsabilidades e poder mais adaptáveis. A comunicação tende a ser um fluxo de mão dupla, transmitindo consultas de cima para baixo e de baixo para cima.

Como as empresas estão sujeitas às mudanças ambientais, devem estar preparadas para se adaptar a elas. Uma organização com sistema mecânico pode ser adequada a situações ambientais estáveis; já uma organização com sistema orgânico se mostra mais flexível a novas situações ambientais. Entretanto, na prática, observa-se que esses dois sistemas constituem casos extremos. As organizações costumam adotar sistemas que se situam em algum ponto da escala formada pelos sistemas orgânico e mecânico.

---

[5] WOODWARD, Joan. *Organização industrial* – teoria e prática. São Paulo: Atlas, 1977. p. 87.
[6] WOODWARD. Op. cit., p. 32.

A PESQUISA DE JOAN WOODWARD

Uma das precursoras da abordagem contingencial, Woodward desenvolveu um estudo pioneiro, em 1953, junto a cem empresas com cem ou mais empregados, no Southeast Essex College of Technology, Inglaterra. Ao definir uma área de pesquisa com representantes das indústrias da região, o aspecto pelo qual estes se mostraram mais interessados dizia respeito à organização administrativa. Dentro desse campo, um problema que chamava a atenção era "a dicotomia entre responsabilidades executivas e consultivas e a relação resultante entre a supervisão de linha em diferentes níveis e os vários especialistas administrativos que estavam sendo introduzidos em número cada vez maior na indústria".[7]

Ao constatar que os princípios de administração não tinham a mesma validade para os diferentes tipos de empresas, Woodward procurou uma explicação para as variações das práticas administrativas. "Nenhuma relação de qualquer tipo tinha sido estabelecida entre o tipo de organização e outras características."[8] O novo critério escolhido para diferenciar as empresas foi o sistema de produção operante nas organizações, podendo ser:

- *Produção unitária ou de oficina* – unitária ou por pequenas quantidades, tem um processo produtivo menos padronizado e mais automatizado, utilizando muitos instrumentos diferentes.
- *Produção em massa ou mecanizada* – em larga escala, com linhas de montagem ou grandes máquinas, desempenhando várias funções da produção.
- *Produção em processo ou automatizada* – produção contínua e automática, monitorada por poucos operários.

A partir dessa tipologia, ela concluiu que:
Existe uma relação entre tecnologia e estrutura social da organização.
Existe uma relação entre estrutura organizacional e sucesso empresarial.
Os mesmos princípios administrativos produzem diferentes resultados, conforme a situação de trabalho.

Alfred Chandlerm[9] – Publicou, em 1962, os resultados de uma pesquisa sobre inovação organizacional, realizada em quatro empresas americanas – DuPont, General Motors, Standard Oil Company de New Jersey e Sears, Roebuck

---

[7] WOODWARD, Joan. Op. cit. p. 15.
[8] WOODWARD, Joan. Op. cit., p. 43.
[9] CHANDLER JR., Alfred D. *Strategy and structure*. Cambridge, Massachusetts e Londres, MIT – Massachusetts Institute of Technology: The MIT Press, 1962. p. 1-15.

and Company – buscando dados que permitissem generalizações. Segundo os resultados desta pesquisa, "a tese deduzida das várias proposições [formuladas para orientar a investigação] é que a estrutura segue a estratégia e que o mais complexo tipo de estrutura é o resultado da concatenação de várias estratégias básicas". Para Chandler, estrutura pode ser definida como o *design* da organização por meio do qual o empreendimento é administrado. Esse *design* tem dois aspectos. O primeiro são as linhas de autoridade e comunicação. O segundo aspecto é o fluxo de dados e informações por meio de linhas de autoridade e comunicação. Já a estratégia pode ser definida como a determinação dos objetivos básicos de longo prazo e do negócio, e a adoção de cursos de ação e de alocação de recursos necessários para concretizar estes objetivos. Em outras palavras, estratégia envolve ações em resposta às demandas e fontes de suprimentos variáveis, condições econômicas flutuantes, novos desenvolvimentos tecnológicos e ação dos competidores. Assim, é a estrutura do negócio que se adapta para atender à estratégia que, por sua vez, é determinada pelas demandas de mercado.

Lawrence e Lorsch[10] – a denominação *teoria da contingência* deriva da pesquisa de Lawrence e Lorsch, comparando dez empresas de três diferentes setores industriais, em busca de uma resposta para a seguinte pergunta: "Quais as características que uma empresa deve ter para enfrentar com eficiência as diferentes condições externas, tecnológicas e de mercado?". Questão essa muito diferente de outros estudos empresariais da época, que focalizavam a melhor maneira de organizar a empresa, sem levar em consideração as condições externas, o ambiente da empresa. Os autores concluíram que os problemas básicos dos administradores são a diferenciação e a integração, processos essencialmente antagônicos, que serão determinados *de acordo com as exigências de seu respectivo ambiente*. Para os autores, na medida em que os sistemas crescem de tamanho, diferenciam-se em partes e o funcionamento dessas partes separadas tem de ser integrado para que o sistema inteiro seja viável. Segundo esta pesquisa, as indústrias com elevado desempenho apresentam melhor ajustamento às necessidades do ambiente, que, por sua vez, definirá o grau requerido de diferenciação nos departamentos e de integração interdepartamental. Baseados nesses resultados da pesquisa, os autores criaram a teoria da contingência na empresa, que, em lugar de propor um único e melhor modo de organizar-se em quaisquer

---

[10] LAWRENCE, Paul R.; LORSCH, Jay W. *As empresas e o ambiente*: diferenciação e integração administrativas. Petrópolis: Vozes, 1973. p. 5-7, 24.

condições, propõe que a empresa deve se concentrar na análise sistemática dos requisitos do ambiente e relacioná-los com as características exigidas da organização. Com isso, os administradores terão maior probabilidade de manter a viabilidade de suas empresas, frente à constante transformação da tecnologia e do mercado.

O contexto determinando a ação

Embora se possa argumentar que a abordagem contingencial dava ênfase excessiva à tecnologia, no final dos anos 1990, tal crítica perdia sua força diante da realidade. É fato que a tecnologia é um importante condicionador da estrutura administrativa, mas não parece determiná-la. É inegável, porém, o impacto que a tecnologia vem provocando sucessivamente em toda a sociedade.

Alguns críticos argumentam que a visão contingencial nem incorpora todos os aspectos da teoria de sistemas nem se desenvolveu a ponto de poder ser considerada uma nova teoria. Argumentam que de fato não há muita coisa nova na visão contingencial, visto que até Fayol já previa que os princípios deveriam ser aplicados com flexibilidade. Já os defensores da visão contingencial defendem justamente que o alerta de Fayol e outros foi ignorado; buscou-se estabelecer princípios universais que pudessem ser aplicados sem a dimensão situacional e que, portanto, não necessariamente levariam aos resultados almejados.[11]

De forma geral, a Teoria Contingencial é vista como eclética, integrando conceitos de várias teorias administrativas, podendo ser considerada mais como uma visão de mundo do que como um modelo em si. Em vez de teorias antagônicas, a abordagem contingencial mostra que na verdade existe sempre um *continuum* entre teorias aparentemente posicionadas em extremos opostos. Sua mensagem básica é que nada é absoluto. De fato, um administrador pode tentar resolver um determinado problema administrativo dentro do enfoque teórico que lhe parecer mais adequado ao contexto. Nisto reside o encanto da abordagem contingencial: mostrar uma variedade de opções à disposição do administrador. Ao administrador caberá diagnosticar a situação e escolher a abordagem mais indicada a ser aplicada no caso.[12]

---

[11] STONER. Op. cit., p. 37.
[12] CHIAVENATO. Op. cit., p. 577, 579.

capítulo 9

Administração por objetivos

Origem

Na década de 1950, os valores socioeconômicos passavam por grandes reformulações. Após as privações e dificuldades de consumo impostas pela Segunda Guerra Mundial (1939-1945), as pessoas passaram a ver no consumo sua possibilidade de autorrealização. A filosofia materialista da época estimulava a produção em massa e o desenvolvimento de novas formas de comunicação. A difusão da televisão acirrava a competição entre os produtos e incentivava a cultura do consumismo.

No mundo empresarial, as organizações buscavam se adaptar aos novos tempos. Em meio à turbulência do ambiente, Peter Drucker lançou, em 1954, um livro denominado *Prática da administração de empresas*. Nessa obra delineava os princípios do que viria a constituir o enfoque da *Administração por Objetivos – APO*, também conhecida como gestão por objetivos. Rapidamente adotado e desenvolvido por outros autores, o modelo defende, basicamente, que a empresa deve se preocupar menos com os fins e mais com as atividades que são desenvolvidas para atingi-los.

Conforme se nota, a gestão por objetivos não surgiu como um método revolucionário de gestão, contestador das práticas da época. Na verdade, propunha a adoção de alguns princípios que aprimoravam as práticas correntes. A administração por objetivos incorpora a maioria dos princípios de gestão geralmente aceitos. Além disso, entre as suas múltiplas vantagens figuram melhores métodos de avaliação de resultados.[1]

---

[1] ODIORNE, George S. *Gestão por objetivos* – um sistema de direção. Lisboa: Clássica, 1970. p. 7-8.

Pressupostos da administração por objetivos

Mudanças ambientais – as mudanças ambientais impõem novos requisitos não só às organizações, mas também aos gestores. As particularidades de cada executivo devem ser consideradas quando do estabelecimento e da avaliação da consecução dos objetivos traçados. "A gestão por objetivos parte do princípio de que o comportamento dos gestores é mais importante do que a sua personalidade e que este comportamento deve ser definido em termos de resultados medidos por comparação com objetivos estabelecidos, em vez de em termos de objetivos comuns para todos os gestores ou métodos comuns de gestão."[2]

Definição dos objetivos – a identificação clara dos objetivos estabelecidos para todos os envolvidos no processo é a tarefa prioritária do processo. Para tanto, todos devem conhecer e a organização deve ter claramente definidos a sua área de atuação e o que pretende alcançar no futuro, considerando os pontos fortes e fracos da empresa e as circunstâncias favoráveis e desfavoráveis existentes no mercado.[3] Uma vez definidos os objetivos, são estabelecidos métodos e distribuídas as responsabilidades para a sua consecução. Para o bom resultado contínuo da empresa, os objetivos devem ser continuamente revistos e reajustados às novas exigências e aspirações organizacionais.

Criação de oportunidades – a gestão de uma empresa deve ser uma tarefa criativa e não adaptativa, já que cria as condições econômicas, em vez de passivamente adaptar-se a elas. A empresa deve estabelecer objetivos que expressem o que é desejável atingir, em vez de simplesmente se acomodar ao que é possível. O negócio de uma empresa não é definido pelo produtor, mas pelo consumidor. A partir disso devem ser estabelecidos objetivos, contornando obstáculos.

Desenvolvimento pessoal – a empresa deve ser capaz de produzir mais e melhor do que os recursos que a compõem, sendo maior do que a soma das suas partes. Para transformar recursos em empresa, é preciso ampliá-los. Os únicos recursos passíveis de ampliação são os humanos. Considerar o ser humano passivo, sem responsabilidades ou participação, significa considerá-lo mais um tipo de recurso material.

---

[2] ODIORNE. Op. cit. p. 9-10.
[3] HUMBLE, John W. *Como melhorar os resultados da empresa*. São Paulo: Management Center do Brasil, 1970. p. 15-20.

DRUCKER E AS FUNÇÕES DA GESTÃO

Para que a organização seja bem-sucedida, deve desempenhar algumas funções essenciais. A primeira delas é a busca do bom desempenho econômico, já que sem ele deixará de existir. Assim, toda ação administrativa tem como objetivo último a obtenção de resultados econômicos esperados. De forma a alcançá-los, a gestão deve cumprir alguns encargos: gerir eficientemente a empresa, transformar recursos humanos e materiais em uma empresa produtiva e administrar o trabalho e os trabalhadores.

Mas o que significa gerir uma empresa segundo Drucker? Significa, entre outras coisas, "permitir que um indivíduo de excelente atuação empresarial realize livremente seu trabalho".[4] É verdade que a gerência da organização deve exercer sua autoridade para garantir a coordenação das atividades, de forma a alcançar bons resultados econômicos. Entretanto, "a autoridade administrativa sobre o cidadão e seus interesses que for além daquela que provém da sua responsabilidade pelo desempenho empresarial é autoridade usurpada".[5]

De forma geral, podemos caracterizar a gestão organizacional, dentro da filosofia da gestão por objetivos, como uma tentativa de moldar o cenário econômico e planejar, iniciar e executar transformações nesse cenário, minimizando a distância entre o possível e o desejável. "E embora nenhum homem possa realmente dominar seu ambiente, embora seja sempre prisioneiro das possibilidades, a tarefa específica da administração é transformar o desejável no possível e o possível no efetivo."[6] Gerir, portanto, significa gerir por objetivos.

Descentralização administrativa – aperfeiçoar a estrutura organizacional, por meio de um máximo de descentralização, leva a um melhor desempenho. "Dentro de vinte anos a típica organização de grande porte não terá mais do que metade dos níveis administrativos de hoje e não mais de um terço do número de administradores."[7] Entretanto, para que as vantagens da descentralização sejam realmente bem aproveitadas, a descentralização não pode ser feita de forma indiscriminada. Para que o melhor tipo de descentralização seja aplicado à empresa, diversos tópicos devem ser considerados, tais como: pontos fortes e fracos da empresa, objetivos de longo prazo, formação de equipes capazes de

---

[4] DRUCKER, Peter F. *Prática da administração de empresas*. São Paulo: Pioneira, 1981. p. 10.
[5] DRUCKER, Peter F. (1981). Op. cit., p. 11.
[6] DRUCKER, Peter F. (1981). Op. cit., p. 12.
[7] DRUCKER, Peter F. *As novas realidades*. São Paulo: Pioneira, 1989.

assumir as tarefas especificadas, criação de formas de controle dos resultados, correta distribuição de responsabilidades.[8]

ADMINISTRAÇÃO POR OBJETIVOS: ENTRE A DEFESA DO MARKETING E AS PROPOSTAS DO PLANEJAMENTO ESTRATÉGICO

Peter Drucker é um defensor incondicional da importância do marketing para o sucesso da empresa. Afinal, a finalidade da empresa não é interna a ela, mas está na sociedade. É o que o autor denomina *criar um cliente*. Sendo assim, "a empresa possui duas – e somente estas duas – funções básicas: marketing e inovação".[9] O marketing é visto de forma ampla, abrangendo toda a empresa, sob a perspectiva do consumidor.

Da mesma forma, quando Humble e Odiorne defendem que os objetivos da empresa devem levar em consideração seus pontos fortes e fracos, relativamente às oportunidades e ameaças ambientais, para que a partir disso os administradores possam traçar os objetivos almejados, estamos diante da proposta básica do Planejamento Estratégico (Ver Capítulo 10).

Multiplicidade de objetivos – "a busca do objetivo único é essencialmente a busca de uma fórmula mágica que tornará qualquer tipo de julgamento desnecessário. Mas a tentativa de substituir discernimento por fórmula é sempre irracional; o máximo que se pode fazer é facilitar o julgamento, reduzindo-se seu alcance e o número de alternativas disponíveis, tornando-o mais nítido e proporcionando-lhe uma sólida base de fatos e padrões de confiança, para se medir os efeitos e a validade de suas ações e decisões. E isto, pela própria natureza de um empreendimento comercial, requer objetivos múltiplos."[10] A maior dificuldade não está no estabelecimento dos objetivos, mas na determinação de como serão medidos e avaliados.

Autocontrole – uma das grandes vantagens da administração por objetivos é permitir ao administrador controlar seu próprio desempenho. Os objetivos devem ser a base do controle, mas não seu fundamento. O controle é a capacidade de dirigir seu próprio trabalho. "Um dos maiores benefícios da administração

---

[8] HUMBLE. Op. cit. p. 146-148.
[9] DRUCKER, Peter F. (1981). Op. cit. p. 35-38.
[10] DRUCKER (1981). Op. cit. p. 59-60.

por objetivos foi o fato de ela ter permitido substituir a administração por meio da dominação pela administração por meio do autocontrole."[11]

Autoridade e Liderança – a gerência deve ser um entre vários grupos de liderança. Se procurar ser o único, ou o mais poderoso dos grupos, será rejeitada, perdendo parte da legitimação de sua autoridade. Complementarmente, favorecerá a emergência de grupos ditatoriais.

Desenvolvendo algumas ideias

John W. Humble dedica atenção especial à determinação dos objetivos pela alta administração. Para facilitar essa tarefa, propõe três etapas a serem seguidas.[12]

- *Coleta de informações básicas* – análise geral da organização, indicando seus problemas e vantagens, além das tendências e oportunidades que se apresentam no ambiente.
- *Interpretação dos dados compilados e estabelecimento de medidas para o aumento imediato da lucratividade* – uma vez que a empresa existe em função da sociedade (entenda-se clientes), a interpretação dos pontos fortes e fracos da empresa merece atenção, mas não excessiva; o que é realmente relevante é a situação ambiental, atual e prevista, pois representa as possibilidades de lucro oferecidas.
- *Especificação dos objetivos organizacionais* – o principal objetivo da empresa é a lucratividade. Entretanto, vários objetivos secundários devem ser estabelecidos, de forma equilibrada e hierarquizada.

Com relação ao desenvolvimento de gerentes dentro de uma perspectiva da gestão por objetivos, Humble elenca as falhas básicas dos princípios seguidos por muitas organizações:[13]

- falta de integração do desenvolvimento aos gerentes nos objetivos da empresa;
- atribuição de maior relevância à pessoa do que ao seu desempenho;
- falta de colaboração voluntária dos gerentes para a consecução dos objetivos organizacionais;

---

[11] DRUCKER (1981). Op. cit. p. 123-124.
[12] HUMBLE. Op. cit. p. 41-68.
[13] HUMBLE. Op. cit. p. 77-86.

- ausência de um método adequado ao desenvolvimento contínuo da eficiência dos gerentes;
- hábito de supervalorizar a promoção;
- abdicação de responsabilidade pelo gerente de linha;
- pressa em adotar as técnicas da moda;
- estabelecimento de programas de desenvolvimento dos gerentes, sem que suas necessidades sejam efetivamente analisadas.

George Odiorne defende que a administração adote objetivos não como um modelo teórico, mas enquanto técnica, com experimentação e sucesso prático comprovados. Para o autor, o "sistema de gestão por objetivos pode ser descrito como o processo pelo qual os gestores superiores e subordinados de uma organização identificam em conjunto os seus objetivos comuns, definem o campo de responsabilidade de cada indivíduo em termos dos resultados que se esperam dele e usam estas medidas como guias para a operação da unidade e para avaliar a contribuição de cada um dos seus membros".[14]

Os sucessos mais visíveis e imediatos, decorrentes da aplicação da gestão por objetivos, são o aumento dos lucros e a diminuição dos custos. De forma não tão visível, aprimora a produtividade, a qualidade e a eficiência organizacionais. Paralelamente, eleva a qualidade dos serviços prestados internamente na empresa e a capacidade de delegação na tomada de decisões.[15]

Para que a gestão por objetivos possa ser adotada e gerar os resultados esperados, é fundamental que o principal executivo da organização se comprometa com sua implantação. É, portanto, um processo de cima para baixo. Em seguida, deve obedecer às seguintes fases:[16]

- familiarização dos principais gestores com o sistema de gestão por objetivos;
- programação, pela cúpula administrativa, das medidas de resultados da organização;
- ampliação do estabelecimento de objetivos até os supervisores;
- execução de mudanças nas políticas de avaliação, promoção e delegação de responsabilidades, acompanhadas da criação de um *sistema de contabilização da responsabilidade* pelo departamento de custos.

---

[14] ODIORNE. Op. cit., p. 89.
[15] ODIORNE. Op. cit. p. 87-96.
[16] ODIORNE. Op. cit. p. 105-121.

A participação e o conflito de objetivos

Quando a gestão por objetivos foi apresentada, passou a ser vista como um modelo de gestão muito interessante enquanto teoria, mas sem embasamento experimental. O fato de os gerentes ficarem motivados e assumirem voluntariamente os compromissos da organização, simplesmente por estarem participando da elaboração de alguns dos objetivos da empresa, gerava uma certa incredulidade. Afinal, como a própria gestão por objetivos defende, o objetivo último da organização é, e só pode ser, a busca do lucro. Com a difusão de alguns casos práticos de empresas que adotaram a gestão por objetivos e obtiveram resultados satisfatórios, a comunidade empresarial passou a encarar o modelo com menos ceticismo.

Entretanto, a questão do conflito dos objetivos dos gerentes (enquanto seres humanos dotados de aspirações pessoais e motivações diversas) com os objetivos organizacionais, baseados nos resultados financeiros da organização, não é considerada com a devida relevância pelos defensores do modelo.

A situação dos trabalhadores dos níveis não gerenciais é ainda menos digna de consideração para os criadores da gestão por objetivos. A proposta é a reformulação dos princípios gerenciais seguidos pela alta administração, não atribuindo a devida importância ao comprometimento dos demais trabalhadores para o atingimento dos objetivos organizacionais. "Como um sistema, a gestão por objetivos é especialmente aplicável a empregados de natureza profissional e gestores. Pode descer até os supervisores de primeira linha e também cobrir muitas posições técnicas e de estado-maior. Se bem que o mesmo sistema fundamental (medir resultados comparando-os com padrões) seja usado quer com trabalhadores pagos por hora ou com empregados de escritório, os métodos de fixar os padrões e medir os resultados são significativamente diferentes."[17]

Na verdade, a gestão por objetivos não desconsidera a questão do envolvimento dos trabalhadores por negligência ou por julgá-la irrelevante. Mais do que isso, considera-se neutra frente ao problema. Seus defensores afirmam que o modelo produz bons resultados, seja com a atuação participativa dos funcionários, seja quando imposta de forma autocrática. "A escolha do método a usar ou de quando se deve misturar métodos é mais determinada pelas exigências da situação, especialmente das expectativas dos subordinados, do que pela natureza

---

[17] ODIORNE. Op. cit., p. 88.

fundamental do próprio sistema. De fato, o sistema é realmente neutro a tais juízos de valor."[18]

Por fim, cabe ressaltar que, após a aplicação de pesquisas baseadas na administração por objetivos, alguns estudiosos passaram a questionar a eficácia do modelo.[19] Segundo eles, a APO pode ser encarada como um sistema parcial, insuficiente para explicar o quadro global das relações entre empresas e ambiente. A maior razão disso seria a não consideração de que a própria organização passa por transformações e não apenas o ambiente.

---

[18] ODIORNE. Op. cit. p. 206-209.
[19] DAVOUS, Pierre; DEAS, James. Esboço de uma intervenção de consultoria para administração estratégica. In: ANSOFF, H. Igor; DECLERCK, Roger P.; HAYES, Robert L. *Do planejamento estratégico à administração estratégica*. São Paulo: Atlas, 1981.

capítulo 10

Administração estratégica

Origem

A estratégia passou a ocupar espaço no mundo empresarial em meados dos anos 1960, em resposta à obsolescência dos tradicionais planejamentos a médio e longo prazos e à dificuldade de esses instrumentos se adaptarem a um ambiente turbulento, em constante mutação. A partir da década de 1980, o enfoque do planejamento estratégico ganhou amplitude, profundidade e complexidade, dando origem à *administração estratégica*. Os administradores passaram a perceber que com a definição clara da missão e da estratégia empresariais seus objetivos podiam ser mais facilmente atingidos.

Compreendendo o planejamento empresarial

A visão estratégica de um negócio, ou seja, o que se deseja que o negócio seja no futuro, pode ser alcançada por meio de um processo desestruturado, tal como a visão de um negócio futuro que seu fundador deseja concretizar. A visão estratégica pode ainda ser alcançada por meio de um processo sistemático de análise e síntese, o *planejamento empresarial*.

O planejamento empresarial vem evoluindo ao longo das últimas décadas. Inicialmente consistia no orçamento anual a ser cumprido, posteriormente passou a incluir projeções de tendências, resultando no planejamento de longo prazo. Somente em meados dos anos 1970 surgiu o planejamento estratégico como um método estruturado para determinar o futuro.[1]

---

[1] Adaptado de FISCHMANN, Adalberto A. *Implementação de estratégias*: identificação e análise de problemas. Tese de Livre-Docência, FEA-USP, 1987. Quadro 2.3, p. 32.

A evolução mais recente do planejamento empresarial se deu nos anos 1980, caracterizando a administração estratégica. Segundo Fischmann,[2] a administração estratégica tem como objetivo máximo o desenvolvimento dos valores da corporação, sua capacitação gerencial, suas responsabilidades como organização inserida na sociedade e seus sistemas administrativos que interligam o processo de tomada de decisão estratégica, tática e operacional, em todos os níveis hierárquicos, tanto entre os diversos negócios quanto entre as diferentes linhas de autoridade funcional. Ou seja, a administração estratégica vai além de um processo sistemático de análise de informações, pois procura capacitar as pessoas a pensar estrategicamente, alcançando uma mudança de comportamento dos decisores.

O QUE É ESTRATÉGIA E POR QUE DEVE SER CONSIDERADA?

Igor Ansoff, considerado o pai do planejamento estratégico e da administração estratégica, define estratégia como *"as regras e diretrizes para decisão, que orientam o processo de desenvolvimento de uma organização"*.[3] Portanto, as decisões estratégicas são aquelas que permitem à empresa se desenvolver e perseguir seus objetivos da melhor forma, considerando-se suas relações com o ambiente em que se insere.

Para Ansoff, a Administração Estratégica compartilha com a Administração por Objetivos a preocupação com as contínuas mudanças do ambiente externo da empresa. Entretanto, ao passo que a Administração por Objetivos utiliza os objetivos traçados como base de uma visão global da gestão, a Administração Estratégica se interessa pelo papel dos objetivos nas decisões estratégicas.

O planejamento estratégico é o processo de planejamento formalizado e de longo alcance, empregado para se definir e atingir os objetivos organizacionais.[4] Entretanto, o planejamento empresarial não se resume ao planejamento estratégico; tal fato se torna aparente se classificarmos de forma genérica a estrutura da organização em três níveis: o nível estratégico, o nível tático e o nível opera-

---

[2] FISCHMANN, Adalberto A. (1987). Op. cit., p. 43.
[3] ANSOFF, H. Igor. *A nova estratégia empresarial*. São Paulo: Atlas, 1990.
[4] STONER, James A. *Administração*. 2. ed. Rio de Janeiro: Prentice-Hall do Brasil, 1985. p. 70.

cional.⁵ O planejamento estratégico é o processo que ocorre no nível estratégico da estrutura da organização (geralmente a cúpula diretiva ou comitê reunindo a alta gerência) e deverá nortear as atividades de planejamento nos demais níveis hierárquicos. Denominamos planejamento empresarial ao conjunto das atividades de planejamento que se estendem a todos os níveis da empresa. Um exemplo bastante significativo e claro da hierarquia das decisões na empresa e da interdependência entre esses níveis de decisão é apresentado por Ansoff⁶ e reproduzido no quadro 10.1. As três categorias de decisões assinaladas pelo autor nesse quadro, embora distintas, são interdependentes e complementares, porque uma decisão estratégica do tipo "relação Produto-mercado" vai se refletir em exigências operacionais em termos de programação da produção, custos, tecnologia disponível etc. O nível administrativo, encarregado da obtenção e alocação de recursos e do acompanhamento e supervisão das atividades e sistemas de trabalho para o desenvolvimento das estratégias adotadas, deve também propiciar uma resposta rápida às flutuações de mercado, procurando manter uma sintonia adequada entre as atividades de marketing e produção.

ESCLARECENDO CONCEITOS:⁷

Finalidade – é o papel principal da empresa, definido pela sociedade em que se insere e compartilhado por todas as empresas similares dessa sociedade.

Missão – é a finalidade própria da empresa, o que a diferencia de suas semelhantes.

Objetivo – é um alvo que precisa ser atingido para que a empresa possa atingir suas metas. Traduz a missão para termos específicos e mensuráveis.

Estratégia – é o programa geral para a consecução dos objetivos da empresa e, portanto, para o desempenho de sua missão. Estratégia é o padrão de resposta da organização ao seu ambiente no tempo. Ela associa os recursos humanos e outros recursos de uma organização aos desafios e riscos apresentados pelo mundo exterior.

---

⁵ OLIVEIRA, Djalma de Pinho Rebouças de. *Planejamento estratégico*: conceitos, metodologia e práticas. 6. ed. São Paulo: Atlas, 1992. p. 35-43.
⁶ ANSOFF, H. Igor. *Estratégia empresarial*. São Paulo: Mc Graw-Hill do Brasil, 1977.
⁷ Adaptado de STONER, James A. Op. cit. p. 68-87.

Os desafios para a adoção da administração estratégica

Conforme explicita Dill,[8] a empresa que pretende implantar a Administração Estratégica deverá sobrepujar três desafios:

1. *Convencer a gerência a pensar em termos estratégicos*, fazendo com que não apenas questione o que deve persistir na organização, mas também o que deve ser alterado.
2. *Garantir a resposta organizacional*, ou seja, desenvolver formas de acompanhamento e controle do estabelecimento e implantação das etapas envolvidas no processo de administração estratégica.
3. *Enfrentar o ambiente*. Além dos desafios e oportunidades que a empresa encontra no ambiente, deve também considerar a multiplicidade de agentes que o compõem: consumidores, clientes em geral, políticos, organizações sem fins lucrativos, órgãos representativos do governo etc.

Planejamento e administração estratégica

Para Ansoff e Hayes, o planejamento estratégico tem eficácia limitada na resolução de problemas globais.[9] Isso porque, centrando sua análise no ambiente externo, o planejamento estratégico pressupõe que as condições internas da empresa não sofrerão alterações. A Administração Estratégica surge então como uma evolução das ideias iniciais do planejamento empresarial, buscando considerar a variabilidade de todos os elementos envolvidos no processo: a configuração interna da empresa, as condições ambientais e as relações que se estabelecem entre a empresa e o ambiente em seus diversos campos (econômico, social, político, cultural etc.).

As etapas do planejamento estratégico – para se obter êxito na implantação do planejamento estratégico, a empresa deve seguir uma série de etapas que assegurem a coerência do processo. Considerando-se que busca partir de uma situação atual para alcançar uma situação ideal, deve levar em consideração a

---

[8] DILL, William R. *Organization for forecasting and planning experience in the Soviet Union and U.S.* Nova York: W.R.D. and G. K.H. Popov, 1979.
[9] ANSOFF, H. Igor; DECLERCK, Roger P.; HAYES, Robert L. (org.). *Do planejamento estratégico à administração estratégica*. São Paulo: Atlas, 1981. p. 15-17.

conjuntura presente, os objetivos que pretende atingir, os recursos de que dispõe para tanto, o ambiente em que se encontra, a estratégia que será adotada para executar a mudança, as formas de mensuração e controle dos resultados etc. De forma esquemática, podemos articular as diversas fases do planejamento conforme apresentado no Quadro 10.1.

Quadro 10.1 – Etapas do planejamento estratégico

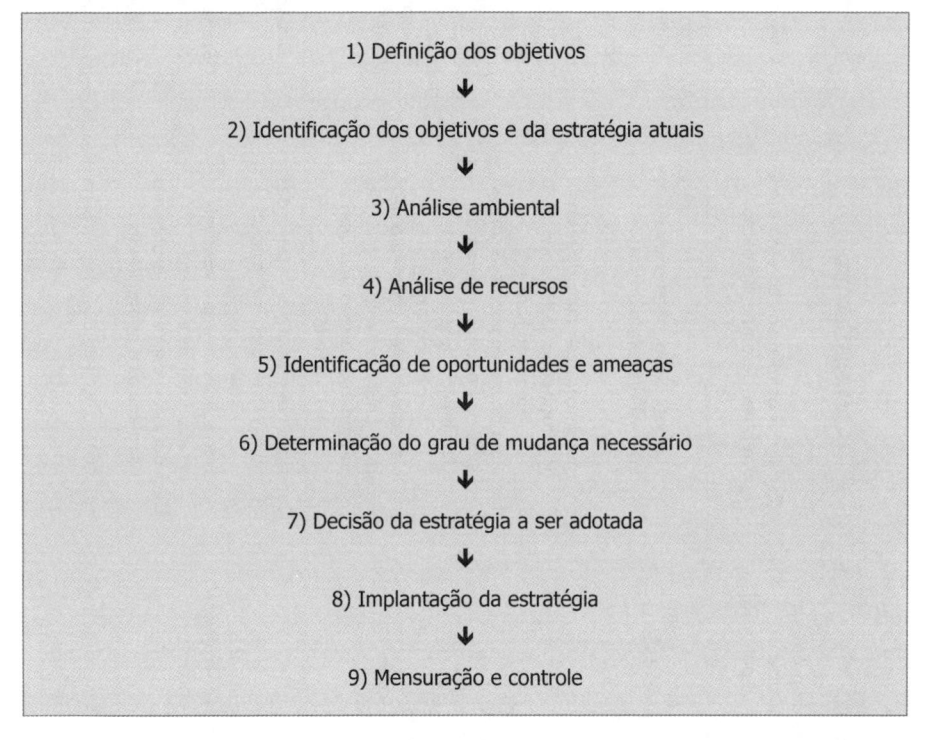

```
1) Definição dos objetivos
            ↓
2) Identificação dos objetivos e da estratégia atuais
            ↓
3) Análise ambiental
            ↓
4) Análise de recursos
            ↓
5) Identificação de oportunidades e ameaças
            ↓
6) Determinação do grau de mudança necessário
            ↓
7) Decisão da estratégia a ser adotada
            ↓
8) Implantação da estratégia
            ↓
9) Mensuração e controle
```

Fonte: Adaptado de STONER, James A. *Administração*. 2. ed. Rio de Janeiro: Prentice-Hall do Brasil, 1985.

Planejar integrado – as empresas devem integrar os planejamentos estratégico, administrativo e operacional de forma a otimizar seus recursos e atingir os objetivos traçados. Ansoff[10] ilustra no quadro 10.2 uma proposta de integração dos diversos planejamentos, considerando-se as funções específicas de cada um deles. O que se nota é que cada tipo de planejamento (estratégico, administrativo, operacional) envolve problemas, decisões e formas de resolução diferentes, coerentes com sua área de abrangência.

---

[10] ANSOFF, Igor H. *A nova estratégia empresarial*. Op. cit., p. 27

Quadro 10.2 – Principais categorias de decisões numa empresa

	ESTRATÉGICO	ADMINISTRATIVO	OPERACIONAL
Problema	Selecionar o composto de produtos e mercados que maximize o ROI (*return on investment*) potencial da empresa.	Estruturar os recursos da empresa para obter desempenho ótimo.	Otimizar a obtenção do ROI potencial.
Natureza do problema	Alocação de recursos totais entre oportunidades de produto e mercado.	Organização, obtenção e desenvolvimento de recursos.	Alocação de recursos orçamentários entre as principais áreas. Programação de uso de recursos. Acompanhamento e controle.
Decisões-chave	Objetivos e metas. Estratégia de expansão, diversificação, financeira, administrativa. Método de crescimento. Programação do crescimento.	Organização: estrutura de fluxos de informação, autoridade e responsabilidade. Estrutura de conversão de recursos: fluxos de trabalho, sistema de distribuição, localização de instalações. Obtenção e desenvolvimento de recursos: financiamento, instalações e equipamentos, pessoal, matéria-prima.	Objetivos e metas operacionais. Níveis de preço e produção. Níveis de operação: escalas de produção, estoques, armazenagem, políticas e estratégias de marketing. Políticas e estratégias de P&D (Pesquisa e Desenvolvimento). Controle.
Características principais	Decisões centralizadas, não repetitivas, não autorregenerativas. Desconhecimento parcial.	Conflito entre estratégia e operações. Conflito entre objetivos pessoais e institucionais. Associação forte entre variáveis econômicas e sociais. Decisões provocadas por problemas estratégicos e operacionais.	Decisões descentralizadas. Risco e incerteza. Decisões repetitivas. Grande volume de decisões. Subotimização forçada por complexidade. Decisões autorregenerativas.

Fonte: ANSOFF, H. Igor. Strategic Management Classic Edition: Palgrave MacMillan, 2007, p. 95. Reproduzido com permissão da Palgrave MacMillan.

A ANÁLISE ESTRUTURAL DE EMPRESAS SEGUNDO PORTER:[11]

O modelo das cinco forças que dirigem a concorrência numa indústria é aplicável na etapa de análise ambiental do planejamento estratégico. Segundo este modelo, o grau da concorrência em uma indústria depende de cinco forças competitivas básicas. É o conjunto destas forças que determina o potencial de lucro final na indústria. Porter define as forças que dirigem a concorrência numa indústria, como segue:

- **Fornecedores** – analisa o poder de negociação dos fornecedores.
- **Substitutos** – analisa a ameaça de produtos ou serviços substitutos.
- **Compradores** – analisa o poder de negociação dos compradores.
- **Ingressantes potenciais** – analisa a ameaça de novos ingressantes.
- **Concorrentes na indústria** – analisa a rivalidade entre as empresas existentes.

Orientação para o ambiente – embora a administração estratégica atribua significativa relevância aos aspectos internos da organização, não devemos perder de vista que o objetivo maior da empresa é fornecer produtos ou serviços adequados ao seu ambiente. Ansoff parte desse ponto para adotar a expressão OSA – *Organização a Serviço do Ambiente*, compreendendo organizações com ou sem fins lucrativos, mas agrupadas em função de que compram e vendem seus produtos/serviços de e para clientes e fornecedores com características comuns, baseados em uma dada tecnologia ou *know-how*. Todas as OSAs possuem em comum o chamado ímpeto de sobrevivência: "Quando qualquer OSA se confronta com a perspectiva de extinção, concentra toda a sua energia na busca de uma estratégia de sobrevivência."[12]

Considerações

A crítica mais comum à administração estratégica refere-se à dificuldade de prever a melhor estratégia de longo prazo em um ambiente com alto nível de turbulência ambiental. As empresas situadas em países que enfrentam grande

---

[11] PORTER, Michael. *Estratégia competitiva*. 9. ed. Rio de Janeiro: Campus, 1991. p. 22-24.
[12] ANSOFF, H. Igor. *Strategic Management Classic Edition*: Palgrave MacMillan, 2007, p. 95. Reproduzido com permissão de Palgrave MacMillan.

instabilidade econômica, com predomínio de inflação constante, costumam negligenciar o planejamento estratégico, enfatizando as decisões de curto e médio prazos. Isto não significa que essas organizações concordam com uma afirmação de Keynes em 1923, segundo a qual "a longo prazo estaremos todos mortos".[13] Apesar de enfático, o contexto em que Keynes fez essa declaração se relacionava especificamente à discussão da política monetária das nações na esfera da teoria macroeconômica. Ocorre que um plano de longo prazo para a gestão empresarial requer um grau razoável de previsibilidade do comportamento das variáveis que se inserem no contexto da atividade e do setor em que a empresa atua. A experiência tem mostrado que uma situação de economia instável e processo inflacionário, como o do Brasil em anos recentes, traz como consequência instabilidade na área política (com medidas governamentais surpreendentes e de impacto imediato na sociedade) e, principalmente, no comportamento da demanda, o que torna mais difícil, a projeção de cenários futuros e elaboração de planos estratégicos. Todavia, os principais autores e pesquisadores nessa área são unânimes em afirmar que o planejamento estratégico surgiu como uma ferramenta para se enfrentar os desafios de um ambiente em turbulência, tanto política quanto social ou econômica e que a administração estratégica não é tão somente um novo método para pensar sobre o problema, mas requer também novas competências e culturas gerenciais capazes de traduzir o pensamento em ação estratégica.[14]

---

[13] KEYNES, J. Maynard. *A tract on monetary reform*: The collected writings of John Maynard Keynes, vol. IV. Londres: The Macmillan Press, 1971. p. 65.
[14] ANSOFF, H. Igor. Op. cit.

Apêndice

As unidades estratégicas de negócios (UENs)

A proposição de Unidades Estratégicas de Negócios – UENs – foi inicialmente por Ansoff,[15] que as definia como o resultado de subdivisões da realidade dos negócios da organização. Esse modelo de gestão empresarial é delineado a com base na definição das AENs – Áreas Estratégicas de Negócios, as quais representam os mercados atuais e potenciais atrativos para a empresa. Para gerir estas áreas de negócios, foram concebidas unidades com um significativo grau de autonomia e produtos ou serviços perfeitamente identificados com as áreas estratégicas de negócios. Em outras palavras, a UEN representa o todo de um conjunto de atividades indivisíveis interagindo com os vários fatores ambientais externos e voltada para otimizar os resultados da empresa.[16]

A ideia subjacente a esta proposição é a dificuldade de se tratar a organização como um todo homogêneo, pois percebe-se que diversos fatores relacionados às diferentes áreas de atuação da empresa não podem ser analisados da mesma forma e, para efeito de formulação de estratégias, precisam ter um tratamento diferenciado durante o processo de planejamento.

As unidades de negócios são relativamente independentes e possuem características próprias para negociação e aproveitamento das oportunidades que se apresentam no mercado. Vários critérios podem ser utilizados para a formação das unidades de negócios, como por exemplo as linhas de produção, a localização geográfica, o tipo de cliente ou a tecnologia aplicada. Quer seja

---

[15] ANSOFF, H. Igor. Managing strategic surprise by response to weak signals. *California Management Review*, USA, V. XVIII, n. 2, Inverno, 1975, p. 21-33. In: FISCHMANN, Adalberto A.; SANTOS, Silvio A. dos. Uma aplicação de UEN's –unidades estratégicas de negócios – na formulação do planejamento estratégico. *Revista de Administração*, publicação trimestral do Instituto de Administração da FEA-USP, v. 17, n. 3, jul./set. 1982. p. 5-20.
[16] OLIVEIRA, Djalma de Pinho R. *Holding, administração corporativa e unidade estratégica de negócios*. São Paulo: Atlas, 1995. p. 80.

adotado um destes critérios ou uma combinação deles ou ainda outros critérios que se mostrem consistentes, o importante é que o critério escolhido permita uma caracterização própria da unidade diferenciando-a das demais. Uma vez que se estruture a organização em torno desse modelo de gestão, a formulação das estratégias empresariais passa a ser pensada em termos de cada unidade de negócios autônoma.[17] Nesse caso, podemos dizer que cada unidade estratégica terá seus próprios objetivos, linhas de produtos ou serviços, competição, clientes, ameaças e oportunidades.[18]

Em termos de estrutura organizacional ou da hierarquia das decisões da empresa e independentemente do grau de autonomia formalizado para os gestores das unidades, as UENs estão subordinadas a uma administração corporativa que define as linhas básicas de atuação, as políticas e as diretrizes administrativas para cada uma, além de exercer a coordenação do trabalho que envolve a corporação como um todo e gerenciar a operação das áreas de apoio que podem ser acionadas pelas unidades de negócios quando necessário.

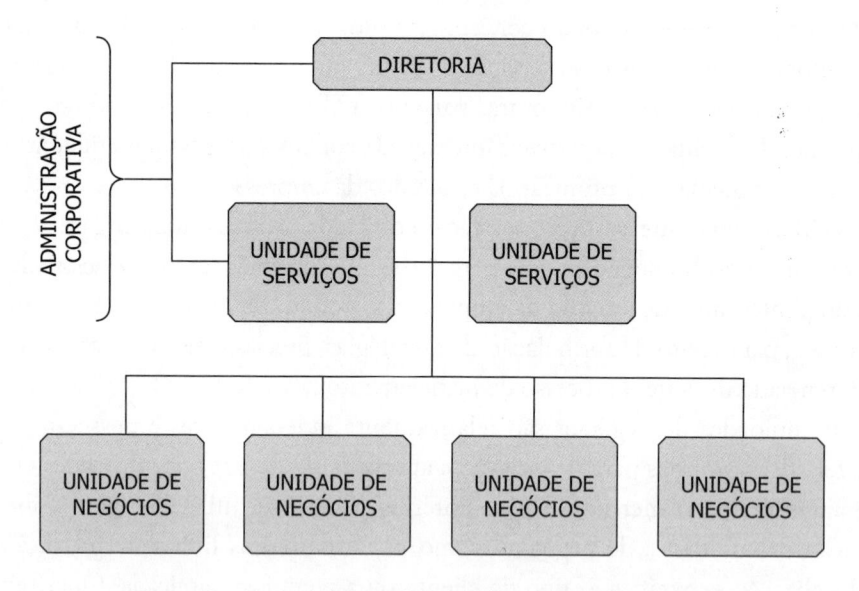

Figura 1 – Esquema básico de Unidade Estratégica de Negócio.

---

[17] FISCHMANN, Adalberto A.; SANTOS, Silvio A. dos. Op. cit.
[18] MEGGINSON, Leon C.; MOSLEY, Donald C.; PIETRI, Paul H. *Management concepts and applocations*, 3. ed. Nova York: Harper & Row, Publishers, Inc. p. 140.

A estruturação em unidades de negócios é uma alternativa para corporações que se constituem em conglomerados de negócios ou para empresas diversificadas em termos de serviços e produtos oferecidos dentro de um mesmo setor da indústria. Tal estruturação essencialmente não modifica o que deve ser o processo de planejamento em si, porém o plano estratégico resultante deverá refletir o que acontece no nível corporativo e no nível de unidade de negócio, estando ambos consistentes entre si.

Genericamente, o que se pode apontar como vantagens da estruturação em UENs são a focalização numa área de negócio específica em que a empresa atua, a melhoria no seu controle e a aproximação do negócio ao mercado. Como principal desvantagem, teríamos a dificuldade de definir quais atividades de suporte devem se manter centralizadas no nível corporativo para alcançar economias de escala e quais atividades de suporte devem ser descentralizadas nas unidades de negócios de forma a agilizar a realização das atividades-fins de cada uma.

A Figura 2 mostra, para efeito meramente exemplificativo, uma empresa operadora no setor de telecomunicações, estruturada em unidades estratégicas de negócios. A administração corporativa é constituída pelos acionistas, diretoria executiva, unidades de apoio (administrativa e de desenvolvimento tecnológico) e acrescentou-se, dentro de uma visão mais participativa de gestão, um conselho administrativo composto por representantes das UENs. Esse conselho teria a característica de um fórum de decisões onde todas as unidades de negócios estariam comprometidas com as decisões corporativas e definindo a abrangência da sua atuação em cada área estratégica que a empresa pretende operar. As unidades de apoio para o desenvolvimento tecnológico vão acompanhar o surgimento das inovações no setor, realizar atividades de P & D, divulgar, informar e treinar técnica e operacionalmente o pessoal das unidades de negócio sobre os novos sistemas e equipamentos, ou então realizar serviços específicos, dentro da sua área de atuação, solicitados pelas próprias unidades.

As unidades de apoio administrativo vão desempenhar as funções da administração financeira e contábil, de recursos humanos, do patrimônio, o marketing institucional, a auditoria administrativa/fiscal/contábil e, principalmente, a assessoria a todas as unidades no desempenho dessas funções de forma consistente com as políticas e diretrizes corporativas. Um processo permanente de instrução e treinamento técnico/administrativo para os níveis gerenciais das unidades de negócio deve ser uma atividade fundamental dessa área corporativa.

As unidades de negócios estão estruturadas em função da diversidade de serviços que o setor de telecomunicações pode oferecer e um estágio de permanente de evolução tecnológica que se apresenta. Uma empresa desse setor deve estar capacitada para entender que a sua rede física já implantada, assim como os serviços de telefonia (convencional, celular e rural), transmissão de dados, multimídia, valor agregado, telemarketing e a consultoria técnica para atendimento e solução dos problemas dos grandes assinantes e usuários desses serviços, podem ser otimizados e oferecidos de forma mais adequada, se forem trabalhados mais próximos das necessidades dos clientes atuais e potenciais. Por outro lado, se houver o entendimento de que cada um desses serviços é mais um negócio para a empresa e que compreende, além das características diferentes do produto, um outro tipo de cliente ou necessidade a ser atendida, estaremos evitando uma eventual possibilidade de concorrência entre os produtos e serviços dentro da mesma organização. Todavia, para que essas expectativas sejam alcançadas é necessário que exista a cooperação e interesse de um bom desempenho entre as unidades uma vez que as unidades de apoio irão oferecer serviços e apresentar um orçamento de custo e cada uma das outras unidades de negócios poderão ser fornecedoras de produtos ou serviços para o desenvolvimento da atividade das outras. É o caso específico da unidade gerenciadora da planta instalada de telecomunicações, a qual irá efetuar a manutenção e expansão da rede para que possa ser utilizada pelas unidades que oferecem serviços apoiados na telefonia fixa via cabo, além de outros clientes externos à organização. Da mesma forma, a unidade de negócios voltada para consultoria e atendimento a clientes poderá realizar atividades de assessoria e aconselhamento na solução de problemas, além de desenvolver projetos técnicos para implantação de sistemas operacionais para as outras unidades, para cidades que desejam ampliar a rede ou a prestação de serviços à comunidade e para os clientes externos (geralmente grandes organizações) e usuários do serviço.

```
                    ┌─────────────────┐
                    │  ASSEMBLEIA DE  │
                    │    ACIONISTAS   │
                    └────────┬────────┘
                             │
                    ┌────────┴────────┐
                    │     COMITÊ      │  • Um representante
                    │    EXECUTIVO    │    de cada UEN
                    └────────┬────────┘
                             │
                    ┌────────┴────────┐
                    │    DIRETORIA    │  • Estratégias empresariais
                    │    EXECUTIVA    │  • Suporte corporativo
                    └────────┬────────┘
```

Unidade de apoio para o desenvolvimento tecnológico
- Engenharia
- Pesquisa
- Informática

Unidade de apoio para o desenvolvimento tecnológico
- Financeiro
- Patrimônio
- Jurídico
- Recursos humanos
- Marketing
- Planejamento

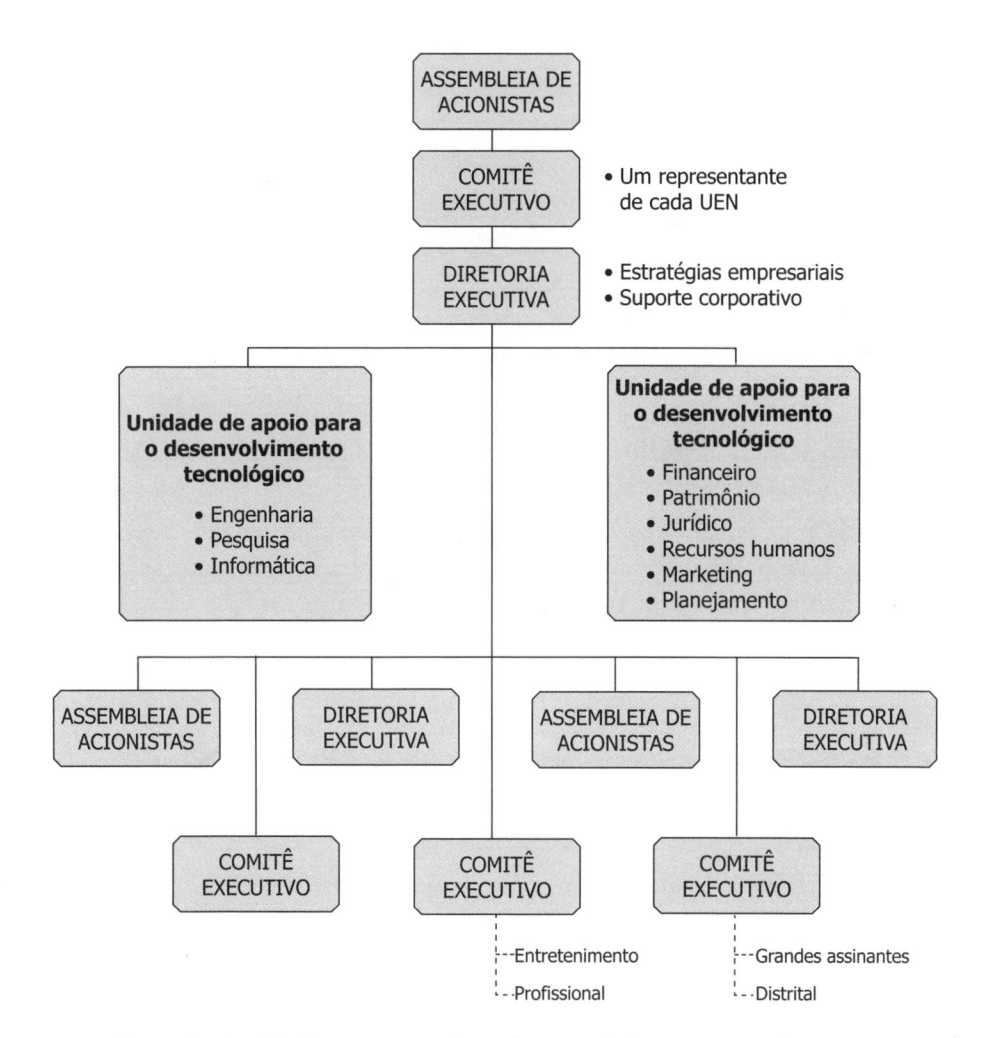

| ASSEMBLEIA DE ACIONISTAS | DIRETORIA EXECUTIVA | ASSEMBLEIA DE ACIONISTAS | DIRETORIA EXECUTIVA |

| COMITÊ EXECUTIVO | COMITÊ EXECUTIVO | COMITÊ EXECUTIVO |

- - - Entretenimento
- - - Profissional

- - - Grandes assinantes
- - - Distrital

Figura 2 – Modelo de organização baseada em unidades estratégicas de negócios para uma empresa do setor de telecomunicações.

capítulo 11

Administração participativa

Introdução

A participação dos funcionários nas decisões da empresa, em maior ou menor escala, vem sendo uma constante em uma série de modelos de gestão pós-tayloristas. Nas duas últimas décadas, porém, um conjunto de tendências paralelas tem fortalecido a adoção do modelo de administração participativa. A democratização das relações sociais, o desenvolvimento de uma consciência de classe trabalhista, a elevação do nível educacional, a complexidade das empresas modernas, a velocidade vertiginosa de mudanças e a intensificação das comunicações são algumas das razões que justificam a adoção de um maior grau de envolvimento dos funcionários na gestão das empresas.[1]

Destaque deve ser conferido à turbulência ambiental, onde sobressai o acirramento da concorrência. Para garantir sua expansão ou ao menos sua sobrevivência, as empresas atentas procuram se dinamizar a partir de suas relações internas, descobrindo, incentivando e utilizando as potencialidades de seu corpo de funcionários.

O interesse pela administração participativa foi reforçado no mundo ocidental, principalmente a partir do declínio da hegemonia econômica dos Estados Unidos. Tal decadência foi caracterizada pelo crescimento lento da produtividade das suas empresas. Apesar do desenvolvimento tecnológico norte-americano, seu índice de produtividade não acompanhou o de outros países – Alemanha Ocidental, França, Japão e Itália – durante a década de 1970, gerando perda de competitividade dos seus produtos em quase todos os mercados do mundo,

---

[1] MOTTA, Paulo Roberto. A proposta de participação na teoria gerencial: a participação indireta. *Revista de Administração Pública*, 15(3):54-70, jul./set. 1981.

inclusive em suas próprias fronteiras. A administração participativa despontou e consolidou-se como um dos fatores diferenciadores de produtividade e contribuiu para o extraordinário avanço tecnológico dos produtos fabricados em países orientais.[2] Não é sem motivo que a administração participativa tem sido uma das grandes armas utilizadas pelas empresas norte-americanas na tentativa de fazer frente à administração japonesa.[3]

Definições

"Participação consiste basicamente na criação de oportunidades para que as pessoas influenciem decisões que as afetarão. Essa influência pode variar pouco ou muito. Participação é um caso especial de delegação, na qual o subordinado obtém maior controle, maior liberdade de escolha em relação às suas próprias responsabilidades."[4]

"Administração participativa é uma filosofia que exige que o processo organizacional de tomada de decisões seja feito de forma que os recursos e responsabilidades necessários sejam estendidos até o nível hierárquico mais apropriado. O propósito da administração participativa é assegurar que decisões efetivas sejam feitas pelas pessoas certas."[5]

"A administração participativa é uma filosofia ou política de administração de pessoas, que valoriza sua capacidade de tomar decisões e resolver problemas. A administração participativa aprimora a satisfação e a motivação no trabalho. A administração participativa contribui para o melhor desempenho e a competitividade das organizações."[6]

"A participação é fruto de uma tendência inelutável que podemos deduzir dos processos de desalienação e que tende a se manifestar em toda ação coletiva."[7]

São várias as definições dos autores para "administração participativa", ou até mesmo para "participação". Dado que não se trata de um tema novo, mas com profundas raízes históricas, pode ser interpretado de maneira diferente, por

---

[2] MOGGI, Jair. *Administração participativa e nível de identificação com a empresa* – Um estudo de caso. Dissertação de mestrado apresentada na FEA-USP, São Paulo, 1991. p. 2-7.
[3] O negócio é jogar em equipe. *Exame*, 07/03/90.
[4] PATERMAN, Carole. *Participation and democratic theory*. Cambridge University Press, 1970. p. 12, citado por MOGGI. Op. cit., p. 22.
[5] PLUNKETT, Lorne; FOURNIER, Robert. *Participative management*: implementing empowerment. Nova York: John Wiley & Sons Inc., 1991.
[6] MAXIMIANO, Antônio César Amaru. *Além da hierarquia*: como implantar estratégias participativas para administrar a empresa enxuta. São Paulo: Atlas, 1995. p. 19-20.
[7] MARQUES, M. P. *Relações de poder na empresa* – a gestão na nova realidade social. Lisboa: Europa, s.d., citado por MENDONÇA, Luís Carvalheira de. *Participação na organização*: uma introdução aos seus fundamentos, conceitos e formas. São Paulo: Atlas, 1987. p. 22.

distintas categorias de pessoas, dos mais variados países e em diversas épocas.[8] Além disso, o tema está intrinsecamente relacionado a outros tópicos, como *empowerment*, autogestão, trabalho em equipe, liderança, participação nos lucros, o que colabora ainda mais para a multiplicidade de enfoques sobre o tema e que procuraremos esclarecer a partir de suas origens.

Origem

A administração participativa, ou a ideia de participação, existe desde a Antiguidade e foi inventada pelos gregos com o nome de democracia; não se trata, portanto, de uma invenção japonesa.[9] Embora a ideia seja antiga, passou a tomar corpo no mundo moderno somente a partir da Segunda Guerra Mundial, assumindo forma concreta e despertando o interesse das organizações. Data dessa época o estabelecimento ou restabelecimento da participação em diversos países europeus, por via legislativa ou contratual dos comitês ou conselhos de empresa. Foi também nessa ocasião que se introduziu o sistema de representação paritária nos conselhos de vigilância das grandes empresas siderúrgicas e minerais da República Federal da Alemanha.[10] O objetivo básico desse sistema de representação é garantir a paz social, a harmonia social e a mutação da sociedade por meio da empresa.[11]

O conteúdo ideológico da moderna concepção de participação remonta às doutrinas sociais do século XIX, surgidas com a Revolução Industrial.[12] Marx definiu a *mais-valia*. Proudhon defendeu a *propriedade coletiva* gerada pelo trabalho coletivo e que, portanto, deveria ser distribuída aos trabalhadores, de forma que cada um recebesse o equivalente à riqueza que gerava. Foi também Proudhon quem propôs uma sociedade organicamente autônoma, constituída de autoadministrados. Essa proposta foi posteriormente denominada autogestão, uma das versões da administração participativa, em oposição à heterogestão, que corresponderia a uma forma de dominação do trabalho pelo capital.[13]

---

[8] MENDONÇA, Luís Carvalheira de. Op. cit., p. 21-26.
[9] MAXIMIANO, Antônio César Amaru (1995). Op. cit., p. 14.
[10] MENDONÇA, Luís Carvalheira de. Op. cit., p. 23.
[11] TRAGTENBERG, Maurício. *Administração, poder e ideologia*. São Paulo: Moraes, 1980. p. 190.
[12] MENDONÇA, Luís Carvalheira de. Op. cit., p. 23.
[13] MOTTA, Fernando Cláudio Prestes. *Burocracia e autogestão*: A proposta de Proudhon. São Paulo: Brasiliense, 1981.

A palavra autogestão é a tradução literal do francês *autogestion*, que por sua vez origina-se do servo-croata *samoupravlje*. O termo *autogestion* foi introduzido na França na década de 1960 para designar a experiência da Iugoslávia de Tito em ruptura com o estalinismo. A ideia passou a ser amplamente discutida no ambiente sócio-político-econômico e, consequentemente, no empresarial, podendo ser definida como um método que torna o conjunto do corpo social capaz de exercer sua liberdade a cada instante.[14]

Outras ideias relacionadas à participação também têm raízes longínquas. A concepção de que patrões e assalariados devam ser considerados como associados por meio da participação dos trabalhadores nos lucros é uma delas. Em 1818, o Conde de Laborde já sugeria isso. Em 1844, a Sociedade de Economia Política na França discutia esse tema: Que se deve pensar da participação nos lucros como meio de evitar greves?[15] Fayol também vislumbrou que a participação nos lucros poderia representar o acordo entre o capital e o trabalho.[16] Rousseau, Stuart Mill e Tocqueville são considerados os patronos da corrente democrática que postula a participação nas empresas como uma extensão da democracia política da sociedade civil, incorporando valores democráticos no âmbito da empresa.[17]

Embora alguns autores vejam na participação dos lucros um pretexto para levar o assalariado a trabalhar com maior intensidade sem aumento correspondente em sua remuneração real e com isso intensificando sua exploração,[18] a ideia permaneceu e passou a constar da pauta de negociações e discussões legais. Conquistando cada vez mais adeptos nos dias de hoje, a participação nos lucros vem sendo implantada com relativo sucesso em várias empresas de diversos países e é vista por alguns autores como um dos alicerces para o desenvolvimento efetivo de uma filosofia de administração participativa nas empresas.

Esta breve incursão na origem do tema permite vislumbrar sua complexidade e justifica a existência das diferentes formas de participação encontradas em diversos tipos de organizações. Embora qualquer tentativa de classificação seja

---

[14] GUILLERM, Allain; BOURDET, Yvon. *Autogestão*: uma mudança radical. Rio de Janeiro: Zahar, 1976. p. 11, 93. A definição mencionada é uma interpretação da caracterização do que seja a autogestão, proposta pelos autores ao longo de sua argumentação e de certa forma resumida na página 83.
[15] TRAGTENBERG, Maurício. Op. cit., p. 84.
[16] FAYOL, Henri. *Administração industrial e geral*: previsão, organização, comando, coordenação e controle. 10. ed. São Paulo: Atlas, 1989. p. 53.
[17] MENDONÇA, Luís Carvalheira de. Op. cit., p. 32.
[18] TRAGTENBERG, Maurício. Op. cit., p. 84.

reducionista por natureza, procuraremos resumir as várias concepções de participação, desde uma perspectiva ideológica até o enfoque da prática gerencial.

Concepções de participação[19]

Visão socialista – baseada nas ideias de Fourier, Marx e Proudhon, aspira à construção de uma sociedade participacionista e autogestionária em todas as esferas nas quais o homem se desenvolve.

Teoria democrática – tem Rousseau, Stuart Mill e Tocqueville como patronos, postulando a incorporação de valores democráticos no âmbito das empresas.

Relações e desenvolvimento humanos – esta perspectiva emerge do ambiente gerencial, ignora o conflito de poder ou de classes e assume que tudo pode ser resolvido por meio de boas relações, isto é, pela autêntica e confiante maneira de relacionar-se. Procura desenvolver mecanismos de participação pela ênfase em arranjos organizacionais voltados a garantir o desenvolvimento dos indivíduos e dos grupos.

Produtividade e eficiência – a participação é instrumentalizada como uma tecnologia social à disposição da gerência e destinada a assegurar maior produtividade e eficiência. O foco é deslocado da participação para o conteúdo do trabalho, por meio de diferentes estratégias, a exemplo do enriquecimento das funções e do cargo. Postula uma maior participação na tarefa.

O breve esclarecimento dessas concepções permite a identificação de vários objetivos genéricos que se pretende alcançar com a administração participativa:[20]

- responsabilidades sociais da empresa;
- equilíbrio dos interesses dos vários envolvidos;
- cultura democrática;
- redução da alienação;
- utilização de todo o potencial das pessoas;
- diminuição de conflitos por meio da cooperação;

---

[19] MENDONÇA, Luís Carvalheira de. Op. cit., p. 29-40.
[20] Adaptação das perspectivas e repercussões possíveis da participação dos trabalhadores na gestão empresarial, por WALKER, Kenneth. Participación de los trabajadores en la gestión empresarial: problemas, Prácticas y perspectivas. *Boletim Inst. Internacional de Estudos Laborales*, Genebra, (12), 1974, p. 9, citado por MENDONÇA, Luís Carvalheira de. Op. cit., p. 31.

- satisfação das pessoas;
- maior competitividade.

Cabe também esclarecer a tradicional divisão da participação em direta e indireta. A participação direta é dirigida à pessoa, considerada individualmente. A participação indireta é destinada aos trabalhadores, considerados coletivamente. A participação indireta é a participação dos diferentes membros da organização nas funções diretivas, por meio de representantes escolhidos por eles para esse fim.[21]

AS FORMAS DE PARTICIPAÇÃO INDIRETA[22]

Estudando a questão da participação dos funcionários em diversos países do mundo, Motta define quatro formas possíveis de participação indireta. Cada uma delas influencia diferentemente o processo decisório:

- **Comitês de empresa** – com função basicamente consultiva ou cooperativa, possuem baixo poder de decisão, normalmente relacionados à área de administração de pessoal.
- **Negociações coletivas** – buscam estabelecer as condições gerais de emprego e trabalho, por meio de negociações entre dirigentes e sindicalistas.
- **Cogestão** – institucionaliza a representação dos funcionários na direção efetiva da empresa, em órgãos e proporção variáveis. Visa a estabelecer bases de cooperação e harmonia entre sindicatos e empresas.
- **Autogestão** – consiste no exercício coletivo do poder, pela autonomia dos grupos de membros da empresa para decidir acerca dos destinos, processos e resultados do trabalho. Assim, a autogestão gere o produto do exercício da gestão participativa.

A participação direta tem origem, desenvolvimento e grande aceitação nos Estados Unidos, sendo entendida em termos de integração informal, especialmente como um estilo gerencial. A participação nesse contexto é reduzida a formas de integração do indivíduo à organização, indicando uma percepção das origens dos conflitos individuais ou de pequeno grupo.[23]

---

[21] MENDONÇA, Luís Carvalheira de. Op. cit., p. 41-52.
[22] MOTTA Paulo Roberto. Participação na gerência: uma perspectiva comparada. *Revista de Administração Pública*, 15 (4):4-33, out./dez. 1981.
[23] Citado por MENDONÇA, Luís Carvalheira de. Op. cit., p. 51.

Já a administração japonesa, como veremos mais detalhadamente no Capítulo 12, originalmente também se enquadraria como participação direta, porém na linha de produtividade e eficiência voltadas para a tarefa e não no aspecto gerencial das relações e desenvolvimento humanos.

Participação direta: a gerência participativa

"Somente a gerência participativa, considerada a terceira revolução industrial, pode tornar as organizações capazes de lidar com o ambiente turbulento atual e atender às necessidades humanas básicas do trabalho."[24]

"A linha humanística da psicologia na administração é humanista, na medida em que concede ao homem seu foco central da análise, a fim de que técnicas sofisticadas de manipulação tornem mais fácil sua adaptação nas organizações, elevando sua produtividade e, consequentemente, o lucro do empresário."[25]

As bases filosóficas sobre as quais se ampara a gerência participativa remontam à experiência de Hawthorne de Elton Mayo. Somam-se a ela várias contribuições relacionadas à psicologia organizacional, mas foi somente a partir da década de 1950 que o tema ganhou projeção enquanto abordagem gerencial da questão da motivação, capaz de superar o conflito entre o indivíduo e a organização. Assim, genericamente, várias técnicas para a implementação de uma cultura participativa e estudos sobre tópicos afins são desenvolvidos, gerando diversas propostas. Dentre elas se destacam o enriquecimento e a ampliação das tarefas, o trabalho em equipe, a rotação de cargos,[26] ou, utilizando o jargão moderno, *empowerment, job enrichment, job enlargement, team working* ou *working groups, self-management, superleadership*.

Várias estratégias podem ser utilizadas para a implementação da administração participativa. Percebe-se porém que existem alguns pontos comuns a todas elas e nos quais a organização deve investir necessariamente: informação, treinamento e comunicação. Com eles pretende-se promover as mudanças culturais necessárias, que envolvem uma mudança de atitude e uma mudança de

---

[24] SHASKIN, M. Participative management is an ethical imperative. *Org. Dynam.*, 5, Spring, 1984, citado por MENDONÇA, Luís Carvalheira de. Op. cit., p. 54.
[25] GARCIA, R. Coutinho. *Democracia organizacional*: uma visão heterodoxa da "práxis" administrativa. Dissertação de mestrado – UFMG, Belo Horizonte, 1975. p. 33, citado por MENDONÇA, Luís Carvalheira de. Op. cit., p. 54.
[26] Citado por MENDONÇA, Luís Carvalheira de. Op. cit., p. 55-56.

valores. Por meio desses três elementos cria-se um ambiente participativo, no qual os próprios funcionários encontrarão alternativas a problemas e alcançarão amadurecimento para desenvolver a administração participativa, incluindo participação nas decisões, participação nos resultados e possivelmente modificações na estrutura organizacional.

UM NOVO PARADIGMA DE LIDERANÇA

Se nos voltarmos para a origem da palavra autogestão e seu significado, perceberemos que numa empresa não há realmente autogestão, a menos que todos os funcionários da empresa sejam também seus donos. Em outras palavras, a autogestão existe somente quando os participantes de um empreendimento são também seus proprietários.[27]

Entretanto, ao tentarmos ampliar o significado desta definição e transferi-lo para o ambiente de uma organização, podemos dizer que autogestão é a capacidade de um indivíduo de se planejar, organizar, controlar e dirigir.[28] Nesse caso, colocada como uma habilidade individual que pode ser aprendida, poderíamos encontrar a autogestão em uma empresa onde os funcionários não detêm qualquer parcela da propriedade do negócio. Assim, a autogestão bem poderia ser uma meta a ser alcançada pelos funcionários, de forma que cada um saiba como melhor desempenhar o seu papel.

A autogestão pressupõe como um dos valores da cultura organizacional a crença na capacidade de aprendizado inerente ao ser humano. Também desse pressuposto e considerando as expectativas individuais das pessoas do nosso tempo (principalmente a de querer participar ativamente dos processos que as envolvem e afetam), é que decorre a proposta de um novo paradigma de liderança, que pode ser considerado um passo adiante da autogestão: "Seja antes de tudo um autolíder e então lidere os outros, para que liderem a si mesmos."[29]

Ou nas palavras de Lao Tsé: "O melhor de todos os líderes é o que ajuda seus seguidores para que eles não precisem mais dele."[30]

---

[27] MAXIMIANO, Antônio César Amaru (1995). Op. cit., p. 115; GUILLERM; BOURDET. Op. cit., p. 9-15, 19-45. p. 89-93.
[28] Trecho baseado nas funções da administração definidas por Henri Fayol: previsão, organização, comando, coordenação e controle. Ver FAYOL, Henri. Op. cit., p. 23-26.
[29] MANZ, Charles C. & SIMS Jr., Henry P. (1990). Op. cit., p. 289.
[30] MANZ, Charles C. & SIMS Jr., Henry P. *Empresas sem chefes*. São Paulo: Makron Books, 1995. p. 202.

A PARTICIPAÇÃO NOS LUCROS À BRASILEIRA

A distribuição dos lucros é utilizada por muitas empresas brasileiras, há várias décadas, de forma bastante exitosa. O Banco América do Sul, por exemplo, divide parte de seus lucros entre os funcionários desde a década de 1950, atividade vista pela empresa como uma das principais ferramentas para o sólido crescimento que vem alcançando desde então.[31] O Grupo Ipiranga é ainda mais precoce no assunto. Fundado em 1937, distribuía seus resultados já em 1938.[32]

Talvez a empresa que mais notoriamente adota a participação nos lucros seja a Método Engenharia. Instaurando o princípio da negociação e da troca, garantindo a participação dos funcionários nas decisões que lhes digam respeito, assim como a liberdade de expressar opiniões, críticas e sugestões, a empresa busca atingir uma meta de qualidade. Dentro de sua política de administração participativa, a distribuição dos lucros tem seu espaço desde 1980: "O papel da empresa não é distribuir benefícios indiscriminadamente, de modo paternalista, mas atender a reivindicações justas, condizentes com o aprimoramento de seu desempenho."[33]

É importante frisar que, sendo a administração participativa uma filosofia, pode ser aplicada em vários níveis. Na verdade, temos um *continuum* de formas de gestão. Em um extremo está a heterogestão, no outro a autogestão e entre eles os vários níveis de administração participativa. Essa diversidade de formas de gestão participativa permite o surgimento de alguns mitos, que hoje já se encontram geralmente destruídos entre os profissionais e estudiosos da gestão empresarial:

- a administração participativa é invenção japonesa;
- o chefe que pratica administração participativa perde a autoridade e torna-se desnecessário;
- as pessoas não gostam de chefes participativos e preferem chefes que dão ordens;
- a administração participativa resolve todos os problemas;
- administrar participativamente significa concordar com todas as proposições que o grupo fizer;

---

[31] Mãos dadas em nome do futuro. *Exame*, 18/09/91.
[32] *Exame*, 18/09/91.
[33] Método Engenharia, "Filosofia e Princípios", documento gentilmente cedido pela empresa.

- administração participativa é sinônimo de democracia organizacional;[34]
- administração participativa é para os funcionários do nível operacional;
- administração participativa é gratuita;
- todas as decisões num ambiente participativo são tomadas por meio de consenso;
- a administração participativa conduz a um desempenho livre de erros.[35]

Alguns autores concluem que a participação é, em última instância, o exercício de poder sobre as decisões tomadas na empresa. Com a ampliação do nível e do grau de participação, todos os integrantes de uma organização aumentam a sua capacidade de influenciar o destino da mesma, ampliando a perspectiva dinâmica da divisão igualitária do poder.

Embora a administração participativa não tenha sua aplicação restrita ao trabalho executado em equipes, a competência no gerenciamento do trabalho de equipes é bastante enfatizada quando se pretende alcançar um clima organizacional participativo. Ora, um chefe e um subordinado ou um grupo de subordinados são uma equipe e, em última instância, toda a empresa é uma equipe voltada para o objetivo primário de manter-se competitiva no mercado.

A PARTICIPAÇÃO NOS LUCROS DAS EMPRESAS NO BRASIL

A Medida Provisória n. 1.439, de 11.05.96, é um instrumento legal federal que dispõe sobre a participação dos trabalhadores nos lucros e resultados da empresa. Segundo esta medida, devem ser negociadas entre empresa e funcionários regras claras e objetivas quanto à fixação da forma de participação, critérios, cumprimento do acordado, periodicidade da distribuição, enfim, *quanto* e *como* participar. A Medida Provisória apenas obriga à distribuição e define o que podemos interpretar como *incentivos* para a sua implementação, tais como:

- sobre a participação no lucro não incidem quaisquer encargos trabalhistas ou previdenciários.
- a participação nos lucros pode ser deduzida como despesa operacional pela pessoa jurídica.

---

[34] Os mitos anteriores foram adaptados da listagem proposta por MAXIMIANO, Antônio César Amaru (1995). Op. cit., p. 14-19.
[35] Os mitos anteriores foram adaptados da listagem proposta por PLUNKETT & FOURNIER. Op. cit.

- a participação nos lucros não deve ser paga com periodicidade inferior a um semestre.
- é tributada na fonte, em separado dos demais rendimentos do funcionário.

Por um lado, a obrigatoriedade da participação nos lucros vem oficializar uma tendência que se fortaleceu com a ascensão da administração participativa, estendendo-a a todos os funcionários de qualquer empresa. Por outro lado, há que se admitir que para empresas não muito adeptas desta filosofia de gestão, a Medida Provisória tende a favorecer ainda mais a terceirização de atividades consideradas não fundamentais para o bom andamento do negócio.

A administração participativa, como já enfatizado, desenvolveu-se em vários países sob diversas formas. Podemos citar especificamente a cogestão alemã, o participacionismo francês, os círculos de controle de qualidade da gestão japonesa, além da experiência norte-americana, mais voltada para a linha das relações humanas. Tais experiências remontam à ascensão da administração participativa como moderna prática de gestão e seu conhecimento certamente aumentará a compreensão do tema. Vejamos agora algumas das experiências internacionais mais relevantes em administração participativa.

A experiência da autogestão francesa[36]

A autogestão, à semelhança da cogestão, pode ser aplicada em vários níveis, como esferas governamentais, gestão de empresas e coordenação de unidades técnicas de produção. No que se refere ao Estado, um sistema político e social realmente autogerido é aquele resultante da livre associação de homens iguais numa sociedade sem classes, com o mesmo poder de decisão e participação. Seu oposto é a heterogestão, que significa ser gerido por um terceiro, a exemplo de uma unidade do sistema produtivo administrada autoritariamente por um supervisor de estilo taylorista, desconsiderando as colaborações dos trabalhadores. Nesse caso, o trabalhador é considerado um elemento mecânico da engrenagem, sem direito a nenhuma forma de participação.

A autogestão pode ser adotada pelas empresas como uma forma diferente de administração, convocando todo o seu quadro de funcionários a participar de

---

[36] MENDONCA, Luís Carvalheira de. Op. cit., p. 85-87.

sua gestão. Para que se efetive a autogestão, é fundamental que se rompa com a exclusividade do controle das informações promovido pela cúpula da empresa, de forma que todos os seus integrantes tenham acesso às mesmas, passando assim a opinar na decisão de questões diversas.

A autogestão tem como fundamentação teórica as teorias da igualdade das pessoas, indo contra a dominação pelas elites ou cúpula da empresa. Com base neste princípio, pode-se concluir que não é fácil implantar a autogestão em uma empresa, pois ela rompe paradigmas tidos como alicerces da área de administração, a exemplo de passar da coordenação e controle por parte de um pequeno grupo de dirigentes para a autocoordenação e autocontrole coletivo, em todos os níveis.

A primeira experiência de autogestão identificada na história da humanidade foram os conselhos operários formados na França, na época da Comuna de Paris, em 1872, quando se observa o autogoverno dos operários. Segundo Guillerm e Bourdet,[37] "as oficinas da Comuna foram [...] modelos de democracia proletária. Os operários nomeavam seus gerentes, seus chefes de oficina, seus chefes de equipe. Reservavam-se o direito de demiti-los se o rendimento ou as condições de trabalho não fossem satisfatórios. Fixavam seus salários e honorários, as condições de trabalho; melhor ainda, um comitê de fábrica se reunia todas as tardes para decidir o trabalho do dia seguinte."

A experiência da cogestão alemã[38]

Entre as experiências internacionais de implantação de cogestão nas empresas, a mais célebre é a da antiga República Federal da Alemanha (Alemanha Ocidental).

A cogestão é caracterizada pela participação ativa de membros eleitos pelos trabalhadores e empregadores, que os representarão na tomada de decisões sobre regulamentação e medidas de questões político-sociais, recursos humanos ou gestão administrativa.

As primeiras leis que regulamentam as possibilidades da prática de cogestão na Alemanha foram estabelecidas na emenda de regulamentação das manufaturas de 1891 e na lei sobre as comissões de trabalhadores da indústria extrativa de 1892. Dentro do processo histórico da implementação da cogestão na

---

[37] GUILLERM; BOURDET. Op. cit., p. 111.
[38] MENDONÇA, Luís Carvalheira de. Op. cit., p. 65-81; TRAGTENBERG, Maurício. Op. cit., p. 44-75.

Alemanha, é fundamental que se destaque o ano de 1918, quando foi instituída a organização obrigatória de comissões de trabalhadores e empregados para toda a economia. Em 1920, a legislação previu a criação de conselhos empresariais nas organizações que contavam com no mínimo vinte trabalhadores. Com a ascensão do nacional-socialismo, em 1933, toda iniciativa rumo à adoção da cogestão foi proibida. Somente com o fim da Segunda Guerra Mundial, os conselhos empresariais reapareceram, em virtude de uma lei decretada pelas forças de ocupação. Em 1949, surgiu o primeiro programa pós-guerra elaborado pela União Sindical Alemã, exigindo a cogestão dos empregados organizados em todas as questões econômicas, sociais e de recursos humanos. Já no ano seguinte a maioria dos empresários estava disposta a delegar o direito de cogestão aos empregados nas questões sociais e de recursos humanos. Nessa época foi elaborada a lei empresarial constitucional, que ajudaria a regulamentar o modelo de cogestão, garantindo aos trabalhadores o direito de acessar informações e documentos, expor seu ponto de vista, debater, aperfeiçoar seus conhecimentos, fiscalizar, prestar consultoria, apresentar sugestões e reclamações, aprovar, contestar e vetar decisões.

Os trabalhadores alemães elegem os membros dos conselhos empresariais da empresa em número proporcional ao do quadro de funcionários permanentes. Segundo Niedenhoff,[39] os direitos de cogestão e de participação dos empregados são exercidos:

- no local de trabalho;
- na empresa como um todo, por meio do conselho empresarial e do conselho fiscal;
- em discussões entre os sindicatos e os empregadores.

Em termos de conquistas mais recentes, em 1° de julho de 1976 entrou em vigor a nova lei de cogestão dos empregados, que regulamenta empreendimentos atuantes em diversos setores da economia alemã, responsáveis em conjunto por um total de 4,5 milhões de empregados (representavam 19,6% da população ativa da República Federal Alemã no ano de 1989).

A cogestão foi sendo progressivamente regulamentada nos diversos setores da economia alemã e, em iniciativa mais recente, os sindicatos reivindicaram

---

[39] NIEDENHOFF, Horst-Udo. *Cogestão na República Federal da Alemanha – Do final do século XIX aos dias atuais*. São Paulo: Nobel, 1991. p. 12.

uma ampliação dos direitos de cogestão, abrangendo também as demissões e a introdução de novas tecnologias. Atualmente existem oito variantes de cogestão implantadas na Alemanha e cerca de vinte milhões de empregados trabalham usufruindo de participação.

A autogestão e a cogestão no Brasil

No Brasil, a autogestão e a cogestão tornaram-se alternativas contra a falência do empreendimento e contra o desemprego. Ainda recentes no Brasil, esses modelos costumam ser adotados por empresas em situação pré-falimentar, embora haja empresas em situação normal que também estão aderindo à autogestão. Nas empresas em situação pré-falimentar, a luta para manter o seu funcionamento e, por conseguinte, garantir o emprego a seus trabalhadores pode ser comprometida pela falta de credibilidade.

Para gerir esse tipo de processo de mudança, foi criada, em 1992, a ANTEAG – Associação Nacional dos Trabalhadores em Empresas de Autogestão e Participação Acionária. Essa associação abarca 33 empresas autogestionárias, responsáveis por quase 6.000 empregos diretos. Sua atuação estende-se ao nível institucional, buscando a aprovação de uma legislação diferenciada para estas empresas, tais como: saque do seguro-desemprego do trabalhador para investimento na empresa, criação de um Fundo de Financiamento Emergencial com recursos do FAT – Fundo de Amparo ao Trabalhador, criação de linhas de crédito, incentivos fiscais e apoio tecnológico. A filosofia implícita na atuação da associação é a de que a autogestão pode representar uma salvaguarda efetiva do emprego. Segundo a ANTEAG, as empresas afiliadas classificam-se como:[40]

- **Empresas de autogestão** – os trabalhadores têm mais de 51% das ações, com pleno controle da tomada de decisões e da gestão empresarial, planejamento estratégico, política de investimentos e de inovação tecnológica, educação de mão de obra etc.;
- **Empresas de cogestão participativa** – os trabalhadores têm entre 20% e 51% das ações, além de um controle concreto na tomada de decisões no chão de fábrica.

---

[40] MALTA, Christiane Bueno. Gestão Empresarial. Suplemento *Por conta própria*, *Gazeta Mercantil*, 19/06/96, p. 14.

- **Cooperativas de autogestão** – têm no máximo 5% de empregados contratados, sendo os restantes cooperados formais que controlam a cooperativa.

O contexto econômico dos anos 1990 parece favorecer a desvinculação da autogestão de suas origens ideológicas, transformando-a numa opção eficaz para minimizar os impactos do desemprego estrutural da era da informação. Da mesma forma que o governo vem buscando implantar formas de incentivo e legislação diferenciada para as pequenas e microempresas, espera-se que as empresas autogestionárias também sejam favorecidas num futuro próximo.

Outros exemplos

Dentre os autores que escreveram a respeito da recuperação empresarial por meio da adoção da administração participativa, podemos citar:

Ricardo Semler recuperou a empresa de sua família com base na diversificação da produção, na sorte *(sic)* e em mudanças organizacionais profundas.[41]

Ele propõe dez mandamentos para os casos em que a sobrevivência da empresa a longo prazo dependa de atrair e manter pessoas:

I) Salário e benefícios adequados.

II) Respeito pelo indivíduo.

III) Produto que seja capaz de gerar orgulho.

IV) Sensação de envolvimento e espírito de equipe.

V) Espaço para opinar.

VI) Redução da distância entre a cúpula e a base.

VII) Preocupação com treinamento e aperfeiçoamento.

VIII) Seriedade incontestável da empresa.

IX) Relativa segurança no emprego.

X) Profissionalismo, com ausência de favorecidos e protegidos.

---

[41] SEMLER, Ricardo. *Virando a própria mesa.* São Paulo: Best-Seller, 1988.

Jan Carizon, ex-diretor executivo da maior empresa aérea doméstica da Suécia (Linjenflyg), relata sua experiência na recuperação de uma empresa deficitária.[42]

Para ele, a empresa não deve ser vista como uma coleção de bens materiais. A qualidade do contato entre um cliente em particular e os funcionários que o servem é o ponto fundamental para sua sobrevivência e desenvolvimento no mercado. Se a empresa se dedicar verdadeiramente às necessidades individuais de cada cliente, não poderá confiar em manuais de normas e instruções, redigidos em distantes escritórios. Para obter sucesso, deverá redistribuir as responsabilidades.

"Quem não recebe informação não pode assumir responsabilidades mas aquele que a recebe não pode deixar de assumi-las. A responsabilidade, numa empresa, deve ser delegada de modo que as decisões individuais sejam tomadas no local da ação e não no topo do organograma."[43]

Todos querem participar?

A administração participativa pressupõe um amadurecimento cultural que não é obtido sem dificuldades. A própria questão da repartição dos lucros entre todos os funcionários enfrenta resistências no mundo empresarial, sendo vista muitas vezes como estorvo e não como um incentivo aos funcionários, gerando retornos superiores aos de qualquer aplicação financeira.

A administração participativa deve ser continuamente acompanhada e atualizada. Caso contrário, os funcionários cairão nas garras da mesma acomodação que existe em empresas rígidas e desestimulantes. Com o passar do tempo, a repartição dos resultados, por exemplo, corre o risco de ser vista como uma espécie de décimo quarto salário, uma obrigação a mais da empresa, sem qualquer referência à contrapartida por parte dos funcionários. Um bom meio de evitar essa situação é organizar reuniões periódicas entre os funcionários e a gerência, formalizando um canal de livre expressão e percebendo o grau de satisfação dos trabalhadores.

A resistência à adoção da administração participativa também pode partir dos próprios sindicatos, que por vezes veem na gestão interesses de manobra da massa trabalhadora, servindo de paliativo às reivindicações dos funcionários.

---

[42] CARLZON, Jan. *A Hora da Verdade*. São Paulo: COP Ltda.
[43] CARLZON. Op. cit.

Por outro lado, os acionistas também podem se opor aos pressupostos da administração participativa, em especial à distribuição dos lucros, vendo nela até mesmo a violação de direitos constitucionais de garantia da propriedade privada.[44]

A crítica mais contumaz que se faz à administração participativa no Brasil diz respeito à estrutura de pagamento dos encargos. A antiga legislação brasileira fazia com que os encargos sociais recaíssem também sobre a parcela do lucro repartido entre os funcionários. Entretanto, a Constituição de 1988 se propôs a eliminar esse problema, desvinculando participação nos lucros e salários.[45] Além disso, ao prever a divisão dos lucros em seus estatutos, este é descaracterizado como salário e não se exige o pagamento dos encargos sociais. A partir de 1994, por meio da Medida Provisória n. 794 (posteriormente reeditada por meio de outras medidas provisórias), o governo federal instituiu a obrigatoriedade da divisão de lucros, como ocorre na França e na Suécia. Essa medida parece ter colaborado para o direcionamento das empresas a uma filosofia de administração participativa, valorizando toda a potencialidade de seus funcionários no cumprimento das metas da organização.

Por fim, nota-se que a própria difusão do modelo e o bom resultado gerado nas empresas que o adotam repercutem na opinião geral do meio empresarial. A busca de diferenciais frente à concorrência tem levado mesmo as empresas mais reticentes a reconsiderar seus velhos padrões e formas de relacionamento com os trabalhadores.

Conforme atesta um estudioso do tema, "tem-se chegado a um ponto em que se sabe que a participação não é uma fórmula mágica, mas que requer um trabalho paciente. Nenhuma das formas de participação que foram aplicadas até agora resolveu completamente os problemas. É muito possível que esses problemas, como tantos outros de relações humanas, nunca sejam resolvidos de forma definitiva. Mais importante que buscar soluções totais é reconhecer que se trata de um processo prolongado de aprendizagem, cuja primeira etapa é aprender a aprender."[46]

---

[44] MOTTA, Paulo Roberto. Participação na gerência: uma perspectiva comparada. *Revista de Administração Pública*, 15 (4):33, out./dez. 1981.
[45] "Mãos dadas em nome do futuro. *Exame*, 18/09/91.
[46] WALKER, Kenneth, citado por MENDONÇA, Luís Cavalheira de. Op. cit., p. 111.

capítulo 12

Administração japonesa

Introdução

A administração japonesa poderia ser classificada como um modelo de gestão fortemente embasado na participação direta dos funcionários. Em especial, participação na produtividade e eficiência voltada para a tarefa, do que na linha gerencial das relações e desenvolvimento humanos desenvolvida e implementada principalmente pelos americanos. Porém, as peculiaridades da administração japonesa merecem uma discussão à parte e um tanto mais profunda. Não somente porque os índices de produtividade japoneses superaram os da maioria dos países ocidentais a partir da década de 1970, mas também porque as peculiaridades da cultura oriental infiltradas no comportamento organizacional, sempre provocam polêmica e discussões sobre a importância do aspecto cultural, refletido no caráter obediente e disciplinado do trabalhador japonês, como o fator condicionante do sucesso da administração e da aplicação das técnicas industriais japonesas.

O fato é que apenas vinte e cinco anos após a derrota na Segunda Guerra Mundial, que deixou o país completamente destruído, o Japão começa a invadir o mercado internacional com seus produtos mais baratos, confiáveis, sem defeitos. As empresas ocidentais se viram despojadas, primeiramente, dos mercados internacionais e, gradativamente, dos seus mercados internos.[1] Pela primeira vez uma nação oriental ameaçava e efetivamente rompia com a hegemonia americana em alguns setores da indústria, particularmente nos setores de eletroeletrônicos e automobilístico, este último considerado a espinha dorsal do desenvolvimento da manufatura nos EUA, desde o lançamento do Modelo T da Ford.

Consultando a história do processo de industrialização do Japão, verificamos que o país buscou sem parcimônia a transferência de tecnologias das nações ocidentais

---

[1] CORRÊA, Henrique L.; GIANESI, Irineu G. N. *Just-in-time, MRP II e OPT*: um enfoque estratégico. 2. ed. São Paulo: Atlas, 1993. p. 19.

mais avançadas, particularmente dos EUA e Alemanha, tanto antes da Primeira Guerra Mundial no período da *Revolução Meiji* quanto após a Segunda Guerra Mundial, durante o período de reconstrução promovido pelos EUA.[2] Mas seria simplista considerar que o poder econômico alcançado pelo Japão se deve à simples aplicação dos métodos ocidentais, como "the best way to do" ou o controle estatístico de produção desenvolvido nos laboratórios da Bell System, na década de 1930. Se fosse assim, poderíamos esperar um melhor equilíbrio de forças entre americanos e japoneses. Mas essa hipótese é facilmente refutada quando se observa a avidez com que os americanos e estrangeiros de modo geral têm procurado compreender as técnicas responsáveis pelo sucesso japonês para adaptá-las ao seu ambiente, visando alcançar uma posição competitiva melhor.

Há que se ressaltar que as técnicas orientais foram implantadas em um ambiente cultural diferente do ocidental e são as peculiaridades da cultura japonesa que, primeiramente, devem ser compreendidas para permitir qualquer adaptação da administração japonesa a outro ambiente.

Acima de tudo, a ampla compreensão da administração japonesa permitirá um melhor entendimento das tendências para as quais se direciona o setor de manufatura e que bem poderão se estender aos outros setores. Não é sem motivo que Drucker vislumbra a fábrica de 1999 como um empreendimento construído e gerenciado com base em quatro conceitos, nada estranhos à administração japonesa: *controle de qualidade estatístico*, transformando a organização social da fábrica; *nova contabilidade da manufatura*, permitindo que as decisões de produção se ampliem para decisões de negócios; *organização modular dos processos*, combinando as vantagens da padronização e da flexibilidade; finalmente, *abordagem sistêmica*, evidenciando a manufatura como o processo econômico do negócio de criar valor.[3]

Origem[4]

A modernização do Japão remonta ao ano de 1868, época em que teve início o período conhecido como Restauração Meiji e durante o qual foi conduzido o processo de industrialização do país. Os valores da sociedade japonesa, porém,

---

[2] YOSHINO, M. Y. *Japan's managerial system*: tradition and innovation. USA, Massachusetts Institute of Technology: The MIT Press, 1968. p. 19-23, 29-34.
[3] DRUCKER, Peter F. "The emerging theory of manufacturing". *Harvard Business Review*, maio/jun. 1990. p. 94-102.
[4] YOSHINO, M. Y. Op. cit. p. 1-47.

têm origem em épocas anteriores, particularmente na era Tokugawa, entre 1615 e 1868. Foram estes valores que trouxeram especificidades ao processo de industrialização, ao funcionamento da sociedade como um todo e, consequentemente, à forma de administrar os negócios no Japão.

A era Tokugawa resgatou o confucionismo como filosofia oficial, direcionando o pensamento para o mundo ao redor de forma a moldar um sistema social rigidamente controlado. Os elementos básicos desta filosofia – benevolência, adequação, sabedoria e obediência – permitiram a formação de uma sociedade hierarquicamente orientada, pregando a correta observância dos padrões nos relacionamentos sociais. O objetivo dos líderes é a harmonia. A família é a unidade coletiva básica mais importante. O coletivo prevalece sobre o individual; as ações e comportamentos são julgados pelo que podem representar ao grupo. O bem e o mal são determinados pela aprovação ou desaprovação da sociedade. É o medo da desonra ou a rejeição pelo grupo que mantém os padrões de comportamento.

O Japão da era Tokugawa era uma sociedade feudal rigidamente dividida em classes pela ordem de importância: samurais, lavradores, artesãos e mercadores. Era uma nação praticamente isolada e preparada para a guerra, decidida a repelir qualquer tipo de dominação por parte das outras nações, em especial das nações europeias, que na época se expandiam pelos mares, colonizando povos militarmente mais atrasados. Porém, em 1853, os americanos invadiram a baía de Uraga e forçaram os japoneses a se abrir para o comércio com outras nações.

A partir deste episódio, seguiu-se um período de turbulência, envolvendo uma guerra civil interna e diversos confrontos com outros povos em expansão. Os conflitos terminaram com a Revolução Meiji, que restaurou o império e unificou o país.[5]

O período da Restauração Meiji inaugurou o processo de modernização do Japão, mantendo porém os valores da sociedade, o que pode ser bem refletido pela filosofia da época: "espírito japonês, tecnologia ocidental". A revolução industrial no Japão durou cerca de 40 anos e teve como objetivo a defesa da nação contra o avanço dos colonizadores europeus. Daí o papel fundamental da indústria bélica no processo de modernização, contando com amplo subsídio do governo japonês e favorecendo a formação dos zaibatsu, assim denominadas

---

[5] O nome Meiji, que significa "governo iluminado", foi adotado pelo Imperador Mutsohito, em 31/10/1868.

as grandes corporações familiares que predominavam em diversos setores da economia.

Porém, o desenvolvimento industrial é apenas o aspecto visível que repousa sobre os valores que permanecem. Um outro aspecto a ser ressaltado é que, apesar da figura formal do Imperador, com a Revolução Meiji ascenderam ao poder os samurais, que na falta de uma atividade militar, haviam se tornado burocratas e, portanto, tinham acumulado alguma experiência administrativa. Entretanto esses samurais levavam consigo os valores distintivos de sua classe: compromisso com a educação, responsabilidade social, autorrespeito e devoção à tarefa que deviam cumprir.

Apesar dos seus valores culturais, em termos de relações exteriores com seus vizinhos, o Japão adotou uma atitude imperialista predatória a partir da sua vitória nas guerras contra a China e contra a Rússia, no início do século. Tal postura culminou com a Segunda Guerra Mundial, causando a destruição quase completa do país. Entretanto, seus valores seculares continuaram permeando o funcionamento da sociedade: compromisso com a educação, responsabilidade social, priorização do coletivo, autoridade e hierarquia, busca de harmonia, cooperação e consenso grupal.

Os "keiretsu"

Após a derrota na Segunda Guerra Mundial, encontramos um povo decidido a apagar as lembranças do período anterior e uma nação em busca da prosperidade. Uma nova visão de poder instala-se: não mais a expansão por meio do poderio militar, mas pelo poder econômico.

No período que sucede a guerra, o Japão conta com os investimentos e a intervenção dos EUA para a reconstrução econômica do país e desmobilização da máquina de guerra. Entretanto, apesar dos rigores da intervenção, particularmente nos aspectos econômicos, o Japão acaba se beneficiando da guerra fria entre EUA e a ex-URSS. A fim de manter um forte aliado no Oriente, algumas exigências da intervenção americana são afrouxadas, permitindo a ascensão dos *keiretsu* (trustes industriais japoneses, que nos EUA não seriam permitidos pela legislação), com patrocínio e participação ativa do MITI – Ministry of International Trade and Industry. Enquanto nos moldes americanos as empresas deveriam se desenvolver por si mesmas, no Japão as empresas estavam apoiadas no poder político comprometido com sua prosperidade, disposto a proteger sua indústria e fortalecê-la antes de abrir o país ao comércio internacional.

Este período pós-guerra caracteriza-se por uma crise generalizada, que cede com a consolidação do que se considera os três pilares da recuperação do país em pouco mais de duas décadas: *um partido político forte consolidado no poder, paz trabalhista e unificação do povo*. Some-se a isso o compromisso do governo com a educação, além da valorização cultural da instrução; uma alta taxa de poupança interna; a ampla utilização dos serviços de consultoria para o desenvolvimento empresarial; a compra de tecnologia e a manutenção da essência de valores culturais seculares, apesar do processo de ocidentalização do estilo de vida ocorrido a partir do início da restauração. Forma-se assim um amplo quadro de referência onde se insere a administração japonesa, que transformou o país numa máquina econômica ambiciosa e cujos métodos se tornaram alvo da comunidade empresarial, buscando compreendê-los para adaptá-los e alcançar melhores condições na competição global.

O sistema japonês de administração da produção

A administração japonesa nasceu no chão de fábrica, nos setores operacionais da manufatura, com a filosofia básica de evitar qualquer tipo de desperdício – *muda* – e de promover o melhoramento contínuo – *kaizen*. Com esta filosofia, agregada a permanente busca de conhecimentos e tecnologias avançadas de produção (controle estatístico de processos, planejamento de produção, engenharia de produtos) e aliados ao favorecimento da política econômica governamental, os produtos japoneses alcançaram um diferencial competitivo no mercado internacional. Foi esta diferenciação que resgatou o foco da comunidade empresarial à área de produção, que até então era vista pelos outros setores na organização como um mistério insondável e desinteressante, barulhento, muitas vezes sujo, onde trabalhavam pessoas inexpressivas.[6] A partir disso, a gestão da produção passou a ser novamente incluída na discussão das estratégias do negócio. Buscou-se, então, adaptar o sistema de produção japonês a outros ambientes, desprendendo-o de sua origem na manufatura, buscando implementá-lo amplamente em qualquer tipo de indústria e em outros setores.

O sistema de produção japonês, tal como é estruturado atualmente, surgiu nos vinte e cinco anos seguintes à Segunda Guerra Mundial na Toyota Motor

---

[6] CORRÊA; GIANESI. Op. cit., p. 15.

Co. Seu maior idealizador foi o engenheiro Taiichi Ohno. Daí decorrem as duas outras denominações do método: Sistema Toyota de Produção ou *Ohnoísmo*. São características básicas do *Ohnoísmo*:[7]

Just-in-Time – sincronização do fluxo de produção, dos fornecedores aos clientes.

Kanban – sistema de informação visual, que aciona e controla a produção.

Muda – busca da eliminação total de qualquer tipo de desperdício.

Kaizen – busca do melhoramento contínuo em todos os aspectos, portanto se refletindo na produtividade e na qualidade, sendo os círculos de controle da qualidade apenas um dos seus aspectos.

As outras características do Sistema Toyota de Produção são, de certa forma, decorrentes dessas citadas e outras são parcialmente independentes, mais relacionadas ao ambiente cultural que privilegia a coletividade.

Características gerais da administração japonesa

Administração participativa – a administração japonesa baseia-se na forma participativa de gestão, envolvendo os aspectos citados no capítulo anterior: participação dos funcionários no processo decisório, negociação de metas, trabalho em grupo, controle exercido por meio de liderança, comunicação bilateral, participação nos resultados.[8]

Prevalência do planejamento estratégico – a falta de planejamento desperdiça mão de obra, recursos materiais e tempo, elevando os custos de produção, gerando perdas de mercado e desemprego. Por meio do estabelecimento de um planejamento estratégico, a empresa ganha flexibilidade, utilizando seus pontos fortes para atender às necessidades de seus clientes e conquistar os clientes da concorrência.[9]

---

[7] FERRO, José Roberto. "Aprendendo com o ohnoísmo – produção flexível em massa – lições para o Brasil". *Revista de Administração de Empresas* – RAE, 30 (3) 57-68, jul./set. 1990.

[8] Um exemplo de administração participativa em uma organização japonesa é oferecido no vídeo "Administração participativa", produzido pela Encyclopaedia Britannica do Brasil Ltda., São Paulo, 1990. O filme relata a experiência da implantação de uma fábrica da Nissan nos Estados Unidos, seguindo os moldes da administração japonesa.

[9] O tema é desenvolvido por OHMAE, Kenichi. (*O estrategista em ação* – a arte japonesa de negociar. São Paulo: Pioneira, 1985.)

Visão sistêmica – a empresa é um sistema, pressupondo o conhecimento das inter-relações de seus diversos componentes. O desempenho de cada componente do sistema deve ser considerado por sua contribuição ao objetivo do sistema. Os objetivos propostos só podem ser atingidos eficientemente quando os membros da organização agem de forma eficiente. O trabalhador tem consciência de que se a empresa alcançar lucros maiores, ele terá benefícios diretos (melhorando seu nível de vida) e indiretos (participando dos resultados).[10]

Supremacia do coletivo – o coletivo prevalece sobre o individual. O ser humano, visto como o bem mais valioso das organizações, deve ser estimulado a direcionar seu trabalho para as metas compartilhadas da empresa, preenchendo suas necessidades humanas e se autorrealizando por meio do trabalho. Satisfação e responsabilidades também passam a ser valores coletivos.

QUALIDADE TOTAL: PRINCÍPIO DO PROCESSO PRODUTIVO OU FILOSOFIA EMPRESARIAL?

O moderno controle de qualidade tem suas origens nos anos 1930 quando o gráfico de controle inventado pelo Dr. W. A. Shewart passou a ser aplicado em indústrias. Difundido durante a Segunda Guerra Mundial, o emprego do gráfico de controle garantia a produção de suprimentos mais baratos e em grandes volumes. Ao ocuparem o Japão devastado pela guerra, as forças americanas aplicaram o método de controle de qualidade à indústria japonesa, que se tornou um dos pilares da administração japonesa.[11]

Um dos aspectos mais fascinantes do modelo japonês de administração é que seus princípios são interligados como as peças de um relógio. O Controle de Qualidade Total, por exemplo, não tem como meta única fornecer uma produção com defeito zero. Baseado no controle de processos, o CQT abre canais de comunicação dentro da empresa, garantindo e se tornando dependente da participação e da iniciativa dos funcionários envolvidos em cada processo. A própria visão do funcionário é assim transformada. O investimento de longo prazo em educação e treinamento passa a ser um investimento quase direto na produtividade empresarial.

---

[10] MAURY, René. *A vez do empresário japonês*. São Paulo: Loyola, 1990.
[11] ISHIKAWA, Kaoru. *Controle de qualidade total à maneira japonesa*. São Paulo: Campus, 1991.

Busca da qualidade total – a Qualidade Total é assegurada pelo Controle de Qualidade Total – CQT *(Total Quality Control)*, baseado em um sistema de métodos estatísticos,[12] centralizado no melhoramento do desempenho administrativo. Seus resultados são garantia da qualidade, redução de custos, cumprimento dos programas de entrega, desenvolvimento de novos produtos e administração do fornecedor. A abrangência do CQT ultrapassa os limites físicos da empresa, começando com os esforços totais de treinamento de gerentes e operários. Verticalmente, tem início na alta gerência, prolongando-se até supervisores e operários. Horizontalmente, inclui de fornecedores a consumidores externos. A forma mais usual de se pôr em prática o CQT é por meio dos Círculos de Controle de Qualidade, grupos pequenos, que executam voluntariamente as atividades de controle de qualidade.

Produtividade – o aumento da produtividade é um dos objetivos de qualquer organização. A administração japonesa propõe que, para atingi-lo, seja adotada uma visão cooperativa dos funcionários, incentivando o envolvimento de todos na consecução das metas da empresa. Além da participação nas decisões e da autorrealização profissional, resultante do sucesso da empresa, as gratificações por níveis de produtividade são frequentes nas organizações orientais.[13] Apesar de calcar sua filosofia nos valores de realização pessoal dos funcionários, a empresa japonesa reconhece que o incentivo monetário é uma poderosa ferramenta na busca do comprometimento de seus membros com os objetivos empresariais.

Flexibilidade – para responder rapidamente às flutuações de mercado, a flexibilidade é refletida em vários aspectos: racionalização do espaço, equipamentos de utilidade geral e versáteis, *layout* celular, nivelamento e sequenciamento da produção em pequenos lotes, redução de estoques, quadro de trabalhadores qualificados e flexíveis.

Recursos humanos – a ênfase é no trabalho em grupo, na cooperação, no aproveitamento da potencialidade humana. Nas grandes empresas existem estabilidade no emprego, distribuição de bônus e outros benefícios. A ascensão

---

[12] Para maiores detalhes acerca dos métodos estatísticos, recomenda-se a obra de ISHIKAWA, Kaoru, *Guide to quality control*. 13. ed. Tóquio: Asian Productivity Organization, 1984

[13] Conforme relatam Murata e Harrison: "Isto (as gratificações por nível de produtividade) distingue nosso sistema do sistema de medição do dia de trabalho, onde os mesmos padrões podem estar em uso há muitos anos e podem ter se tornado desatualizados com a prática atual." MURATA, Kazuo; HARRISON, Alan. *Como fazer com que métodos japoneses funcionem no Ocidente*. São Paulo: Makron Books, 1993. p. 21.

na carreira é lenta. O treinamento é intenso e a estrutura de cargos é extremamente vaga.

Tecnologia e padronização – busca-se a harmonia entre o homem, a máquina e o processo. O trabalho padronizado é tido como fundamental para garantir um fluxo contínuo de produção. Primeiro ocorre a racionalização do processo; depois, se conveniente, a automação.

Manutenção – os operadores são responsáveis pela manutenção básica, dispondo de enorme autonomia para interromper um processo errado. A manutenção preventiva também é privilegiada.

Limpeza e arrumação – são responsabilidades de todos, visando a manutenção do ambiente e a facilitação da administração dos recursos.

Relação com fornecedores e distribuidores – a subcontratação externa, prática antiga no Japão, mantém-se e é reforçada pela formação dos *Keiretsu*. Com o desenvolvimento no pós-guerra, ela evoluiu para uma relação de apoio técnico e financeiro, cooperação e confiança.

Cultura organizacional – procura-se estabelecer um clima de confiança e responsabilidade, baseado no respeito à hierarquia, na participação das pessoas no desenvolvimento da tarefa, nas decisões consensuais e na harmonia das relações.

Uma vez listadas as características do sistema de produção japonês, não fica difícil abstrair características genéricas do estilo de administração japonesa que podem ser aplicadas em outros ambientes culturais. Paralelamente, é possível articular melhor os temas afins, tais como terceirização, gestão da qualidade total e organização de células de produção, no sentido de facilitar a comunicação e não romper com a hierarquia.

Vulnerabilidades e pontos fortes

Conforme ressaltado, o sistema de produção japonês não é um sistema perfeito, como alguns de seus defensores querem fazer crer. Dois pontos frágeis são bastante visíveis:[14] *depende da cooperação irrestrita das pessoas e é um sistema praticamente sem folgas.* Sendo assim, qualquer erro gera graves repercussões em todo o processo. Ele depende basicamente das pessoas, da sua competência, exigindo portanto, qualificação, treinamento e reciclagem constantes.

---

[14] FERRO, José Roberto. Op. cit.

Outros pontos vulneráveis poderiam ser inferidos. A busca de consenso e o emprego vitalício, por exemplo, podem favorecer a burocracia e a morosidade no processo decisório. A estabilidade no emprego implica rigoroso planejamento das necessidades de pessoal, seu plano de carreira e critérios de avaliação, mas depende principalmente da relativa estabilidade do faturamento da empresa, que é cada vez mais influenciado pelas tendências e preferências de um mercado globalizado.

Outro aspecto vulnerável não tão explícito é a eficiência das atividades administrativas de apoio ao processo de produção.[15] Apesar de terem criado a produção enxuta e de terem tecnologia à disposição,[16] até recentemente os japoneses não haviam investido proporcionalmente na melhoria da produtividade desses processos.

O crescimento excessivo do número de produtos, a diminuição do seu ciclo de vida, o desenvolvimento de um consumismo ambientalmente irresponsável e a concorrência predatória também podem ser ressaltados como pontos vulneráveis do modelo. Enfim, desvantagens e vulnerabilidades que devem ser ponderadas frente aos fatores de sucesso.

Um destes fatores talvez não fique tão explícito na análise geral das características do sistema japonês: apesar da estrutura departamentalizada das empresas japonesas, é evidente a noção de conjunto, a priorização do processo acima da funcionalidade, o que para as empresas ocidentais só passou a despertar interesse em função do próprio sucesso japonês e apenas nos anos 1990 foi exaustivamente enfatizado pela reengenharia (Ver Capítulo 19).

Segundo Fritjof Capra,[17] a visão do povo oriental tem como característica mais importante, até mesmo como essência a consciência da unidade e da inter-relação de todas as coisas e eventos. Ou seja, todas as coisas são encaradas como partes interdependentes e inseparáveis de um todo dinâmico. Assume-se a noção de que fluxo e mudança são características básicas da natureza. Mudanças são consideradas manifestações cíclicas da interação de polos opostos, que devem ser mantidos em equilíbrio dinâmico.

---

[15] Consultar artigo publicado na revista *Exame*, n. 14, ano 25, 07/07/93. p. 98-99.
[16] A expressão *"lean manufacturing"* foi traduzida para o português como "produção enxuta". Ver WOMACK, James P.; JONES, Daniel T.; ROOS, Daniel e Donna, *A máquina que mudou o mundo*. 2. ed. Rio de Janeiro: Campus, 1992.
[17] CAPRA, Fritjof. *O ponto de mutação*. 1. ed. São Paulo: Cultrix, 1982. p. 95-115, 259-298.

ADMINISTRAÇÃO JAPONESA: FRUTO DA CULTURA ASIÁTICA OU DE UM PROCESSO HISTÓRICO?

Analistas do modelo japonês de administração[18] têm levantado que, mais do que traços culturais fixos, os pilares da administração japonesa – lealdade, poder grupal, paternalismo e outros – são o resultado de um processo histórico. Que, hoje, já mudou de aspecto.

O feudalismo japonês terminou em 1853. Para garantir sua independência, o Japão enfrentou uma revolução industrial em tempo recorde. Não tendo sido precedida por uma revolução intelectual, os valores tradicionais puderam ser mantidos. Mas, hoje, esses valores estão se transformando. Hierarquia e conservadorismo social, por exemplo, encorajaram a disciplina, mas hoje sufocam pessoas e ideias novas.

O sucesso do Japão seria então em grande parte o resultado de uma modernização tardia, que ajudou a impulsionar o crescimento da economia japonesa a taxas formidáveis.

O rápido crescimento encorajou alto investimento e exportações, mantendo baixo o nível de consumo. Para garantir a produção, o suprimento de trabalho tinha de ser garantido, fortalecendo o conceito de trabalho vitalício. As peças deveriam ser totalmente confiáveis, fomentando relações de longo prazo com os fornecedores. E o acesso ao capital tinha de ser facilitado, assegurando relações de longo prazo com os bancos.

Com a mudança do quadro histórico, a administração japonesa vê seus conceitos se transformarem. O contato com o mundo ocidental, a globalização da economia e, sobretudo, a revisão dos valores tradicionais têm questionado a tendência de que a administração mundial caminhe para a orientalização.

Ou seja, muito além de algumas características culturais como respeito aos mais velhos, segurança nos investimentos, priorização do coletivo, obediência à hierarquia,[19] a cultura oriental permite maior flexibilidade de pensamentos e ações. Ela encara as mudanças como um fenômeno característico da natureza, ao contrário da cultura ocidental, herdeira do pensamento cartesiano.

Entretanto, mesmo essa aparente vantagem do pensamento oriental não se mostra exclusiva, dado o sucesso que várias empresas ocidentais têm alcançado

---

[18] Para maiores informações, consulte The change of a role-model. *The Economist*, 09/07/94.
[19] VASCONCELLOS, Eduardo. Inovação Tecnológica no Japão. *RAUSP*, v. 28, n. 1. p. 25-35, jan./mar. 1993.

na adaptação do método japonês a seus ambientes. Womack, Jones e Roos[20] acreditam serem as ideias fundamentais da *lean manufacturing*,[21] aplicáveis por qualquer um em qualquer lugar, pouco importando as características específicas da sociedade japonesa.

Diante do exposto, a questão não se resume a implantar nas empresas ocidentais o modelo de administração japonês, tal e qual. Nosso contexto cultural, o quadro histórico em que vivemos, enfim, nosso macroambiente deve ser considerado. Tendo isso em conta, a adoção de conceitos do modelo japonês tem se mostrado não só conciliável, mas extremamente bem-sucedida em nossas empresas ocidentais. Por isso, listamos adiante o que consideramos como características gerais da administração japonesa que bem podem ser utilizadas em quaisquer empresas, de qualquer setor, inclusive se expandindo do chão de fábrica para processos administrativos.

Para saber mais

Os autores que abordam a administração japonesa costumam ser ou dirigentes de empresas japonesas que relatam as causas de seu sucesso ou ocidentais que buscam com maior ou menor grau de originalidade e dedicação os fatores que levaram à ascensão japonesa no contexto mundial. Abordar todos eles fugiria ao escopo deste trabalho. Entretanto, de forma a prover uma visão geral dos estudos desenvolvidos por alguns autores normalmente considerados no estudo da administração japonesa, elencamos os citados abaixo.

Womack, Jones e Roos[22] – apresentam os resultados de uma pesquisa mundial promovida pelo Programa Internacional de Pesquisa sobre a indústria automobilística (International Motor Vehicle Program) do Massachusetts Institute of Technology. A *lean manufacturing* é caracterizada em todos os seus aspectos, visando encontrar suas diferenças em relação aos outros sistemas de manufatura e analisar a viabilidade de sua implantação em outros ambientes culturais. Trata-se de um amplo e profundo estudo do sistema de produção japonês, uma leitura obrigatória para melhorar os conhecimentos sobre o tema.

---

[20] WOMACK, James P.; JONES, Daniel T.; ROOS, Daniel e Donna. *A máquina que mudou o mundo*. 2. ed. Rio de Janeiro: Campus, 1992. Prefácio à edição brasileira por José Roberto Ferro.
[21] Denominação criada por esses autores para identificar o Sistema Toyota de Produção. Segundo os autores, essa denominação é a que melhor capta a dimensão fundamental deste sistema, também denominado *Ohnoísmo*.
[22] WOMACK, JONES e ROOS. Op. cit.

KAIZEN – A BUSCA DA PERFEIÇÃO

Intimamente relacionado com o conceito de qualidade, *kaizen* significa aperfeiçoamento. Porém, a busca da melhoria não se limita aqui à esfera da produção, mas constitui uma filosofia de vida e comportamento, dentro e fora da organização. "Kaizen significa aprimoramento, contínuo, envolvendo todos, inclusive executivos e trabalhadores. A filosofia *kaizen* assume que nossa forma de vida – seja nossa vida profissional, social ou pessoal – merece ser constantemente aperfeiçoada."[23] Suportando qualquer método de produção oriental, como o Controle de Qualidade Total, o *kaizen* é uma diretriz cultural, um valor que determina o esforço de aprimoramento contínuo. O que nos remete à busca da perfeição, nunca atingida, mas sempre desejada.

Deming[24] – pioneiro no estudo da administração japonesa, Deming teve ativa participação na reconstrução do Japão no início do pós-guerra. Preconizando um melhor desempenho de processos e um aprimoramento contínuo da qualidade dos produtos, Deming relacionou quatorze passos para que a organização logre êxito.

Archier e Serieyx[25] – para os autores, um dos pontos fortes do Japão é sua rapidez reativa, reduzindo o ciclo da percepção de uma nova necessidade: estudo do produto, resposta, fabricação, encaminhamento ao consumidor. Isso é possível por meio de um conjunto favorável de fatores inter-relacionados. Dentre eles, merecem maior destaque a *realização dos funcionários*, social e profissionalmente; a excelente *formação dos administradores*, que começam a trabalhar em estágios realizados na base da pirâmide, compreendendo a organização em suas raízes; e a instauração de um sistema-piloto de *gerenciamento da qualidade*, baseado em abertura para o exterior, mobilização da inteligência dos funcionários, rigor nos procedimentos, flexibilidade e espírito inovador.

---

[23] IMAI, Masaaki. *Kaizen* – The key to japan's competitive success. Nova York: McGraw-Hill, 1986, p. 3.
[24] DEMING, William E. *Qualidade*: A revolução da administração. Rio de Janeiro: Marques Saraiva, 1990.
[25] ARCHIER, Georges; SERIEYX, Hervé. *A empresa do terceiro tipo*. São Paulo: Nobel, 1989.

OS QUATORZE PASSOS DE DEMING

1. Aprimorar continuamente o produto e o serviço, desenvolvendo planos e métodos para problemas presentes e futuros.
2. Adotar a qualidade como filosofia.
3. Acabar com a dependência da inspeção em massa.
4. Não negociar apenas com base no preço.
5. Melhorar constantemente o sistema de produção e serviço.
6. Instituir treinamento e retreinamento.
7. Instituir a liderança.
8. Afastar o medo.
9. Eliminar as barreiras entre as áreas de apoio, promovendo uma integração horizontal entre os departamentos.
10. Eliminar *slogans* e metas que provoquem frustrações e ressentimentos.
11. Substituir cotas numéricas por definição de qualidade.
12. Remover as barreiras ao orgulho da execução.
13. Instituir um sólido programa de educação e retreinamento.
14. Agir no sentido de concretizar as transformações.

Helle[26] – o autor defende que as organizações ocidentais não devem simplesmente procurar os segredos da administração japonesa, mas buscar o uso japonês dos métodos ocidentais, atingindo assim os objetivos do tipo ocidental. Para tanto, Heller propõe que utilizemos seis lições básicas, dentre todas as que a administração japonesa pode nos ensinar:

- não negligenciar o curto prazo, maximizando os retornos correntes sobre as vendas;
- fortalecer o longo prazo, utilizando lucros de curto prazo;
- colocar a tomada de decisões nas mãos de uma forte liderança central;
- fazer o melhor pelas pessoas;
- fazer com que todos os processos sejam eficientes;
- ter como objetivo bater a concorrência.

---

[26] HELLER, Robert. *O supermanager*: administrando para o sucesso, os realizadores, os inovadores, os dez passos para chegar lá. São Paulo: McGraw-Hill, 1987.

***Maury*[27]** – baseado em um estudo paralelo entre a visão de trabalho para ocidentais e orientais, Maury conclui que, para os orientais, trabalho significa vida. Os dois conceitos são indissociáveis, o que explica que 70% dos japoneses declarem não querer tirar férias. O assalariado japonês padrão considera-se um verdadeiro sócio do patrão, sendo a finalidade da empresa atingir a felicidade de seus integrantes, promovendo a alta administração a partir da base, por meio de treinamento contínuo.

Da mesma forma, para Maury a chave da psicologia japonesa é a curiosidade. Quando os japoneses percebem que algo é mais bem desenvolvido em outro país, copiam a ideia e a aprimoram. As diferenças entre as empresas ocidentais e orientais são, portanto, mais do que significativas. As empresas ocidentais devem eliminar uma série de obstáculos para alcançar o êxito das orientais, como: implantar o planejamento e as transformações a longo prazo, investir no ensino nas escolas de administração e parar de culpar os empregados pelos problemas.

***Davidow & Malone*[28]** – os autores atribuem o aumento da competitividade dos produtos japoneses ao cuidado com a produção. A escassez de recursos e a concorrência feroz entre as empresas forçaram as organizações a assumir riscos maiores e a inovar para sobreviverem. Com isso, elas se mostraram menos resistentes a aceitar ideias originadas fora da empresa e a encarar o futuro de forma independente do passado.

Sucessos e fracassos passados não garantem sucessos e fracassos futuros. Essa postura foi um dos grandes trunfos da reconstrução da economia japonesa. Entretanto, seu êxito atual gera uma arrogância excessiva, que se reflete na incapacidade das empresas japonesas de partilhar seu sucesso com outras nações industrializadas, destruindo os mercados dos quais dependem.

***Ouchi*[29]** – baseando-se na ideia de que tradição e clima formam a cultura de uma empresa, o autor defende que os administradores devem dar o exemplo dos valores a serem seguidos por seus funcionários. Afinal, cultura implica valores, estabelecendo um padrão para atividade, opiniões e ações; e, dentre todos os valores, o comprometimento com os trabalhadores da organização é o mais importante.

---

[27] MAURY, René. Op. cit.
[28] DAVIDOW, William; MALONE, Michael. *A corporação virtual* – lições das empresas mais avançadas do mundo. Estruturação e revitalização da corporação para o século 21. São Paulo: Pioneira, 1993.
[29] OUCHI, William. *Teoria Z*: como as empresas podem enfrentar o desafio japonês. São Paulo: Fundo Educativo Brasileiro, 1982.

O LADO ESQUERDO DO CÉREBRO CRIANDO A *WALK-MACHINE*

Takeshi Imai apresenta uma comparação entre as posturas oriental e ocidental frente a uma situação de crise. Para os ocidentais, a crise é vista como uma doença, gerando atitudes defensivas. Para os orientais, a palavra crise é grafada com dois ideogramas: *perigo* e *oportunidade*.

A crise moderna é basicamente de percepção, sendo gerada por uma fragmentação da visão global dos assuntos. Foi com esse princípio que Imai recuperou a Hatsushita Industrial. Em vez de demitir por não poder pagar salários atrasados, a direção da Hatsushita, após reunião com os trabalhadores, resolveu trocar com fazendeiros os pulverizadores que fabricava por alimento, pagando os salários com os víveres obtidos. Com a criação da *walk-machine*, a empresa saiu da concordata.[30]

A diferença de postura entre orientais e ocidentais segue as diferenças entre os hemisférios cerebrais. O hemisfério esquerdo (ou ocidental) e o direito (ou oriental) trabalham segundo lógicas diferentes: a saída da crise está na utilização do hemisfério direito.

Hemisfério Esquerdo	Hemisfério Direito
Racional	Intuitivo
Visão Fragmentada/Complexa	Visão Global/Simplificada
Dedução	Percepção/Criação
Conhecimento	Sabedoria
Individualismo/Autoritarismo	Espírito Grupal/Cooperativo
Letras/Números/Cálculos	Arte/Imagens/Ideogramas

Masaaki Imai[31] – estudando a estratégia *kaizen*, o autor esclarece que a base da organização deve ser a orientação para o processo e para as pessoas e não para os resultados. Tendo em mente a busca da qualidade e do aperfeiçoamento, cada funcionário emprega aprimoramentos na vida pessoal, social e no trabalho, elevando o moral do grupo e desenvolvendo uma atitude individual positiva quanto à mudança.

A preocupação básica das empresas deve se concentrar na qualidade das pessoas, para que identifiquem problemas no ambiente de trabalho, sejam treinadas e criem padrões inovadores, avessos a repetições. Para operacionalizar o *kaizen*,

---

[30] IMAI, Takeshi. *A nova era convergente*. São Paulo: Maltese, 1991.
[31] IMAI, Masaaki. *Kaizen* – a estratégia para o sucesso competitivo. São Paulo: Instituto IMAM, 1988.

o treinamento é enfatizado, incentivando ainda a formação de líderes informais, a disciplina e a vida social na área do trabalho.

Tofler[32] – o autor afirma que a decadência do poder norte-americano é resultado da diluição das informações. Como contrapartida, o Japão consegue cada vez mais poder por meio da informação, do conhecimento e da tecnologia. Para explicitar essas posturas diferenciadas, Tofler utiliza-se do seu modelo de três ondas, cada uma delas representando um ciclo de desenvolvimento econômico baseado na evolução tecnológica da civilização. A partir desse modelo que já foi consagrado por suas obras, Tofler faz uma analogia com um ritual japonês, segundo o qual as realizações são conseguidas por meio de uma espada, de uma joia e de um espelho.

Na tríade espada (arma), joia (dinheiro) e espelho (mente), mente e dinheiro são símbolos do poder empresarial japonês: "uma arma pode lhe conseguir dinheiro ou pode arrancar uma informação secreta dos lábios de uma vítima; o dinheiro pode lhe comprar informações ou uma arma; porém a informação pode ser usada para aumentar o dinheiro de que você dispõe ou para multiplicar a força sob seu comando". Do conhecimento, portanto, advêm a força e a riqueza japonesas.

Ishikawa[33] – apesar da sua obra mais conhecida receber o título de *Controle de Qualidade Total*, Ishikawa apresenta de forma simples e objetiva um relato do surgimento dos postulados da administração japonesa, da colaboração dos professores norte-americanos Deming, Juran, Feigenbaum e outros e dos fatos, dos motivos e das oportunidades que desencadearam as inovações gerenciais propostas pelos japoneses nas últimas décadas. Ishikawa baseia toda a sua fundamentação no fator *qualidade das pessoas* como a condição primordial do sucesso da economia japonesa.

Considerações

A crítica mais frequente ao modelo de administração japonesa se dirige não ao modelo em si, mas à sua adoção por empresas que se encontram em um outro contexto cultural. A prevalência do coletivo sobre o individual, por exemplo, mostra-se de difícil aplicação em um ambiente cujos valores giram em torno da lei da vantagem e da concorrência individualista. A adoção do modelo em sua

---

[32] TOFLER, Alvin. *Powershif, as mudanças do poder*. Rio de Janeiro: Record, 1990.
[33] ISHIKAWA, K. Op. cit.

íntegra mostra-se então de pouca viabilidade. O que não impede que modelos alternativos que tentam conciliar estes polos estejam sendo implantados em várias empresas, buscando a valorização do indivíduo pelo trabalho em equipe.

Do ponto de vista social, não se pode perder de vista que a reconstrução da economia japonesa no pós-guerra exigiu um enorme sacrifício social dos japoneses. Além disso, a evolução em ritmo vertiginoso da inserção do Japão em um contexto mundial, no qual prevaleciam valores antagônicos aos seus, favorece o questionamento de valores tradicionais que são usualmente apresentados como justificativas do sucesso oriental. O não questionamento da autoridade, a imobilidade social, a interferência dos superiores na vida pessoal de seus subordinados, a resistência de inclusão da mulher no mercado de trabalho,[34] entre outros dogmas da cultura oriental, são constantemente atacados pelas novas gerações japonesas. Ao ingressarem de forma tão contumaz na economia mundial, as empresas japonesas não apenas ensinaram a validade da adoção de novos valores, pelas empresas ocidentais, como se expuseram a ter seus próprios valores modificados.

Paralelamente, não é raro encontrar uma visão excessivamente romântica da administração japonesa. Os valores confucianos, a tradição milenar de respeito ao coletivo e a abstinência individual em proveito da coletividade são encarados como bases de uma sociedade na qual tudo é perfeito e todos são felizes. Na verdade, a sociedade japonesa, que reflete tão bem os valores citados, apresenta graves problemas. Do ponto de vista político, a corrupção é favorecida e, ao mesmo tempo, ameaça a estabilidade das redes de relacionamentos constituídas pelos *keiretsu*. Do ponto de vista econômico, o Japão encontra-se em descompasso com a economia mundial. Os frequentes superávits da balança comercial japonesa, a supervalorização do iene e o nível de aquecimento da economia provocam um choque face às nações das quais a economia japonesa depende para suas importações e exportações.

Por fim, é provável que nos próximos anos ocorram novas adaptações e questionamentos ao modelo de administração japonesa. A ameaça de recessão que vem assombrando a economia japonesa ratifica essa previsão. Entretanto, para uma cultura que vê nas ameaças oportunidades de aprimoramento, o que poderia ser mais estimulante?

---

[34] Rodney Clark apresenta um estudo acerca da participação de jovens e mulheres no mercado de trabalho japonês, por tamanho de empresa, em *The Japanese Company*. Tóquio: Charles E. Tuttle Company Inc., em acordo com a Yale University Press, 1988.

Apêndice 1

Benchmarking

Origem

Alguns autores defendem que a origem do *benchmarking*[35] está no princípio japonês do *dantotsu*,[36] processo de busca e superação dos pontos fortes dos concorrentes. No Ocidente passou a ser visto como uma nova forma de estratégia competitiva, tendo sido adotado por várias grandes empresas.[37]

Sua primeira aplicação enquanto técnica que se pretende nova ocorreu na Xerox Corporation, nos Estados Unidos, em 1979. Em função de mudanças no ambiente e na corporação, o centro de custos de logística e distribuição da empresa teve de encontrar uma forma de aprimorar seu desempenho. Um programa de *benchmarking* foi então elaborado para fornecer aos gerentes dados acerca do desempenho e dos custos das diversas funções da Xerox, comparados aos de seus maiores concorrentes.[38]

Características gerais

O *benchmarking* defende o preceito de que ninguém é melhor em tudo. Sendo assim, detectar e copiar o que cada empresa tem de melhor significa economizar tempo, dinheiro e trabalho. A comparação externa permite à administração estabelecer novos objetivos e perceber como realizá-los. A empresa estuda o que seus concorrentes fazem para compreender o que é crítico em seu próprio desempenho.[39] Na medida em que as empresas copiam umas das outras e apri-

---

[35] *Benchmark*, em inglês, significa marco, ponto de referência.
[36] CAMP, Robert. *Benchmarking – O caminho da qualidade total*. São Paulo: Pioneira, 1993. p. 3-36.
[37] DUMAINE, Brian. Corporate spies snoop to conquer. *Fortune*, 118, n. 11, 7/11/88. p. 66-70.
[38] TUCKER, Francis G.; ZIVAN, Seymour M. A Xerox cost center imitates a profit center. *Harvard Business Review*, 65, n. 1, maio/jun., 1985: 2-4. p. 168-174.
[39] *Exame*, 17/08/94. p. 122-123.

moram o que foi copiado, passam a ser melhores do que as originais. A partir de então, são cada vez mais copiadas e superadas, em um processo cumulativo.[40]

Fontes de informações – na busca dos melhores procedimentos, todas as fontes de informação ao alcance da empresa devem ser consideradas. As mais corriqueiras são o acompanhamento de publicações específicas do setor, os contatos com profissionais da área e as pesquisas e levantamentos setoriais.

O processo de adoção – assim como preconiza o bom planejamento estratégico, os pontos fortes e fracos da empresa, bem como as ameaças e oportunidades do ambiente devem ser continuamente considerados. O *benchmarking* possui um diferencial frente ao planejamento estratégico por procurar, além de suas próprias operações ou indústrias, fatores-chave que influenciem produtividade e resultados.[41] Para tanto, deve:

- avaliar os pontos fortes e fracos de cada uma de suas atividades;
- perceber quais são os líderes nas mais diferentes atividades;
- adotar os pontos fortes dos líderes, não simplesmente copiando-os, mas entendendo por que são pontos fortes e então superá-los.

Benchmarking **interno** – a comparação, embora sempre necessária, pode se dar dentro da própria empresa. Na verdade, é uma tendência normal dos administradores procurar os motivos pelos quais um departamento da empresa apresenta melhores resultados do que os outros. Assim:

- *interno* – compara funções semelhantes dentro da empresa.
- *competitivo* – compara as funções da empresa com as de seus concorrentes.
- *funcional* – analisa como as atividades semelhantes são desempenhadas em diferentes indústrias.

Copiar para fazer melhor

Algumas críticas são apontadas pelos próprios defensores do *benchmarking*, como o fato de que a cópia de práticas concorrenciais pode encobrir pontos que não são dignos de emulação. Além disso, ressaltam que o *benchmarking* competitivo pode ajudar a empresa a alcançar o desempenho dos concorrentes, sem

---

[40] *Exame*, 14/04/93, p. 12.
[41] CAMP. Op. cit., p. 4.

que revele práticas para superá-las. Por fim, nem todas as empresas da mesma indústria se acham dispostas a abrir voluntariamente suas portas para que seus concorrentes possam examiná-las.[42]

DESENVOLVENDO HISTÓRIAS DE SUCESSO

Várias empresas, em todo o mundo, vêm defendendo nos últimos anos o sucesso da adoção do *benchmarking* em suas práticas administrativas. A matriz da British Airways é uma delas: "usamos o *benchmarking* para ajudar a desenhar processos mais eficientes e aprimorar a qualidade de nossos serviços. No esforço para ser melhor, pode ser tirado um grande potencial do uso de *benchmarks* externos".[43]

Mas qual a melhor metodologia para a implantação de um programa de *benchmarking*? Segundo Robert Camp, existem várias diferentes metodologias, quase todas derivadas do modelo inicial da Xerox e adaptadas às especificidades de cada organização.[44] Não existe, portanto, um modelo de *benchmarking* universalmente considerado como o melhor para todos os casos.

Da prática da atividade, podem ser identificadas algumas formas de incentivo ao envolvimento dos funcionários nas atividades de *benchmarking* da empresa.[45]

Trabalho em grupo – criar grupos de quatro a seis pessoas, para que busquem novas ideias e processos em desenvolvimento. Ao término, os grupos trocam as informações que obtiveram.

Encontros de divisões – em seminários organizados pela empresa, os líderes de cada divisão da empresa têm a oportunidade de interagir, estabelecendo prioridades e trocando informações.

Concurso das melhores ideias – grupos representantes de cada divisão da empresa apresentam aos demais os melhores projetos que desenvolveram.

Na verdade, planejar, observar concorrentes, comparar pontos fortes e fracos para com isso tentar ganhar em competitividade, participação de mercado e

---

[42] TUCKER, Frances G.; ZIVAN, Seymour M.; CAMP, Robert C. How to measure yourself against the best. *Harvard Business Review*, 87, n. 1, jan./fev., 1987: 2-4. p. 8-10.
[43] POTTER, Mike. International Business Benchmarking. *Management Services*, out., 1994. p. 6-8.
[44] KINNI, Theodore B. Best practices revealed. *Industry Week*, dez. 5, 1994. p. 30-32.
[45] *HRM Magazine*, ago. 1994, p. 22.

fidelidade da clientela não constitui um processo inédito no meio empresarial. Estar atento ao desenvolvimento do mercado, buscando estar na dianteira de qualquer inovação é o que se espera de uma empresa que procura sobreviver em um mercado competitivo.

Assim, o *benchmarking* parece renomear a prática administrativa usual de observar os concorrentes e as mudanças ambientes para perceber e buscar prever quais são os pontos fortes e fracos de cada empresa, frente às ameaças e oportunidades do ambiente. Entretanto, o mérito do *benchmarking* pode estar justamente nesse ponto: despertar para a realidade concorrencial empresas que estavam acostumadas a ter seu feudo relativamente intacto.

Benchmarking é um instrumento de que os executivos dispõem para procurar as melhores empresas em uma atividade e aprender como funcionam. Porém, o problema é que o *benchmarking* pode restringir o pensamento aos padrões do que atualmente se realiza no ramo de atividade da empresa. Nesse caso, o *benchmarking* apenas ajudaria a alcançar os outros, não a ultrapassá-los.

Entretanto, de acordo com o exposto anteriormente, o *benchmarking* não está restrito internamente à empresa, ao seu setor ou à sua região. Trata-se de um processo contínuo, que depende mais das informações que estiverem disponíveis do que da consideração de quaisquer fronteiras. A prática insistente do *benchmarking* inclusive se refletirá nos valores da empresa, favorecendo a constante busca de melhorias e inovações. O principal cuidado que uma equipe deve tomar é na adaptação do estado da arte, pois atrás de técnicas consideradas bem-sucedidas podem estar camufladas graves deficiências.

Assim, o *benchmarking* pode ser um instrumento útil para a redefinição dos processos, exigindo profunda análise dos processos concorrentes passíveis de adaptação, embora nem sempre estejam disponíveis. Por isso, outros autores enfatizam que o *benchmarking* deve ser utilizado não para imitar, mas para criar ideias que, uma vez implantadas, excedam o desempenho do processo que as originou, da mesma forma como os japoneses o fizeram. A ideia central aqui é progredir a partir do atual estado de coisas, investindo nas vulnerabilidades ou pontos de obsolescência detectados, inovando continuamente.

Apêndice 2

Learning organizations

Características

As *learning organizations* são organizações aprendizes, capazes de se renovar e inovar continuamente. Segundo Senge,[46] a proposta da organização aprendiz é resultado da convergência de cinco componentes ou *disciplinas* que se desenvolveram separadamente:

- **raciocínio sistêmico**, que resgata a percepção da dinâmica do todo e das interações de suas partes.
- **domínio pessoal**, que permite esclarecer e aprofundar continuamente nosso objetivo pessoal, concentrar nossas energias, desenvolver a paciência e ver a realidade de maneira objetiva. assim, o domínio pessoal é a base espiritual da organização de aprendizagem.
- **conscientização dos modelos mentais enraizados**, de forma a trazê-los à superfície e expô-los a um meticuloso exame.
- **definição de um objetivo comum**, que reúna as pessoas em torno de uma identidade comum e de um sentido de missão.
- **disciplina do aprendizado em grupo**, porque a unidade fundamental de aprendizagem das organizações modernas é o grupo e não o indivíduo.

Para alcançar a situação de aprendizagem contínua, estas cinco disciplinas haveriam de funcionar em conjunto, sendo o raciocínio sistêmico responsável pela integração de todas as demais. A ideia é sanar as deficiências de aprendizagem, começando pela sua identificação e pela posterior aplicação de algumas técnicas que exercitem um raciocínio sistêmico, o qual permitirá o desenvolvimento das outras disciplinas.

---

[46] SENGE, Peter M. *A quinta disciplina: arte, teoria e prática da organização de aprendizagem.* 9. ed. São Paulo: BestSeller, 1994. p. 11-25.

AS DEFICIÊNCIAS DA APRENDIZAGEM:[47]

A empresa que se mostra decidida a sobreviver em um ambiente competitivo deve estar aberta ao aprendizado. Em sintonia com o propósito da organização, seus funcionários devem evitar algumas armadilhas e ilusões, não tão incomuns no mundo empresarial.

- *Eu sou meu cargo.* Significa pensar que a responsabilidade individual é limitada à área de sua função. Não há uma noção clara do objetivo maior da empresa e de sua contribuição para ele.
- *O inimigo está lá fora.* A concepção de que a culpa sempre é dos outros é um dos grandes entraves ao aprendizado pela experiência.
- *A fixação em eventos.* A ênfase no curto prazo impede de ver as mudanças a longo prazo que estão por trás dos eventos atuais e compreender suas verdadeiras causas.
- *A não conscientização de mudanças lentas* e graduais pela falta de atenção às sutilezas.
- *O mito da equipe administrativa*, que funciona bem para questões de rotina e se desfaz quando sujeita à pressão. O valor maior da equipe é manter a coesão frente a situações difíceis, lutando em conjunto pelos objetivos da organização.

Considerações

A proposta das *learning organizations* não defende a criação de um novo modelo de gestão. Na verdade, o conceito baseia-se no resgate de uma premissa básica: a do aprendizado pela experiência. A busca de uma cultura que valorize e promova a aprendizagem contínua é uma realidade. Ela é função da crescente complexidade das operações da empresa em um ambiente de mudança contínua a velocidades crescentes. Admite-se que a capacidade de aprendizagem organizacional será um fator diferenciador para manutenção da competitividade do negócio numa economia global.

Entretanto, não se trata de uma nova teoria. Direta ou indiretamente, a aprendizagem é abordada por meio de vários enfoques na área de administração, por exemplo, quando se trata de administração participativa, trabalho em

---

[47] SENGE, Peter M. Op. cit. p. 27-35.

equipe, liderança, cultura organizacional. Mesmo a teoria de didática do ensino é adaptável ao ambiente organizacional, ainda que não seja este seu objetivo primário. Porém, a *learning organization* tem o mérito de enfatizar os fatores de sucesso das empresas que conseguirão avançar para o terceiro milênio.

Entretanto, a busca da aprendizagem contínua, segundo a proposta de Senge, que coloca o enfoque sistêmico como sua base, fica vazia de significado caso a estrutura da empresa não reflita também uma visão sistêmica do negócio. A organização de um negócio em processos seria um componente essencial para mudar a forma de pensar das pessoas, possibilitando que elas adquiram e exercitem uma visão sistêmica da realidade, o que seria uma condição básica para que a aprendizagem contínua se torne uma característica intrínseca da cultura organizacional. Disso resulta a dificuldade de operacionalizar a *learning organization* proposta por Senge, haja vista a dificuldade de se efetivar o pensamento sistêmico onde as estruturas organizacionais departamentalizadas ainda forem priorizadas em detrimento dos processos.

Parte 3
Estratégias emergentes de gestão

capítulo 13

A visão holística

Origem

O estudo pioneiro acerca do holismo foi publicado em Londres, em 1926, pelo general sul-africano Ian Christian Smuts.[1] Holismo foi o termo forjado pelo autor em *Holism and Evolution* para denominar o fator operativo fundamental referente à criação de conjuntos no universo. Segundo o autor, este fator é o princípio responsável pela origem e pelo progresso de conjuntos no universo. Para Smuts, aceitar a evolução do universo implica abandonar a ideia de que matéria, vida e mente se encontram completamente separadas e restabelecer a verdade da indissolúvel continuidade entre estes três domínios. O conjunto não é a mera soma de todas as partes; as partes parecem jogar uma partida em conjunto, com um objetivo comum, como atuar para o bem-estar comum.

Para Fritjof Capra,[2] "das moléculas aos seres humanos e destes aos sistemas sociais, todos podem ser considerados estruturas integradas e também *partes* de *todos* maiores, em níveis superiores de complexidade. *Partes* e *todos*, em sentido absoluto, não existem. Arthur Koestler criou a palavra *holons* para designar estes subsistemas que são, simultaneamente, *todos* e *partes*, e enfatizou que cada *holon* tem duas tendências opostas: uma tendência integrativa, que funciona como parte do todo maior e uma tendência auto-afirmativa, que preserva sua autonomia individual." Em outras palavras, o todo não é a mera soma das partes, mas delas depende. As partes compõem o todo, mas "é o todo que determina o comportamento das partes".

O *holicismo* costuma ser visto como sinônimo do holismo. Entretanto, essencialmente o holicismo é um movimento de ideias e não um corpo de doutrina.

---

[1] WEIL, Pierre. O novo paradigma holístico – ondas à procura do mar. In: BRANDÃO, Denis; CREMA, Roberto (org.). *O novo paradigma holístico*. São Paulo: Summus, 1991. p. 20-22.
[2] CAPRA, Fritjof. *O ponto de mutação*. 1. ed. São Paulo: Cultrix, 1982. p. 40, p. 81.

Por isso os pensadores mais recentes têm o cuidado de não limitar o holismo, criando uma escola ou religião.³

O QUE É HOLISMO?

A palavra holismo vem do grego *bolos*, que significa todo. A teoria defende que o homem é um ser indivisível, que não pode ser entendido por meio de uma análise separada de suas diferentes partes.

O renascimento do holismo

As décadas de 60 e 70 geraram uma série de movimentos filosóficos, espirituais e políticos que parecem caminhar na direção de tentar restabelecer um equilíbrio dos aspectos da natureza humana. Percebe-se um direcionamento para uma visão sistêmica da vida. Essa visão mostra-se mais apropriada e particularmente urgente, porque todos os problemas atuais parecem ser problemas sistêmicos, que já não podem ser entendidos dentro do âmbito da visão de mundo cartesiana. Tudo converge para uma "sabedoria sistêmica. Como observou Schumacher: *a sabedoria exige uma nova orientação da ciência e da tecnologia para o orgânico, o moderado, o não violento, o elegante e o belo*". Tal redirecionamento oferece enormes oportunidades para a criatividade, o espírito empreendedor e a iniciativa da humanidade. Aumentar a complexidade deixando simplesmente que tudo cresça não é difícil mas recuperar a elegância e a flexibilidade requer sabedoria e visão criativa.⁴

A globalização política e econômica, por exemplo, significa na prática a globalização das oportunidades e problemas também. É a realidade refletida nestes dois aspectos que exige a aplicação da teoria sistêmica no confronto dos fatos. O enfoque sistêmico é mais do que um modelo estruturado de ampla aplicação em todas as ciências; ele exige dos indivíduos uma nova forma de pensar, uma nova visão de mundo, que lhes permitirá perceber com todos os sentidos a unicidade de si mesmos e de tudo que os cerca.

---

³ CIMBLERIS, Borisas. Fronteiras e superposições do holicismo com alguns sistemas científicos. In: BRANDÃO; CREMA (org.). Op. cit., p. 100-101.
⁴ CAPRA, Fritjof. Op. cit., p. 42, p. 380, 390.

É nesse contexto que surge a busca de uma sabedoria sistêmica, que bem podemos interpretar como sendo a busca de uma visão holística. A visão holística pode ser considerada a forma de perceber a realidade e a abordagem sistêmica o primeiro nível de operacionalização desta visão, sendo ambas aplicáveis, portanto, a todas as áreas do conhecimento. E, com certeza, a área da administração de empresas não é uma exceção.

TODOS OS MOVIMENTOS CONVERGINDO PARA O PONTO DE MUTAÇÃO:[5]

O estado de interligação não linear dos sistemas vivos sugere imediatamente duas importantes regras para a administração de sistemas sociais e econômicos. Em primeiro lugar, há uma dimensão ótima para cada estrutura, organização e instituição, e a maximização de qualquer variável – lucro, eficiência ou PNB, por exemplo – afetará inevitavelmente o sistema maior. Em segundo lugar, quanto mais uma economia se baseia na reciclagem contínua de seus recursos naturais, mais está em harmonia com o meio ambiente circundante. Nosso planeta está hoje tão densamente povoado que virtualmente todos os sistemas econômicos são interligados e interdependentes; os mais importantes problemas de hoje são problemas globais. As escolhas sociais vitais com que nos defrontamos já não são locais – opções entre mais estradas, escolas e hospitais – nem afetam meramente uma pequena parcela da população. São escolhas entre princípios de auto-organização – centralização ou descentralização, intensidade de capital ou intensidade de trabalho, tecnologia pesada ou tecnologia branda, que afetam a sobrevivência da humanidade como um todo.

Ao efetuar essas escolhas, é útil ter em mente que a interação dinâmica de tendências complementares é uma outra característica importante dos sistemas auto-organizadores. Como assinalou Schumacher, "o ponto crucial da vida econômica e, na verdade, da vida em geral, é que ela requer constantemente a reconciliação viva de opostos que, em lógica estrita, são irreconciliáveis". O estado de interligação global de nossos problemas e a virtude das empresas descentralizadas, em pequena escala, representam um desses pares de opostos complementares. A necessidade de equilibrar os dois encontrou eloquente expressão no *slogan* "Pense globalmente, atue localmente!".

---

[5] CAPRA, Fritjof. Op. cit., p. 362.

Características gerais

Na gestão de negócios, o holismo vem sendo defendido nos últimos anos de forma paralela à evolução do conceito de globalização econômica. A empresa não é mais vista como um conjunto de departamentos, que executam atividades isoladas, mas como um corpo uno, um sistema aberto em contínua interação com o ambiente. É essa a linha de pensamento adotada pelos autores que discutem a adaptação da visão holística à área de administração, propondo assim a administração holística. Veja a seguir alguns dos pontos mais característicos da administração holística.

Os dois lados do mesmo cérebro – privilegiando uma visão global, o holismo defende que ambos os hemisférios do cérebro devem ser interligados. Assim, "a abordagem holística não é nem analítica nem sintética, caracteriza-se pelo uso simultâneo e conjunto ou da sinergia destes dois métodos".[6] Considerar os dois lados do cérebro com igual importância não causa estranheza nos dias de hoje quando a "inteligência emocional" vem conquistando sempre mais adeptos. Mas, na época do surgimento da administração holística, o conceito era original.

A não matéria – na base da empresa holística estão dois novos valores: a *não matéria* (aspectos intangíveis da organização) e o *tempo* (tempo real). O tempo real significa que não há um tempo para cada atividade, tudo devendo ser feito ao mesmo tempo. A prioridade é atribuída aos aspectos intangíveis e não à matéria ou ao tempo.[7]

Fim da estrutura de cargos – a autocompreensão e a visão global favorecem a individualidade, entendida como o direito de ser de cada um. A noção de autoridade pode ser extirpada da empresa. Por meio desses conceitos pode-se alcançar a sinergia na organização. As funções continuam existindo, embora desapareça a estrutura de cargos rígida, autoritária.

---

[6] CREMA, Roberto. Abordagem holística: integração dos métodos analítico e sintético. In: BRANDÃO; CREMA (org.). Op. cit., p. 83-99.
[7] RIBEIRO, Carlos Reinaldo M. *A empresa holística.* São Paulo: Editare, 1989.

PROCESSO DE IMPLANTAÇÃO DA ADMINISTRAÇÃO HOLÍSTICA[8]

Para quem se interessa em implantar a administração holística, seguem aqui alguns passos básicos:

1 – *Diagnóstico da empresa* – avaliar o patrimônio social da empresa: recursos humanos, tecnologia, fornecedores, clientes, sistemas de distribuição, produtos, marca, imagem, análise do clima e da cultura da organização. Entender como estão relacionados entre si e dentro da organização.

2 – *Análise do meio externo* – perceber a situação político-econômico-cultural, tecnologia, concorrência e suas relações com a empresa.

3 – *Identificação do núcleo da empresa* – mapear os pontos fortes da empresa, suas competências primordiais em seu negócio.

4 – *Estabelecimento da missão.*

5 – *Reconhecimento dos valores da empresa* – identificar o que ela entende como relevante e que define sua maneira de ser.

6 – *Definição das políticas da empresa.*

A filosofia holística

A administração holística não constitui um modelo inovador de administração. Podemos até argumentar que a visão holística da organização é uma filosofia de vida, onde o mundo das ideias deveria acompanhar a realidade vivenciada nas atividades e dificuldades diárias da administração de um negócio. Ela propõe uma integração de conceitos defendidos por outros modelos de administração, como: a valorização da intuição preconizada pelo modelo japonês; o desenvolvimento pessoal defendido pela administração por objetivos e a interação valorizada pelo Desenvolvimento Organizacional. Por outro lado, estes modelos repousam sobre a teoria sistêmica que remonta aos anos 1950, sendo natural que o modelo de administração holística integre conceitos desses modelos.

A proposta de trazer a visão holística para a área de administração, traduzindo-a num modelo de administração holística, embora tenha seus méritos, também corre o risco de restringi-la. Como argumentado anteriormente, a visão holística está mais para uma forma de pensar, de perceber a realidade, do que para um modelo.

[8] RIBEIRO. Op. cit.

DEZ PASSOS PARA A IMPLANTAÇÃO DE UMA EMPRESA REINVENTADA[9]

1. Criar um ambiente mais propício ao crescimento individual, atraindo os profissionais especialmente talentosos.
2. Atribuir ao executivo a manutenção desse ambiente favorável ao crescimento pessoal.
3. Criar um sistema de compensação que recompense desempenho e inovação.
4. Terceirizar.
5. Administrar em rede, com aprendizados horizontais e apoio em muitas direções diferentes.
6. Favorecer a criatividade dos empreendedores, mantendo o controle e a responsabilidade do empreendimento.
7. Enfatizar a qualidade.
8. Valorizar a intuição.
9. Adotar os valores das pequenas empresas.
10. Na sociedade da informação, estamos nos deslocando da infraestrutura para a qualidade de vida.

A prática da visão holística seria o modelo sistêmico que permeia praticamente todas as contribuições feitas à área de administração posteriormente à sua consolidação. E a visão holística seria mais bem entendida como uma "sabedoria sistêmica". Na verdade, a visão holística e o enfoque sistêmico se complementam. Mas, enquanto há poucos anos a aplicação do enfoque sistêmico se mostrava suficiente, com a crescente globalização dos sistemas financeiros, das informações, de toda a configuração sociocultural, com a percepção de que o equilíbrio mundial é essencialmente delicado, a simples aplicação do enfoque sistêmico não bastava mais. Surgiu a necessidade urgente de estabelecer um estágio anterior à aplicação da teoria, ou seja, a necessidade de uma sabedoria sistêmica ou da visão holística da realidade. Em outras palavras, a visão holística ganha hoje mais importância e robustez em função das necessidades que a globalização levanta. Esse movimento denominado de globalização ou internacionalização de mercados ou ainda de *desnacionalização* das empresas (até agora qualificadas como multinacionais) reflete exatamente essa visão do

---

[9] NAISBITT, John; ABURDENE, Patricia. *Megatrends 2000*. São Paulo: Amana-Key, 1990.

todo em termos de negócios num mundo onde os espaços e limites geográficos deixam de ser barreiras e a tecnologia de comunicação e informação encurtam a distância e o tempo das transações. Assim, o pensamento holístico caminha lado a lado com a globalização, evidenciando-se como uma condição básica para a globalização não só dos negócios, mas de todos os aspectos envolvidos no comportamento do homem.

Muito mais importante do que tentar traduzir a visão holística em um só modelo, seria compreender o desdobramento deste modo de pensar nas modernas estratégias de gestão e nos atuais desafios enfrentados pelos administradores.

capítulo 14

Administração empreendedora

Origem

O termo *entrepreneur* foi cunhado por volta de 1800 pelo economista francês Jean-Baptiste Say para identificar o indivíduo que transfere recursos econômicos de um setor de produtividade mais baixa para um setor de produtividade mais elevada e de maior rendimento. A intenção era ser um manifesto e uma afirmação de dissensão: o empreendedor perturba e desorganiza. Mais tarde, Joseph Schumpeter foi o primeiro dos economistas modernos a retornar a Say e o único a abordar o empreendedor e o seu impacto sobre a economia. Para Schumpeter a tarefa do empreendedor é a destruição criativa. Ele postulava que o desequilíbrio dinâmico provocado pelo empreendedor inovador, em vez de equilíbrio e otimização, é a norma de uma economia sadia e a realidade central para a teoria econômica e a prática econômica. Entretanto, mesmo assumindo que o empreendedor é importante e provoca impacto, para os economistas de um modo geral o fato de alguém se dispor a *empreender* é um evento *meta--econômico*, algo que influencia profundamente e molda a economia, sem fazer parte dela.[1]

Segundo Drucker,[2] o empreendedor sempre está buscando a mudança, reage a ela e a explora como sendo uma oportunidade. Ele cria algo novo, algo diferente, ele muda ou transforma valores, não restringindo o seu empreendimento a instituições exclusivamente econômicas. Ele é capaz de conviver com os riscos e incertezas envolvidos nas decisões. Ele inova. Contudo, seu espírito

---

[1] DRUCKER, Peter F. *Inovação e espírito empreendedor* – entrepreneurship. 3. ed. São Paulo: Pioneira, 1987. p. 27-38.
[2] DRUCKER, Peter F. (1987). Op. cit., p. 27-38.

empreendedor não é uma característica de personalidade. Qualquer indivíduo que tenha à frente uma decisão a tomar pode aprender e se comportar de forma empreendedora.

Para Larry Farrel,[3] a necessidade estaria na origem do espírito empreendedor, levando à criação de algo novo, à edificação de um negócio, ou a um comportamento competitivo, mesmo por parte de um subordinado.

Uma abordagem completa da *entrepreneurship*, que na linguagem acadêmica e empresarial do nosso país é traduzida por *administração empreendedora*, envolve aspectos culturais, psicológicos, econômicos e tecnológicos. Mas entendido por inferência num sentido bastante amplo, o espírito empreendedor está relacionado com a satisfação de alguma necessidade, com a disposição para enfrentar crises, com a exploração de oportunidades, com a simples curiosidade ou com o acaso. Qualquer que seja a causa, percebe-se a capacidade de inovar como um instrumento específico e integrado ao espírito empreendedor.[4]

A inovação é o ato que contempla os recursos com a nova capacidade de criar riqueza, de fato podendo até criar um recurso na medida em que dote de valor econômico alguma coisa da natureza, não utilizada anteriormente para esse fim. A inovação não precisa ser técnica, não precisa ser uma coisa, não se restringe a uma invenção. Pode ser social também. Essencialmente ela consiste na concretização de ideias.[5] A importância da inovação deve ser compreendida principalmente sob dois pontos de vista. O primeiro reside nos impactos que as inovações podem provocar, como nos mostram vários episódios históricos. Sob este ponto de vista, inovação e, consequentemente, *entrepreneurship* seriam práticas bastante antigas. O primeiro *Homo sapiens* que enfrentou seu adversário munido de um enorme osso foi o primeiro empreendedor, pois inovou encontrando nova utilidade para o osso. À inovação, à capacidade de inovar é atribuído o desenvolvimento da nossa civilização.

O segundo ponto de vista sob o qual a inovação deve ser compreendida é o das organizações, pois atribui-se ao empreendedor a habilidade de edificar negócios que geram empregos e a habilidade de manter naturalmente a inovação sistemática no seu negócio, diferenciando-o e mantendo-o competitivo no mercado.

---

[3] FARREL, Larry C. *Entrepreneurship*: fundamentos das organizações. São Paulo: Atlas, 1993. p. 36, 149.
[4] DRUCKER, Peter F. (1987). Op. cit., p. 25.
[5] DRUCKER, Peter F. (1987). Op. cit., p. 39-47; FARREL, Larry C. Op. cit., p. 147-149.

A INOVAÇÃO SISTEMÁTICA[6]

A inovação sistemática consiste na busca deliberada e organizada de mudanças, bem como na análise sistemática das oportunidades que tais mudanças podem oferecer para a inovação econômica ou social. O espírito empreendedor pode ser desenvolvido por meio da prática da inovação sistemática, visto que a inovação é o instrumento próprio do espírito empreendedor. Especificamente, a inovação sistemática significa o monitoramento das sete fontes de uma oportunidade inovadora:

- o inesperado, o sucesso inesperado, o fracasso inesperado, o evento externo inesperado, que mudam a situação e abrem novas oportunidades.
- a incongruência entre a realidade como ela é de fato e a realidade como se presume ser ou como deveria ser pode haver uma enorme discrepância.
- a necessidade da inovação, obrigando a empresa a repensar seus processos.
- as mudanças na estrutura do setor industrial ou na estrutura do mercado em que a empresa atua, apanhando todos desprevenidos.
- as mudanças demográficas, levando a empresa a adaptar sua percepção do consumidor.
- as mudanças em percepção, disposição e significado, refletindo a dinâmica da sociedade.
- o conhecimento novo, tanto científico como não científico, que abre novas portas à empresa atenta.

Para Drucker, a inovação sistemática é o resultado de uma administração empreendedora que segue algumas diretrizes e práticas: a organização deve ser receptiva à inovação; a mensuração sistemática de desempenho é necessária, ou no mínimo uma apreciação; a empresa deve ter práticas coerentes com a estrutura organizacional, em termos de recursos humanos, remuneração, incentivos e recompensas que estimulem a busca incessante de inovações.

Num nível macroeconômico, o crescente interesse sobre o comportamento empreendedor reside no grande número de oportunidades de trabalho oferecidas pelas pequenas e médias empresas. Nos EUA, no período de 1965 a 1985 foram criados aproximadamente quarenta milhões de empregos nas pequenas empresas, enquanto nas grandes empresas começava a ocorrer redução de qua-

---

[6] DRUCKER, Peter F. (1987). Op. cit., p. 39-47.

dros.[7] Individualmente, estas pequenas empresas não apenas disputam as pessoas qualificadas, disputam também os mercados das grandes empresas que não mantiveram viva a cultura empreendedora que originou o próprio negócio, que se tornaram lentas e burocratizadas com o crescimento. Para estas últimas, a alternativa é o resgate do espírito empreendedor em cada um de seus funcionários, capaz de inovar constantemente e manter a empresa competitiva no mercado.

É o reconhecimento do valor da capacidade de inovação do empreendedor que o reveste de importância, levando à busca de conhecimento sobre seu comportamento. Por isso, *entrepreneurship* é discutida pelos autores principalmente por meio da observação do comportamento do empreendedor e suas práticas, de forma a captar os princípios que norteiam esse comportamento e posteriormente sistematizar tal conhecimento. Uma parcela resumida desses conhecimentos é o que veremos adiante.

Empreendimento e empreendedor

Entrepreneurship é a ação do empreendedor na construção de um negócio e que pode ser apreendida segundo alguns aspectos básicos praticados rotineiramente por esses indivíduos. O empreendedor é aquele que conquista um pedaço do mercado de grandes empresas complacentes, burocratizadas, com falta de ação inovadora, emperradas por um gerenciamento profissional que não manteve vivo o espírito empreendedor, por meio do aperfeiçoamento de suas práticas e fundamentos. O espírito empreendedor seria então o grande responsável pela criação e prosperidade de negócios de sucesso. Nesse caso, as empresas passariam a enfrentar problemas a partir do seu rápido crescimento e profissionalização dos níveis de gerenciais. A partir deste ponto, a forma de administrar passa a ser mais importante do que a maneira de produzir. Como decorrência, alguns autores questionam a mensagem de que qualquer coisa, de qualquer tamanho, esteja onde estiver, poderia ser bem administrada pela simples aplicação de técnicas de administração. A arrogância e a ignorância de alguns administradores profissionais se tornam empecilhos para um gerenciamento eficaz, o qual consiste em dar continuidade à cultura e à estratégia transmitidas pelos empreendedores, fundadores do negócio.[8]

---

[7] DRUCKER, Peter F. (1987). Op. cit., p. 1-4.
[8] FARREL, Larry C. Op. cit., p. 19-34.

O empreendedor é percebido como um indivíduo com um profundo senso de missão a cumprir, definindo esta missão por meio de *quais produtos fornecerá e para quais mercados*. Ele trata seus funcionários como colaboradores, consegue transmitir o senso de missão conquistando a dedicação de cada um para obtenção de resultados. Os fundamentos da empresa empreendedora são coisas simples, práticas, básicas e implantadas com obsessão. *Entrepreneurship* seria a ação do empreendedor fundamentada em uma clara definição de dois aspectos primordiais:[9]

A estratégia, ou seja, dar foco *no que* a empresa faz. Este *o que fazer* tem um só significado: quais produtos e quais clientes a empresa vai ter.

A cultura da empresa, indicando *como fazer*. Os empreendedores estabelecem a cultura de sua empresa por meio de suas ações, mostrando o que se deve e o que não se deve fazer. O empreendedor deve ser capaz de criar e manter a cultura da empresa. Ela é estabelecida pela vivência, por meio de valores, exemplos de atitudes, procedimentos e práticas diárias na condução do negócio, visando sempre aumentar a capacidade competitiva.

Para as empresas já engessadas na burocracia, a alternativa seria resgatar o foco no *cliente* e no *produto*, permitindo a redefinição clara de sua missão, o resgate da comunicação e a proximidade das pessoas aos focos, desmantelando as estruturas funcionais e reorganizando a empresa por meio dos fluxos reais de trabalho, os processos. A inovação deve ser estimulada e a liberdade para inovar deve ser permitida.

Adotar doutrinas é sempre uma atitude que tende a amarrar o funcionamento das empresas. Mas existem alguns princípios básicos, que contribuem para estimular a criação ou a manutenção de um espírito inovador.[10]

- Programar a inovação sem que haja necessidade premente é certeza de fracasso.
- Alguém deve ser pessoalmente responsável, embora todos devam sentir o calor ardente da necessidade.
- São fundamentais o sentimento de urgência e a criação de crises. O truque, na verdade, é administrar a crise em pequenas doses, regulares, criando pequenos tremores e não terremotos gigantescos.

---

[9] FARREL, Larry C. Op. cit., p. 35-36, p. 42.
[10] FARREL, Larry C. Op. cit., p. 147-155.

- É de bom senso adotar um método e experimentá-lo. No caso de falha, admitir francamente e experimentar outro. A única maneira de inovar é tentar algo, sempre.
- Inovação sem ação pode render um prêmio Nobel, mas não renderá clientes. Por isso, estimular a inovação não é suficiente; é preciso liberdade para agir. Os empreendedores movem-se com agilidade porque não têm de pedir permissão para seis níveis para poder agir.
- O gênio criativo do trabalhador comum deve ser libertado, ninguém conhece a empresa melhor do que ele.
- Focalize a inovação naquilo que pode mantê-lo competitivo. A única forma de assegurar que nada dê errado é focalizando a inovação nos produtos e nas relações com os clientes. Coloque-se em mangas de camisa e saia a campo. Inovações nos processos internos não podem perder de vista os resultados a serem obtidos em ambos os focos: produtos e clientes.
- Só quem manda pode livrar a empresa da burocracia. Não é a parte mais fácil do trabalho, mas os resultados são brilhantes. A companhia não explode; pelo contrário, as coisas ficam mais fáceis.

DESVENDANDO OS MITOS[11]

Empreendedores não nascem feitos, não são fabricados nem são pequenos gênios. Eles acontecem em função das circunstâncias. Seu objetivo final não é tornar-se milionário, as realizações são suas metas. Não possuem um caráter indefinido, não estão prontos a passar por cima da lei, nem estão à espreita de um trouxa para tirar vantagem. Sua análise de riscos é relativa; eles consideram mais arriscado deixar seu futuro nas mãos de outras pessoas. Ser empreendedor não significa abrir um negócio, mas se tornar competitivo.

Para transformar burocracias novamente em empresas empreendedoras, várias mudanças devem ser providenciadas. A primeira é desmontar a estrutura e reorganizá-la em unidades de negócios, com os processos reais de trabalho resgatados. Manter a empresa pequena e simples, recuperando as bases

---

[11] FARREL, Larry C. Op. cit., p. 166-168.

do negócio. Honestidade do pessoal dirigente, canais de comunicação eficazes e reaproximação das pessoas aos resultados do negócio favorecerão a conquista do envolvimento pessoal de todos os funcionários. Em última instância, o alcance do envolvimento pessoal de cada funcionário é a condição básica para resgatar o espírito empreendedor. Para manter esse envolvimento, Farrel aponta três caminhos: no primeiro, os funcionários tornam-se proprietários reais ou acionistas do negócio; no segundo, eles podem possuir um pedaço da empresa como *intrapreneurs*; e, no terceiro, todos seriam donos do próprio trabalho que realizam.[12] Os advogados da administração participativa acrescentariam que a simples participação nos lucros, sem caracterização de qualquer tipo de propriedade sobre o negócio, também seria um caminho.

Intrapreneuring

Intrapreneuring é um método para aplicar o espírito empreendedor onde muitas das melhores pessoas estão: nas grandes organizações.[13] Nestas empresas não há falta de boas ideias, mas dificuldade de implementá-las, resultando num estado de estagnação generalizado. Esse quadro resulta na falta de inovações e perda de competitividade em relação, principalmente, a concorrentes mais ágeis, que ou são pequenos, ou estão organizados como pequenos. *Intrapreneuring* permite juntar ao mesmo tempo as vantagens da grandeza e da pequenez.

Da mesma forma que Farrel, Pinchot III argumenta que esta é a alternativa para as empresas que ao amadurecerem trocaram a devoção *entrepreneur* por uma teia de sistemas burocráticos. Numa época de rápidas mudanças, a alternativa seria a estagnação e o declínio. *Intrapreneur* é o indivíduo que em vez de tomar a iniciativa de abrir o seu próprio negócio, toma a iniciativa de criar, inovar e buscar novas oportunidades e negócios para a organização na qual trabalha. É o empreendedor dentro da própria empresa, ansiosamente procurado por muitas organizações em todo o mundo e negligenciado por outras que não abrem os canais de comunicação necessários para que aflorem os indivíduos com esse espírito e com suas ideias e propostas.

---

[12] FARREL, Larry C. Op. cit., p. 199-221.
[13] PINCHOT III, Gifford. *Intrapreneuring*: porque você não precisa deixar a empresa para tomar-se um empreendedor. São Paulo: Harbra, 1989. p. 2-16, 168-221.

OS DEZ MANDAMENTOS DO *INTRAPRENEUR*[14]

1. Vá para o trabalho a cada dia disposto a ser demitido.
2. Evite quaisquer ordens que visem interromper seu sonho.
3. Execute qualquer tarefa necessária a fazer seu projeto funcionar, a despeito de sua descrição de cargo.
4. Encontre pessoas para ajudá-lo.
5. Siga sua intuição a respeito das pessoas que escolher e trabalhe somente com as melhores.
6. Trabalhe de forma clandestina o máximo que puder; a publicidade aciona o mecanismo de imunidade da corporação.
7. Nunca aposte em uma corrida, a menos que esteja correndo nela.
8. Lembre-se de que é mais fácil pedir perdão do que pedir permissão.
9. Seja leal às suas metas, mas realista quanto às maneiras de atingi-las.
10. Honre seus patrocinadores.

Essencialmente, a empresa que valoriza o espírito de *intrapreneuring* estimula as pessoas a concretizarem suas visões por meio do patrocínio e da liberdade de ação para agir. Ambos são traduzidos em alguns aspectos básicos: flexibilidade da estrutura, capital para investimento, crescente autonomia em função dos resultados, participação nos resultados. É necessária a constante renovação dos desafios para o *intrapreneur*, visto que seu perfil é normalmente voltado para realizações, de forma que ele não venha a se transformar em um gestor do negócio bem-sucedido. Se por um lado se pretende que a organização se torne um agrupamento de *entrepreneurs*, por outro, o método poderá liberar empreendedores que apenas por circunstâncias encontram-se tolhidos nas amarras das estruturas funcionais hierárquicas, mas que são aptos para desenvolver negócios. O que também não impede que a filosofia envolvida no método possa estender-se a todos os funcionários, tornando mais competitivos mesmo aqueles que continuariam subordinados aos gestores de negócios, os *intrapreneurs*.

Entrepreneurship e *intrapreneuring* se complementam

Entrepreneurship e *Intrapreneuring*, segundo a visão de Farrel e Pinchot III, são essencialmente complementares. Embora Farrel faça uma crítica explícita

---
[14] PINCHOT III, Gifford. Op. cit., p. 17.

à tentativa de Drucker de sistematizar princípios, práticas e doutrinas sobre inovação e espírito empreendedor, com vistas à sua aplicação generalizada nas empresas, os elementos apontados por um e outro não se confrontam. Farrel, porém, se detém mais no comportamento do empreendedor e em sua prática rotineira, tratando a inovação não como foco, mas como consequência do comportamento do empreendedor. A partir disso, torna-se possível extrapolar alguns princípios e práticas capazes de resgatar o espírito empreendedor nas grandes corporações, complementando assim a contribuição de Pinchot III.

Entrepreneurship é uma alternativa para resgatar a capacidade de inovação da empresa, como sendo a única forma de mantê-la competitiva, inclusive propondo a completa reorganização do negócio em função dos fluxos reais de trabalho e indicando a necessidade da reestruturação do negócio em função dos seus processos reais componentes. Assim, de certa forma, *entrepreneurship* antecipa uma necessidade, enfatizada posteriormente pela reengenharia: a reestruturação do negócio em seus processos reais componentes. Porém, não operacionaliza sua execução, particularmente para empresas de porte que se caracterizam pela complexidade de suas operações.

Por outro lado, a sistematização do conhecimento sobre o assunto, quer seja na linha de Drucker de propor um modelo, ou na linha de Farrel de não amarrar um método e apenas explicitar os princípios gerais, é certamente uma contribuição significativa a ser agregada à área de administração. Tal conhecimento é de aplicação imediata para as empresas de porte, que necessitam resgatar o espírito empreendedor para inovar e realinhar-se diante da concorrência global.

Num nível macroeconômico, *entrepreneurship* também é um tema de grande importância, haja vista que o desemprego tecnológico, mais visível após os processos de reengenharia ocorridos na década de 1990, só poderá ser contornado pela geração de oportunidades de trabalho. Estas, por sua vez, são função da capacidade empreendedora de uma economia e, em última instância, da capacidade empreendedora das pessoas. Embora no capítulo relativo ao desemprego *entrepreneurship* não seja tratada de forma explícita, implicitamente é um tema relacionado, posto que um dos recursos necessários à edificação de um novo negócio, qualquer que seja o setor, é a capacidade individual das pessoas de assumir riscos, decidir sob grande incerteza e fazer acontecer um negócio.

capítulo 15

Administração virtual

Introdução

Apesar da definição da palavra virtual encontrada nos dicionários da língua portuguesa estar se referindo ao sentido mais coloquial da expressão, encontramos outros significados para o verbete que se originam da física ótica. Nesse sentido, virtual pode ser entendido como o que se pode ver ou perceber, mas não é palpável, ou seja, o que quer que seja virtual não é constituído por matéria. Outro significado seria utilizado na indústria de informática quando se refere à memória virtual. Nesse caso, estamos nos referindo à potencialidade de expansão da memória por comandos específicos, bastando para isso a montagem adequada de acessórios.

É exatamente a riqueza de significados permitida pelo idioma que nos conduz a mais de uma interpretação do que seja a corporação virtual. Essas interpretações não se opõem necessariamente, ao contrário, complementam-se. Em vista dessas considerações e para que se possa identificar o que caracteriza uma organização denominada virtual, é necessário que em primeiro lugar se procure esclarecer o que é a corporação virtual sob o enfoque da administração empresarial.

Afinal, o que é a corporação virtual?

A corporação virtual se propõe a responder às pressões geradas pela crescente conscientização e exigência dos consumidores e pelo acirramento da concorrência em todos os setores da economia, por meio de respostas mais ágeis, maior eficiência, flexibilidade e redução de custos. A corporação virtual integra todas as inovações de modelos de administração, que se desenvolveram ao longo das últimas décadas em diferentes países e que serão reforçadas pelo processamento de informações em tempo real, permitido pelo avanço tecnológico. O surgimento desse tipo de organização ou desse modelo de gestão só se tornou possível graças à utilização de novas tecnologias e à crescente valorização do potencial humano.

Para alguns autores,[1] a administração virtual constitui um modelo de reengenharia. Essa postura parece aceitável, considerando-se sua característica de processo revolucionário de gestão. Entretanto, a corporação virtual apresenta especificidades, a exemplo do uso maciço de novas tecnologias.

Alguns autores veem nas pressões crescentes da década de 1990, especialmente no acirramento da concorrência, a origem do desenvolvimento de novas arquiteturas organizacionais.[2] Após a onda de fusões, aquisições *e joint ventures* que marcaram as duas últimas décadas, foi sugerida uma forma de organização que conseguisse reunir as vantagens das uniões clássicas, sem por isso pagar a alta conta da reestruturação cultural, comercial e organizacional. Alianças estratégicas,[3] por exemplo, seriam uma resposta. Elas consistem na união entre duas ou mais empresas, com o objetivo de cumprir tarefas específicas, porém sem a união física das instalações, mas com o compartilhamento do controle pelo fluxo de informações. Nesta linha, a corporação virtual seria uma versão mais acabada de uma aliança estratégica onde o trânsito de informações ocorresse em tempo real, permitindo seu compartilhamento, a troca de *expertise*, e, consequentemente, possibilitando respostas mais rápidas às oportunidades do mercado.[4] Nesse caso, ao contrário das fusões, aquisições *ou joint ventures*, a corporação virtual poderia até não existir fisicamente, pois não se trata necessariamente de constituir uma nova empresa, mas de somar capacidades e conhecimentos para que diferentes empresas desenvolvam um determinado trabalho conjunto.[5]

---

[1] KLEIN, Mark. The Virtual of Being a Virtual Corporation. In: *Best's Review*, out., 1994. p. 88-94.
[2] NADLER, David A.; GERSTEIN, Marc S.; SHAW, Robert B.; Associados, *Arquitetura organizacional*. Rio de Janeiro: Campus, 1994. Segundo os autores, a arquitetura organizacional engloba "todos os sistemas, estruturas, processos de administração, estratégias etc., que constituem o *modus operandi* da empresa. Inclui a estrutura formal, o projeto de práticas de trabalho, a natureza da organização informal, os processos de seleção, socialização e desenvolvimento de pessoal".
[3] LEWIS, Jordan D. *Alianças estratégicas*. São Paulo: Pioneira, 1992. p. 1-6, 113-114, 175-188.
[4] DYSON, Ester. The Virtual Visible Corporation. *Computer World*, USA v. 29, n. 5, 30/01/95, p. 37; HITCHCOCK, Nancy. Trafalgar squared or how to be much more than the sum of your Paris. *CIO*, UK v. 7, NP 15, 15/05/94. p. 3-62; KING, Julia. Network tools of the virtual corporation. *Network World*, USA v. 11, n. 14, 04/04/94. p. SS28-SS30.
[5] BOTTOMS, David. Back to the Future. *Industry Week*, USA, v. 243, n. 18, 03/10/94. p. 61-62; JOHNSON, Bradley. Microsoft-NBC: A virtual corporation. *Advertising Age*, USA, v. 66, n. 21, 22/05/95, p. 23.

Uma análise mais detida, porém, concluirá que a corporação virtual tanto pode ser uma aliança de empresas, como uma única empresa; tanto pode ter amplas instalações, como existir apenas num computador pessoal; por fim, também pode ser uma *joint venture* ou uma pequena empresa. Isto porque, essencialmente, a corporação virtual é um negócio baseado nas informações em tempo real,[6] apesar de envolver vários aspectos intrinsecamente relacionados, principalmente globalização, alianças estratégicas, terceirização, redes de informações, relações de cooperação e *core competencies*.[7]

Resgatando o trabalho de alguns autores

Uma análise mais detida do que seja a corporação virtual parte da proposta de Davidow & Malone,[8] que cunharam a expressão. Em seguida, resgata o trabalho de autores que procuram explicar as mudanças em curso na sociedade, por meio da sucessão de ciclos econômicos provocada pelo desenvolvimento tecnológico associado à evolução da demanda dos consumidores. Nesta linha de análise, a corporação virtual seria a moderna denominação de um fenômeno previsto desde o advento da indústria de informática na década de 1960, aproximadamente.

Toffler[9] demonstra que a evolução da humanidade ocorre pela sucessão de ondas de civilização, cada uma delas com características intrínsecas particulares, tais como: valores, tecnologias, relações geopolíticas, estilos de vida, modos de comunicação. São exatamente os períodos de crise, de grandes mudanças aparentemente não relacionadas, de deterioração e aparente colapso da humanidade, que indicam o nascimento de uma nova civilização, conflitante com a civilização em curso.

---

[6] DAVIDOW, William H.; MALONE, Michael S. A *corporação virtual*. São Paulo: Pioneira, 1993; DAVIS, Stanley M.; DAVIDSON, Willian H. *Visão 2020*. Rio de Janeiro: Campus, 1993.
[7] *Core competencies* são as competências essenciais da empresa, básicas para o seu negócio.
[8] DAVIDOW; MALONE. Op. cit.
[9] TOFFLER, Alvin. A *terceira onda*. 4. ed. Rio de Janeiro: Record, 1980.

OS CICLOS DE DESENVOLVIMENTO SUCESSIVOS[10]

Três civilizações podem ser caracterizadas na história da humanidade. Toffler utiliza-se da metáfora de ondas sucessivas para denominar cada uma dessas civilizações:

- **a primeira onda** corresponde à civilização agrícola, que durou cerca de 10.000 anos.

- **a segunda onda** corresponde à civilização industrial, que resultou numa sociedade de consumo de massa, com alta concentração de capital e poder; baseada na padronização, no sincronismo, na produção seriada, na divisão do trabalho, na especialização, no gigantismo das instituições. Essa civilização perdurou cerca de 300 anos e ainda não estaria extinta. Na década de 1980 esta fase se encontraria em crise devido ao choque com a terceira onda nascente.

- **a terceira onda** corresponde ao que o autor denomina de "sociedade superindustrial", uma civilização nascente dos anos 1970 e que nos anos 1990 estaria no seu auge. Corresponde à civilização que vivemos hoje. Esta fase caracteriza-se por novos estilos de vida, diversificação, heterogeneidade, busca da customização da produção, flexibilidade, novos valores no convívio social, famílias não nucleares, busca da simplificação das estruturas sociais, de autonomia, de estruturas políticas mais democráticas.

Embora a sucessão de ondas de mudanças profundas seja considerada em um amplo contexto sócio-político-econômico-ambiental e ainda que o próprio autor se utilize quase que exclusivamente da metáfora – a terceira onda – para denominar a civilização corrente nos dias de hoje, a questão do desenvolvimento tecnológico permeia toda a argumentação, estando no âmago das mudanças. E a tecnologia, criada pelo próprio homem, transformando continuamente a humanidade a ponto de provocar rupturas e favorecer a sucessão de civilizações, completamente diferentes em seus valores, hábitos, costumes.

Davis e Davidson[11] também discutem o impacto provocado pelas mudanças tecnológicas, propondo que, da mesma forma que os seres vivos, produtos, mercados e negócios, também a humanidade se desenvolve em ciclos. As economias têm um ciclo vital, baseadas no desenvolvimento tecnológico e

---

[10] TOFFLER, Alvin. Op. cit.,
[11] DAVIS; DAVIDSON. Op. cit., p. 1-42.

na demanda de mercado. Cada ciclo vital apresentaria quatro fases: gestação, crescimento, maturidade e envelhecimento. Ocorrem momentos de ruptura quando um ciclo não é extinto, mas absorvido pelo novo ciclo que desponta. Novas oportunidades, renovação dos produtos baseados na velha tecnologia, nascimento de novos setores de negócios e morte de outras tantas empresas são consequência do impulso tecnológico desses momentos de ruptura, onde um ciclo envelhecido entra em choque com o novo ciclo antes de ser completamente absorvido por ele.

A SUCESSÃO DE CICLOS ECONÔMICOS[12]
- primeiro ciclo – economia agrícola
- segundo ciclo – economia industrial
- terceiro ciclo – economia da informação
- quarto ciclo – bioeconomia

Hoje, no final dos anos 1990, já estaríamos na metade do terceiro ciclo vital, denominado economia da informação. Este ciclo teria começado nos anos 1950, e estaria agora na fase de crescimento, absorvendo o ciclo anterior e provocando a completa renovação dos negócios que amadureceram na era industrial. A expansão dos produtos e serviços oferecidos por meio da internet[13] não mais nos surpreende, tampouco o investimento das empresas e instituições nos produtos inteligentes.[14]

Ao todo identificam-se quatro ciclos: o primeiro foi a economia agrícola; o segundo, a economia industrial; o terceiro, a economia da informação; e o quarto, a bioeconomia, esta última nascente nos anos 1990. Nesta sucessão de ciclos de desenvolvimento, ao mesmo tempo em que um ciclo é absorvido pelo seguinte, ele também é o suporte do qual depende o ciclo nascente. Cada ciclo depende de determinada infraestrutura tecnológica, que deve expandir-se para permitir a transformação econômica e o posterior crescimento. Até a fase de

---

[12] DAVIS & DAVIDSON. Op. cit.
[13] GILDER, George. O Furacão da Rede Apenas Começou. Entrevista publicada na revista *Exame*, Ano 29, n. 7, 27/03/96. p. 66-68.
[14] NEGROPONTE, Nicholas. Consultar sua entrevista publicada pela revista *IstoÉ*, 27/03/96. p. 5-7. Nicholas Negroponte é fundador e dirigente do *Media Lab* do *Massachusetts Institute of Technology – MIT*, Cambridge, EUA.

crescimento, as empresas que se renovam com a nova base tecnológica obtêm vantagem competitiva, mas, no final do ciclo, a tecnologia passa ao domínio do conhecimento comum e novo salto tecnológico é necessário para renovação, trazendo um novo ciclo econômico.

Quanto à administração, é considerada a distinção entre empresa e organização:[15]

- a empresa aplica recursos para criar produtos e serviços que atendam às necessidades do mercado;
- a organização é a maneira pela qual estes recursos são administrados, compreendendo estrutura, sistemas, funcionários e cultura.

Esta distinção ajuda a manter o foco no porquê as pessoas estão administrando e não na maneira pela qual administram, permitindo encontrar as bases necessárias para a mudança da organização em função dos negócios futuros, da empresa futura. A forma da organização deve seguir a função do negócio.

Não é por acaso que o negócio se revitaliza primeiro e somente depois a organização se adéqua a ele. Considerando-se a sucessão de ciclos, isso explica o porquê de os novos modelos de organização surgirem de negócios nucleares, baseados na principal tecnologia do ciclo em ascensão.

No início da revolução industrial nos EUA, por exemplo, os modelos vieram das ferrovias, que estavam no centro da incipiente economia industrial. Em seguida, tivemos Ford e Sloan na indústria automobilística, que passou a ser o núcleo da economia industrial e que permanece até hoje. Nesta linha, não seria prematuro vislumbrar que a indústria de informática, infraestrutura em crescimento deste terceiro ciclo, venha a ditar novos modelos de organização, como parece já estar acontecendo na Microsoft de Bill Gates. Ou talvez a Microsoft da era da informação seja apenas equivalente às ferrovias da era industrial, cabendo a Andreessen, da Netscape, levar este ciclo econômico ao seu amadurecimento, como fizeram Ford e Sloan.[16] Segundo Andreessen, que se declara capaz de provar que a Microsoft já está ultrapassada, "em dez anos nós vamos olhar para trás e perguntar o que era mesmo aquela história de Windows".[17]

---

[15] DAVIS; DAVIDSON. Op. cit., p. 83-109.
[16] *Exame*, n. 24, 1995, p. 14; DAVIS; DAVIDSON. Op. cit., p. 16-20.
[17] MARTINS, Ivan. Começou a guerra dos navegadores. In: *Exame,* ano 29, n. 10, 1996. p. 112-114.

A INDÚSTRIA DE INFORMÁTICA É A TECNOLOGIA DE INFRAESTRUTURA DO TERCEIRO CICLO, BASEADA NA INFORMAÇÃO EM TEMPO REAL[18]

Para Davis e Davidson, a informação deve ser compreendida em dois aspectos essenciais:

- **forma** – diz respeito à sua aparência e estrutura, como dados, texto, som e imagem;
- **função** – refere-se às ações ou atividades desempenhadas em relação à informação, que podem ser de *geração, processamento, armazenamento e transmissão*.

Essa arquitetura da informação é resultado da integração da indústria de informática com a indústria de telecomunicações, mostrando as várias combinações possíveis entre forma e função, permitindo vislumbrar as tendências, oportunidades e possíveis impactos para a economia.

Espera-se que novos modelos de administração surjam no início do terceiro milênio, quando a infotecnologia tiver alcançado sua combinação máxima, que é a completa fusão de todos os aspectos desta arquitetura da informação.

Já Davidow e Malone[19] classificam as informações em quatro categorias distintas: informações de conteúdo, de forma, comportamentais e de ação. Combinando essa classificação com a arquitetura da informação descrita acima, poderíamos acrescentar mais uma função da informação, perfazendo um total de cinco: *geração, processamento, armazenamento, transmissão e ação*.

Os negócios que são pura informação serão globalizados primeiro.[20] A distância e o isolamento de qualquer comunidade poderão ser superados. Mesmo que eventualmente de forma forçada, caminhamos definitivamente para uma economia global. Nela será facilitada a formação de alianças estratégicas entre empresas, aumentando seus potenciais competitivos, ampliando o acesso a recursos externos, minimizando riscos e compartilhando o controle por meio do fluxo de informações em tempo real.[21] A terceirização também será fortalecida

---

[18] DAVIS; DAVIDSON. Op. cit., p. 10-16.
[19] DAVIDOW; MALONE. Op. cit., p. 63-68.
[20] COATES, Joseph F. Managing Scientists in the Virtual Corporation. *Research Technology Management*, USA, v. 37, n. 6, nov./dez. 1994. p. 7-8.
[21] LEWIS, Jordan D. Op. cit., p. 1-6, 113-114, 175-188.

de forma generalizada, permitindo que as empresas se focalizem no seu principal negócio.[22]

Finalmente, o quarto ciclo econômico, denominado bioeconomia, repousa sobre uma infraestrutura tecnológica que já se encontra em pleno desenvolvimento nos dias de hoje: inteligência artificial, engenharia genética e miniaturização.[23]

A ECONOMIA BASEADA NA INFORMAÇÃO EM TEMPO REAL PERMITIRÁ OBTER:[24]

- **produtos personalizados;**
- **respostas mais rápidas;**
- **produção no ponto de entrega;**
- **redução dos custos e despesas fixas;**
- **redução de estoques e capital de giro;**
- **melhor precisão e padrão dos produtos e serviços;**
- **ligação orgânica entre todas as partes envolvidas no negócio;**
- **efetiva globalização de mercados.**

A revolução da informação

As abordagens de Davis e Davidson e de Toffler se complementam, parecendo coerentes com a realidade dos anos 1990 e com as tendências que já se fazem sentir. A proposta de ciclos econômicos, analisados num nível macro, permite abstrair que dentro de cada um dos quatro ciclos discutidos ocorram ciclos menores, que se sobrepõem. Ela sugere até que um grande ciclo de desenvolvimento econômico seria o resultado da sobreposição destes pequenos ciclos.

A proposta de sucessão de ciclos econômicos baseados no desenvolvimento tecnológico está no cerne da discussão sobre o que é a corporação virtual, levantada por Davidow e Malone. É a revolução da informação, transformando toda a sociedade. A corporação virtual é apenas uma das consequências.

---

[22] SHERMACH, Kelly. Outsourcing seen as a way to cut costs retain services. *Marketing News*, USA, v. 29, n. 13, 19/06/95. p. 5-8; IOANNOU, Lori. Help With Expatriates. USA, *International Business*, jul. 1995, p. 12.
[23] NEGROPONTE, Nicholas. Op.cit.; DAVIS; DAVIDSON. Op. cit., p. 139-159.
[24] DAVIS; DAVIDSON. Op. cit., p. 42-55.

TOYOTA CITY[25]

Com o aumento dos custos de venda de automóveis de porta em porta, a Toyota começou uma mudança gradual para revendas no Japão. A primeira coisa que um cliente japonês encontra ao entrar em uma loja de revenda é um terminal de computador onde todas as informações do comprador são cadastradas ou atualizadas. A seguir, o sistema sugere os modelos mais adequados às necessidades da família, inclusive os preços correntes, além de informações a respeito de seguros, financiamento e até condições de estacionamento. Os carros podem ser encomendados sob medida e entregues em questão de dias. Este sistema é parte integrante do sistema de informações geral da empresa, que inclui o gerenciamento dos suprimentos e da fabricação. Ou seja, consumidor, fabricante e os diversos fornecedores comunicam-se *on-line*, eliminando diversas perdas no sistema, tais como tempos de espera, estoques, capital de giro.

Toyota City não é um caso isolado. Trata-se de uma empresa inserida em um ambiente onde o governo, além do simples reconhecimento do poder da informação, está comprometido com a implantação de um projeto nacional de comunicações, como o alicerce para o desenvolvimento no século XXI.

A corporação virtual não é ilusão; ela é bastante real, depende de tecnologia e de pessoas reais, que devem se estruturar para bem relacionar-se. A corporação virtual também tem fronteiras, porém não entendidas com a mesma rigidez da estrutura da organização até há pouco tempo. Desde a década de 1970 o enfoque sistêmico vem propondo que as fronteiras são móveis, permeáveis, dependentes do tomador de decisões e de suas habilidades.[26] Na verdade, as fronteiras pretendem delimitar o alcance do controle dos *shareholders* – acionistas ou proprietários. Mesmo assim elas podem ser ampliadas, criando uma zona fronteiriça de influência, por meio do marketing de relacionamento. Além disso, o paradigma de poder que prevalece, apoiado no paradigma da legislação vigente, continuará sustentando a existência de fronteiras ou regiões de transição até onde se estendem o controle e a responsabilidade dos decisores de um empreendimento.

---

[25] WOMACK, James P.; JONES, Daniel T.; ROOS, Daniel. *A máquina que mudou o mundo*. Tradução de Ivo Korytovski. Rio de Janeiro: Campus, 1992. p. 133-189; DAVIS; DAVIDSON. Op. cit., p. 113-118; DAVIDOW; MALONE. Op. cit., p. 50-53.
[26] KAST, Fremont E.; ROSENZWEIG, James E. *Organização e administração*: um enfoque sistêmico. 2. ed. São Paulo: Pioneira, 1980, , v. I. p. 121-150.

A gestão da corporação virtual

Davidow e Malone[27] propõem uma nova espécie de empresa: a corporação virtual, uma empresa baseada nas informações em tempo real. A corporação virtual é o resultado da revolução da informação, que se tornou possível pela fusão de tecnologias, principalmente da indústria de informática com a indústria de telecomunicações.

Da mesma forma que a invenção da máquina a vapor e suas aplicações resultaram na revolução industrial no século XVIII, o cerne da atual era da informação é o processamento da informação. Os circuitos integrados de semicondutores e os computadores são os motores do processamento da informação, cuja capacidade vem se multiplicando numa potência de dez a cada dois anos.

O SISTEMA "PLANETÁRIO" EM 1781[28]

Em 1781, William Murdock, assistente do fabricante de instrumentos James Watt, desenvolveu um sistema de engrenagens chamado *planetário*. Ele convertia o movimento do pistão do novo e celebrado motor a vapor de Watt em força rotativa para acionar um eixo. O impacto dessa simples transferência de força foi, por qualquer parâmetro, espantoso. O historiador de tecnologia James Burke escreveu: "Um ano depois da patente do sistema planetário em 1781, todos os gráficos sobre a economia britânica iniciam uma forte curva para cima".

Uma das razões para esse efeito imediato foi dada pelo mestre de fundição Henry Cort, que utilizou o motor de Watt em 1782 em um novo processo para a produção de ferro forjado. O sistema de Cort, quinze vezes mais produtivo que as técnicas convencionais, tornou possível, de um momento para outro, construir estruturas com ferro mais barato que construí-las com madeira, provocando uma explosão na construção de edifícios, maquinaria, pontes e, com o tempo, ferrovias.

O resultado desta e de outras aplicações da nova tecnologia de força foi a Revolução Industrial, a mais fundamental reorganização da humanidade desde o avanço da agricultura e das cidades, 7.500 anos antes.

---

[27] DAVIDOW; MALONE. Op. cit., p. 1-17.
[28] DAVIDOW; MALONE. Op. cit., p. 1-2.

É esse desenvolvimento tecnológico que permeia as transformações da sociedade e que deverão alcançar seu auge na primeira década do século XXI, quando então encontraremos amadurecida a corporação virtual que hoje só podemos vislumbrar.

A administração virtual repousa no **domínio da informação em tempo real e na confiança dos relacionamentos**.[29] Ela exigirá trabalhadores qualificados, confiáveis e preparados, colaboradores com elevado espírito de trabalho de equipe. A confiança dos relacionamentos deve ser compreendida no seu sentido mais amplo, tanto nos relacionamentos internos à organização quanto nos seus relacionamentos com o mercado. O que não significa diminuição do controle, pelo contrário, ele tende a tornar-se mais rigoroso. Na verdade, caminhamos para o controle *on-line*, internamente à organização, por meio de redes corporativas – as *intranets* – que já começam a se desenvolver nas corporações americanas[30] e que bem poderão incluir a rede de fornecedores credenciados além de todas as empresas associadas ou aliadas. Externamente à organização, a internet já se encontra incluída na agenda dos executivos. A confiança no relacionamento com funcionários, por exemplo, significa pessoas preparadas podendo trabalhar a qualquer distância, com ampla autonomia nas decisões relativas à tarefa, devendo porém apresentar os resultados esperados.

O domínio da informação em tempo real significa controle e supervisão *on-line* de todos os processos envolvidos no negócio, do fornecedor ao controle da disposição final dos produtos e seus impactos ambientais, dos movimentos da concorrência às alterações do ambiente institucional.

O desenvolvimento das comunicações e a qualificação das pessoas permitirão superar as vastas estruturas hierárquicas que eram adequadas para a época onde as comunicações a distância eram difíceis e que na era da informação não mais se justificam. Hoje em dia é possível tomar decisões no local onde os fatos e problemas acontecem, ou mesmo a distância dos fatos, graças ao controle em tempo real, a qualquer distância. Estruturas simples, adaptáveis, com pessoas evoluindo para a autogestão e, portanto, mais sensíveis ao mercado, também são consequência.

---

[29] DAVIDOW; MALONE. Op. cit., p. 6-9; DAVIS, Tim R. V.; DARLING, Bruce L. How virtual corporations manage the performance of contractors: the super bakery case. *Organizational Dynamics*, USA, v. 24, n. 1, verão, 1995. p. 70-75; DAVIDSON, Alistair; CHUNG, Mary. Software tools and systems: ten key trends. *Planning Review*, USA, v. 23, n. 2, mar./abr., 1995. p. 28-30.
[30] MARTINS, Ivan. Começou a Guerra dos Navegadores. *Exame*, ano 29, n. 10, 1996. p. 112-114.

A corporação virtual reúne todas as inovações de modelos de administração que se desenvolveram ao longo das últimas décadas em diferentes países, em especial Alemanha, Itália, Japão, Suécia e EUA. Na verdade, propõe-se que a corporação virtual será o resultado da integração dessas inovações, reforçadas pelo processamento de informações em tempo real que o avanço tecnológico possibilita.

O BANCO VIRTUAL[31]

Consumidores pragmáticos sonham com o dia em que finalmente vão poder aposentar a velha carteira de notas e o cartão de crédito magnético e aderir ao *smart card*, o dinheiro eletrônico, com o qual pagarão pequenas e grandes despesas. Melhor somente a facilidade, na qual vêm pensando algumas instituições financeiras e o comércio, de transformar as ATM – *Automated Tefier Machines*, em birôs multisserviços onde se poderia, entre outras coisas, comprar uma Coca-Cola ou encomendar os ingressos para o teatro, além de pagar as contas triviais.

Se banco do futuro é rigorosamente sinônimo de banco virtual e se assim se considera qualquer solução de informática/telecomunicações capaz de permitir o acesso dos clientes aos serviços, sem que estes precisem sair de casa ou do escritório, não há dúvida: o futuro já chegou, chama-se *home office banking*.

Para Odécio Grégio, diretor do Bradesco, o princípio do banco virtual é de que todos os serviços devem levar a agência para a casa ou para o escritório do cliente e possibilitar uma interação com o sistema. Em outras palavras, banco virtual é toda solução que tira o cliente da agência, o que reduzirá os custos operacionais. Os cerca de 240 bancos brasileiros, cuja participação no PIB – Produto Interno Bruto já sobe a 10%, em se tratando de automação não perdem nem mesmo para as instituições que operam em países de economia industrializada. A FEBRABAN – Federação Brasileira das Associações de Bancos estima que em 1995 os projetos de informática e telecomunicações por eles desenvolvidos vão demandar US$ 5 bilhões, contra US$ 4,1 bilhões de 1994 e US$ 3 bilhões de 1993.

Apesar de não se saber ao certo que parte dos investimentos diz respeito especificamente ao desenvolvimento de soluções encaixadas no conceito de banco virtual, estima-se que 30% dos investimentos estariam voltados para os serviços de atendimento ao consumidor e os 70% restantes ainda corresponderiam a projetos de infraestrutura, desenvolvimento da chamada retaguarda das agências.

---

[31] Consultar o *Suplemento especial de automação bancária*, *Computer World*, Edição n. 139, 23/10/95.

A estrutura da corporação deverá ser pensada a partir do cliente que ela pretende atender, perdendo seus contornos rígidos. Assume-se assim a permeabilidade, a mutabilidade e a movimentação das fronteiras. Na verdade, a intensa interação com os clientes, permitida pelo rápido fluxo de informações, fará com que a corporação virtual pareça menos um empreendimento distinto e mais um nó numa vasta rede de interações e atividades, onde os clientes tenderão cada vez mais a gerenciar o negócio.

Seu ambiente será de imprevisibilidade, muita responsabilidade, transmutação contínua em todos os seus aspectos, inclusive nos papéis que as pessoas desempenham na sua estrutura.

Mas os produtos e serviços continuam existindo de fato, com todas as dificuldades inerentes à gestão de sua produção, ainda que a produtividade dos processos aumente devido aos recursos tecnológicos disponíveis nesta nova era. A diferença significativa é a rapidez e a proximidade que uma economia baseada na informação em tempo real permite.

O QUE É UM PRODUTO VIRTUAL?[32]

Produto virtual é aquele que pode estar disponível a qualquer momento, em qualquer lugar e em qualquer variedade, sendo produzido graças ao processamento das informações, à dinâmica organizacional e aos sistemas de fabricação. O produto ou serviço virtual ideal é produzido instantaneamente, sob medida, em resposta à demanda do cliente. Ele quase sempre existe antes de ser produzido: seu conceito, projeto e fabricação estão armazenados nas mentes de equipes cooperativas, em computadores e em linhas de produção flexíveis.

O desenvolvimento de produtos virtuais exige uma rede de informações sobre mercados e necessidades de clientes, sua combinação com novos métodos de projeto e processos de produção integrados por computador, unindo funcionários, fornecedores, distribuidores, varejistas e clientes.

Quanto ao papel da gerência, Davidow e Malone argumentam que não há diferença entre a gerência como a conhecemos hoje e a gerência da corporação virtual do futuro, visto que a função básica da gerência é produzir resultados.

---

[32] DAVIDOW; MALONE. Op. cit., p. 3-6.

Porém, os métodos serão diferentes e caberá à gerência assegurar o funcionamento tranquilo dos processos. O papel da gerência será mais o de facilitar um trabalho de equipe, onde as pessoas gerem suas próprias atividades, caminhando para a autogestão e reforçando a mudança para um novo paradigma de liderança (Ver Capítulo 11). O gerente assumirá uma extensão muito maior de controle. A tecnologia e a qualificação dos trabalhadores, de um lado, permitirão a simplificação da estrutura organizacional e, de outro, possibilitarão o controle centralizado, com a tomada de decisões descentralizada. Dentro dos princípios subjacentes à corporação virtual, o controle está implícito no contrato de trabalho, formal ou informal e na própria tarefa realizada. O controle, porém, continua sendo um dos pontos-chave da gestão. Ele está intimamente relacionado aos resultados apresentados e, diante das possibilidades permitidas pela tecnologia, tende a ficar mais complexo, no sentido de exigir um *design* de rede que conecte todos os parceiros.[33]

VITRINE VIRTUAL[34]

Várias empresas, como o Mappin e o Ponto Frio e o Pão de Açúcar, dispõem de *home pages* na internet com catálogos de produtos, suas fotos e preços. Mas, ao contrário do Grupo Imagem, estas lojas não fazem venda direta pela infovia. Informam um número de telefone para o consumidor ligar e fazer seu pedido. Isto porque a transmissão de informações confidenciais (como números de cartões de crédito) pela Internet ainda não é à prova da ação dos piratas do ciberespaço. Só será quando gigantes como a Microsoft, a Netscape, a Visa e a MasterCard desencadearem a maior revolução no dinheiro desde a invenção do papel-moeda. Trata-se do *e-cash* ou dinheiro eletrônico, equivalente em valor às cédulas e impossível de falsificar. Os consumidores terão no bolso cartões que funcionarão como carteiras eletrônicas e abrirão nos bancos contas-correntes virtuais. Quando surgir, o *e-cash* ajudará a aumentar o volume de vendas na internet, tornando-a um dos principais shopping centers do globo.

---

[33] FINNERAN, Michael R. Tough gets tougher: intercompany data networking. *Business Communication Review*, USA, v. 25, n. 9, set., 1995. p. 78-80.
[34] *IstoÉ*, 20/03/96, p. 74.

Uma relação de dependência mútua *on-line* vai caracterizar as relações entre as empresas e entre a organização e os *stakeholders* – todos os grupos interessados no negócio. Os custos de transação considerados na nova teoria econômica da firma tendem a diminuir, o que favorece a terceirização ou a explosão do empreendimento em unidades autônomas segundo as conveniências dos custos e especificidades envolvidas no processo.

O HOSPITAL VIRTUAL[35]

Dentro de uma ambulância um paciente está em estado grave. Perto dele um médico jovem, com pouca experiência neste tipo de atendimento, tenta dar os primeiros socorros. Mas a situação se complica. Neste momento, muito longe daquele local, entra na operação de socorro um outro médico, profissional bem mais experiente, capaz de comandar com tranquilidade uma situação como essa. Ele está no hospital para onde o paciente será levado. Em sua sala, recebe todas as informações sobre os sinais vitais da vítima. Esse médico também vê por uma tela de televisão o próprio paciente. É como se ele estivesse lá. Diante da imagem e dos dados sobre o estado da vítima, passa as instruções para o colega que está na ambulância, até que o salvamento tenha sido realizado.

Situações como essa, que a princípio parecem ser privilégio do futuro, poderão ocorrer mais breve do que se imagina. Elas estão previstas para acontecer no hospital virtual, um projeto inovador que acaba de ser desenvolvido pela USP – Universidade de São Paulo. É uma forma de ajudar na formação dos profissionais de saúde, de aprimorar os exames diagnósticos e, principalmente, de tornar mais seguro, rápido e eficaz o atendimento a longa distância. Da central do hospital virtual, o médico pode não só orientar o colega que está no local, como também alterar as coordenadas dos equipamentos que estão monitorando o estado de saúde do paciente. O método pode ser utilizado não só para pacientes que necessitam de atendimento de urgência, mas também para aqueles que não se encontram em estado tão grave, embora precisem de acompanhamento. A recuperação de uma cirurgia simples, sem muita gravidade, por exemplo, poderia ser feita em casa, sob as vistas de uma equipe de profissionais que ficaria no hospital.

Esse sistema eliminaria o trânsito do paciente, a sua internação e os custos que resultam disso. Restaria apenas o trânsito de informações.

---

[35] PEREIRA, Cilene. *IstoÉ*, 06/12/95, p. 57.

A chave para a corporação virtual é o controle dos resultados e não necessariamente a propriedade dos processos. Por isso, não surpreende que uma corporação virtual também possa assumir a forma de algum tipo de aliança entre duas ou mais empresas. O negócio resultante poderá até prescindir das instalações físicas convencionais, servindo-se das instalações de cada uma das empresas do consórcio, maximizando as potencialidades de cada uma delas e diminuindo os riscos do novo empreendimento. Ou mesmo reforçando a terceirização. Ambas as alternativas, alianças estratégicas e terceirização, permitirão que as empresas se focalizem nas suas *core competencies*.[36]

A virtualidade deve ser entendida sob pelo menos dois pontos de vista distintos. O cliente a percebe como um atendimento instantâneo aos seus desejos. A empresa parece existir a qualquer hora, em qualquer lugar, potencialmente pronta para atendê-lo.[37] É desta percepção de *realidade virtual* que deriva um dos significados do que seja *virtual*. Porém, do ponto de vista da empresa, genericamente, virtual é todo o negócio baseado nas informações em tempo real, inclusive suas relações com o meio ambiente onde se insere o seu mercado global.

A economia virtual não extingue as economias anteriores; ela as transforma, aumentando sua produtividade. A agricultura continua básica para a alimentação da população, a indústria continua básica para a transformação, ambas gerando necessidade de serviços e a riqueza para comprar estes serviços. A corporação virtual ofertará produtos e serviços, tradicionais e inovadores. Alguns negócios desaparecerão e outros tantos serão criados, porém todos eles serão baseados na infraestrutura tecnológica da terceira era, todos serão baseados em informações em tempo real.

Muito da proposta de Davidow e Mallone, talvez até sua totalidade, não é realmente nova, apenas a moderna denominação corporação virtual. Podemos encontrá-la desenvolvida em vários graus em empresas estabelecidas. O que realmente revoluciona é a tecnologia que está por trás de velhos modelos.

---

[36] PINCHOT, Gifford. Two Types Of Competition. *Executive Excellence*, USA, v. 11, n. 4, abr., 1994, p. 19.
[37] DAVIDOW; MALONE. Op. cit., p. 4; KORMAN, Richard. Diversification Fits Fluor. *ENR*, USA, v. 234, n. 23, 12/06/95. p. 9-10.

OS MANDAMENTOS DA CORPORAÇÃO VIRTUAL VITORIOSA

Margaret Duffy, baseada em anos de experiência acadêmica e profissional, identificou alguns aspectos fundamentais na filosofia administrativa da corporação virtual bem-sucedida:[38]

- liderar mudanças, em vez de ser refratário a elas;
- promover a necessidade de comunicação e a liderança simbólica, com um zelo religioso;
- tornar-se perito em comunicações e ser generalista, ouvindo as opiniões de todos;
- eliminar as paredes entre os departamentos;
- atualizar continuamente os aspectos dos quais a empresa depende para seu sucesso estratégico.

Quais empresas se tornarão virtuais?

As argumentações inseridas ao longo da exposição do pensamento dos vários autores apresentados apenas enfatizam alguns aspectos, visando compreender a sucessão das mudanças que se verificam na sociedade onde as empresas se inserem.

Do exposto conclui-se que qualquer empresa, de qualquer setor, de qualquer porte, potencialmente poderá transformar-se numa corporação virtual, entendida como um negócio baseado em informações confiáveis *on-line*. Na verdade, ao observarmos a evolução tecnológica da nossa civilização, isso não é surpreendente. É possível fazer análises realistas dos impactos que a revolução da informação está provocando, principalmente ao nível institucional. Acreditamos que os impactos mais visíveis se farão sentir inicialmente nos sistemas educacionais e nos níveis de emprego. No primeiro caso, porque a corporação virtual exige pessoas mais qualificadas. No segundo caso, porque permite a expansão da automação e aumenta a produtividade dos vários processos, tendendo portanto, caso não haja ampliação proporcional nas vendas da empresa, a gerar desemprego.

---

[38] Ten prescriptions for surviving and thriving in the virtual organization. *Public Relations Quarterly*, verão, 1994. p. 28-31.

Do ponto de vista das organizações consideradas individualmente, as empresas estão fazendo o que é necessário para a sua sobrevivência no mercado globalizado.[39] As empresas dependem das melhorias na qualidade e produtividade, proporcionadas pelas novas tecnologias, mantendo assim sua competitividade.

Outro aspecto a ser considerado ao nível institucional é o que diz respeito à legislação que deverá vigorar no *cyberspace*. "A comunidade virtual do ciberespaço expande-se tão rapidamente, que a maioria das pessoas que fazem leis, controlam empresas e governam países" tornar-se-á "parte do *digital homeless*", a menos que haja um efetivo envolvimento de legisladores, comunidade empresarial e científica, no sentido de desenvolver uma legislação, apropriada e passível de adaptação, em função dos avanços tecnológicos futuros.[40]

A era da empresa tecnológica

Talvez a grande mudança desta era e a que mais surpreende a percepção das pessoas seja o desafio que a tecnologia representa ao tempo e ao espaço.[41] Se há pouco mais de cem anos uma pessoa poderia levar um mês se deslocando de Paris a Viena para assistir a um concerto, hoje basta um teclado e, instantaneamente, você estará em contato com qualquer pessoa no planeta. Quantos anos se passarão até que as máquinas obedeçam a um simples comando de voz, ou até que ultrapassemos o estágio da utilização de redes neurais[42] para a utilização de um sistema de inteligência artificial que se encarregue de toda a gestão de um negócio? Será que quando a inteligência artificial puder substituir sistemas complexos de decisores humanos, haverá uma *mudança de paradigma* até nos aspectos básicos que ainda caracterizam a administração de uma empresa? A sociedade baseada no emprego será substituída por qual tipo de sociedade? O que significará trabalho em 2015?

Considerando o impacto econômico, social, político e ambiental da evolução tecnológica, há que se discutir seus limites. Não se trata de impor limites ao intelecto humano, mas de uma questão ética. A ética impõe limites de forma a

---

[39] KENNEDY, Paul. O perigo pode estar à nossa direita. *Exame*, ano 29, n. 10, 8/5/96. p. 58-60.
[40] NEGROPONTE, Nicholas. Op. cit.,
[41] COATES, Joseph F. Op. cit.,
[42] ALMEIDA, Fernando C. Desvendando o uso de redes neurais em problemas de administração de empresas. *Revista de Administração de Empresas*, v. 35, n. 1, jan./fev. 1995. p. 46-55.

harmonizar o convívio em sociedade, permitindo nossa evolução por meio de sucessivos estágios de equilíbrio. A princípio, a ética é o caminho, favorecendo que os decisores se dirijam à mesa de negociações, na busca de soluções alternativas pacíficas para os impactos provocados pelas mudanças.

Com a revolução da informação, teremos bilhões de informações à disposição da sociedade, transitando à velocidade da luz por meio de fibras ópticas, satélites, cabos telefônicos. Para as empresas, isto se traduz em mais alguns aspectos, além daqueles já abordados neste texto: controle em tempo real e decisões *quase* em tempo real. *Quase* porque ainda dependem do homem. Mesmo adaptado à velocidade vertiginosa das mudanças deste final de milênio, o ser humano a princípio não responde com a mesma agilidade dos computadores quando se trata de decisões complexas. Afinal, o contexto da decisão sempre exigirá alguma análise, dependendo da importância do assunto e dos riscos envolvidos.

A exigência de crescente velocidade na tomada de decisão tende a aumentar o nível de *stress* das pessoas de forma generalizada. Isso provocará a maior busca de atividades de compensação, tais como esportes e lazer, da humanização do ambiente de trabalho ou a busca de formas alternativas de trabalho, mais flexíveis tanto no que diz respeito ao período quanto à localização. Tudo isso muito além das reduções de despesas que podem ser proporcionadas no caso de formas alternativas de trabalho.

Outro aspecto muito questionado pela comunidade científica é a tendência à impessoalidade no relacionamento das pessoas. Elas estarão interligadas por meio de terminais computadorizados e, num futuro não muito distante, a terminais inteligentes. Mesmo diante da mais perfeita imagem holográfica do seu colega de trabalho, ainda é duvidoso que a percepção das emoções envolvidas numa comunicação alcançará o mesmo nível de um contato pessoal. Novamente deverão ser encontrados mecanismos de compensação, de forma a manter viva na cultura organizacional a valorização do trabalho humano. Por outro lado, deve-se enfatizar mais uma vez que, apesar das possibilidades de controle rigoroso permitidas pela tecnologia em desenvolvimento, a administração virtual repousa nas informações em tempo real e na confiança do trabalho de pessoas, que terão diante de si um teclado que, ao menos por enquanto, aceita seu comando, seus erros e acertos, seu trabalho de boa ou má-fé.

Se, por um lado, a tendência de humanização generalizada do trabalho já é uma realidade, por outro lado se investe no desenvolvimento da inteligência artificial, tecnologia integrante do quarto ciclo econômico. Dentro de poucos anos, talvez ela possa substituir plenamente os gestores humanos, indo portanto muito além da simples substituição da mão de obra em atividades que podem ser automatizadas, conciliando a humanização do trabalho com o aumento da produtividade.

capítulo 16

Reengenharia

Introdução

O conceito da reengenharia nasceu da necessidade de as empresas se mostrarem mais adaptadas ao seu ambiente. A aceleração do ritmo de desenvolvimento da tecnologia da informação funcionou como mola de impulsão do modelo, preconizando organizações mais flexíveis, receptivas e inovadoras.

Para Hammer e Champy, reengenharia significa "abandonar procedimentos consagrados e reexaminar o trabalho necessário para criar os produtos e serviços de uma empresa e proporcionar valor aos clientes". Formalmente, "é o repensar fundamental e a reestruturação radical dos processos empresariais, que visam alcançar drásticas melhorias em indicadores críticos e contemporâneos de desempenho, tais como custos, qualidade, atendimento e velocidade".[1]

A reengenharia surge como a defesa de uma transformação radical da organização. Não se trata mais de proceder a aprimoramentos superficiais nos processos produtivos e administrativos, mas substituí-los radicalmente, dentro da proposta de uma nova estrutura de organização. A reengenharia aparece, portanto, como uma ferramenta de gestão, que tem como objetivo último a transformação total da empresa.

A reengenharia segundo Hammer e Champy[2]

A reengenharia é a alternativa para que a organização se torne suficientemente flexível para se ajustar rapidamente às condições mutantes do mercado, suficientemente enxuta para derrotar o preço de qualquer concorrente, suficientemente inovadora para manter-se tecnologicamente atualizada em seus pro-

---

[1] HAMMER, Michael; CHAMPY, James. *Reengenharia* – Revolucionando a empresa. 11. ed. Rio de Janeiro: Campus, 1994. p. 21-22.
[2] HAMMER; CHAMPY. Op. cit., p. 1-20.

dutos e serviços e suficientemente dedicada para fornecer o máximo de qualidade e de atendimento aos clientes. O resultado intangível de um processo de reengenharia exitoso é uma nova cultura na empresa, que privilegie a inovação e a criatividade. O resultado tangível é um salto drástico nos indicadores de desempenho mercadológico da empresa, por meio do agrupamento de todas as atividades do negócio em processos.

A reengenharia do negócio em seus processos componentes significa o rompimento com o princípio da divisão do trabalho proposto por Adam Smith em 1776 em *A riqueza das nações* – que levado ao seu extremo nas estruturas funcionais resultou na fragmentação do trabalho, favorecendo a burocracia empresarial e a perda de foco no mercado, devido à supremacia das demandas internas à organização. Três grandes forças que separadamente e combinadas estão impelindo as empresas por um território desconhecido, forçando-as à adoção da reengenharia, são:

- a assunção do controle pelos clientes;
- o acirramento da concorrência em todos os mercados e
- a frequência e magnitude das mudanças.

A reengenharia começa com a identificação de uma ampla defasagem entre os resultados do desempenho da empresa e os da sua concorrência. Ou por meio da percepção de uma visão. Esta visão pode ser considerada como uma visão estratégica, resultante de um processo formal de planejamento estratégico, envolvendo uma análise da concorrência por meio do modelo proposto por Porter.[3] Ou pela simples percepção da inadequada fragmentação dos processos e da potencialidade da utilização de novas tecnologias para resgatar a unicidade dos processos.

A maior aplicação dessa ferramenta de transformação que é a reengenharia ocorre em situações nas quais se mostre necessário destruir o que está em prática, ou seja:[4]

- empresas em situações financeiras calamitosas;
- empresas que ainda não estão em dificuldades, mas cuja gerência prevê problemas;
- empresas em seu pico de desempenho, porém cuja gerência apresenta uma postura agressiva.

---

[3] Referência ao modelo das cinco forças que dirigem a concorrência na indústria – fornecedores, entrantes potenciais, compradores, bens substitutos e concorrência instalada – proposto por: PORTER, Michael. *Estratégia competitiva*. 9. ed. Rio de Janeiro: Campus, 1995, p. 23.
[4] HAMMER; CHAMPY. Op. cit., p. 23-24.

A REENGENHARIA NO CONTEXTO DA MUDANÇA ORGANIZACIONAL[5]

- É um processo que envolve um certo toque de loucura.
- É orientada para processos, atravessando as fronteiras e estruturas organizacionais.
- É ambiciosa, envolve mudanças revolucionárias.
- É uma contestação às regras, rompendo com quaisquer pressupostos assumidos.
- É a utilização criativa da tecnologia da informação como um de seus principais habilitadores.
- É um processo que utiliza toda a potencialidade das pessoas, por isso os fatores humanos e organizacionais são considerados também como habilitadores, não podendo ser relegados ao segundo plano.
- É um processo *top-down*, que necessita de forte liderança.
- É um processo que impacta em toda a empresa.
- É um processo que envolve um longo período e investimentos, não sendo resolvido no curto prazo.

As etapas do processo de reengenharia[6]

As etapas do processo de reengenharia que podem ser globalmente identificadas partem da visão estratégica e da definição da equipe pelo líder, que coordenará todos os esforços do processo. As principais etapas são:

- identificação dos processos por meio de nomes que exprimam os seus estados inicial e final, que em seguida permitirá a elaboração de um mapa do negócio onde estarão articulados todos os processos identificados. Ela também possibilitará a elaboração dos mapas de subprocessos separados, com o nível de detalhe que for necessário;
- priorização dos processos em função de sua disfunção, sua importância para os resultados e exequibilidade. Cada um destes critérios envolvendo vários aspectos que não devem ser desprezados;
- compreensão dos processos atuais: o que eles fazem, seu desempenho e que questões críticas governam seu desempenho. Esta compreensão deve ser iniciada na ponta representada pelo cliente, seja ele interno ou

---

[5] HAMMER; CHAMPY. Op. cit., p. 21-35.
[6] HAMMER; CHAMPY. Op. cit., p. 97-110.

externo, com o objetivo de colher ideias, desprendidas até da aplicação da técnica de *benchmarking;*

- redefinição dos processos. Para isso não há receitas prontas, apenas alguns princípios sugeridos pelos autores, o que não impede que a própria equipe de reengenharia possa traçar os seus;
- planejamento de todo o processo de transição, da implementação e de todas as ações de apoio necessárias, incluindo campanhas massivas de comunicação, que proporcionem mensagens claras a respeito do processo.

Abreu[7] apresenta um modelo de quatro fases de transformação:

1) Na fase de estratégia é elaborado o planejamento estratégico da empresa, considerando-se a adequação dos processos e estruturas vigentes.

2) Na fase seguinte, de ativação, são enfatizados os ganhos de desempenho relacionados à reengenharia dos processos da empresa, tendo em vista os objetivos de aprimoramento da qualidade, da produtividade e a redução dos custos.

3) Já na fase de **melhoria** busca-se agregar valor aos processos e serviços oferecidos aos clientes e recebidos dos fornecedores.

4) Por fim, na fase de **redefinição** ocorre a formação de novas unidades de negócios, que podem ser criadas como decorrência do processo de reengenharia adotado.

Tal modelo mostra-se coerente com a argumentação de Hammer e Champy, que veem o início da reengenharia como resultado da visão estratégica proporcionada pelo planejamento estratégico. Estratégia aqui pode ser definida como o padrão de resposta da organização ao meio ambiente, consistindo em um programa que a levará à consecução dos seus objetivos e, portanto, ao desempenho de sua missão. Uma vez delineada a visão estratégica do negócio que se deseja alcançar, o que vai apontar ou não para a reengenharia é principalmente a defasagem detectada no desempenho da empresa em relação às suas concorrentes. Quanto mais defasada estiver, mais enfática será a indicação para que se arrisque no processo de reengenharia, como única opção para conseguir se manter no negócio (Ver Capítulo 10).

---

[7] ABREU, Fábio de Souza. Reengenharia – em busca de uma teoria. *Revista de Administração de Empresas – RAE*, v. 34, n. 5. p. 49-61, set./out. 1994.

As mudanças que ocorrem com a reengenharia

Os tipos de mudanças resultantes da reengenharia de processos na empresa podem ser assim resumidos:[8]

- as unidades de trabalho mudam de departamentos funcionais para equipes de processos, favorecendo o trabalho de equipe.
- os serviços mudam de tarefas simples para trabalhos multidimensionais, onde cada membro da equipe terá ao menos familiaridade básica com todas as etapas do processo.
- os papéis das pessoas mudam de controlados para autorizados, adquirindo maior autonomia para a tomada de decisões.
- a preparação para os serviços muda de enfoque, do treinamento para a educação, aumentando sua visão e compreensão e ensinando o porquê para pessoas que deverão decidir e empreender.
- o enfoque das medidas de desempenho e da remuneração altera-se da atividade para os resultados, levando à remuneração flexível por meio da participação nos resultados alcançados.
- os critérios de promoção mudam do desempenho para a habilidade. Sua distinção é claramente traçada, sendo a promoção função da habilidade. Trata-se de uma mudança e não de um prêmio por desempenho.
- os valores mudam de protetores para produtivos. As pessoas trabalham pelos seus clientes, desaparecendo as discussões internas.
- os gerentes mudam de supervisores para instrutores, capacitadores, facilitadores do trabalho de equipe.
- as estruturas organizacionais mudam de hierárquicas para niveladas. As pessoas se comunicam com quem for preciso.
- os executivos mudam de controladores do resultado para líderes.

Genericamente espera-se que um processo de reengenharia se inicie na redefinição dos processos, estenda-se para a reorganização dos cargos e estruturas, para os sistemas de gestão e avaliação e, finalmente, provoque a internalização de novos valores e crenças na cultura organizacional.

---

[8] HAMMER; CHAMPY. Op. cit., p. 51-65.

Para Hammer e Champy, os processos que sofreram reengenharia apresentam as seguintes características:[9]

- vários serviços são combinados em um;
- os trabalhadores tomam decisões;
- as etapas do processo são realizadas em uma ordem natural;
- os processos têm múltiplas versões;
- o trabalho é realizado onde faz mais sentido;
- verificações e controles são reduzidos;
- a reconciliação é minimizada;
- um gerente proporciona um único ponto de contato com o cliente;
- operações centralizadas/descentralizadas híbridas prevalecem.

A reengenharia segundo Davenport

Segundo Davenport,[10] a reengenharia essencialmente não difere da proposta de Hammer e Champy. Ela apenas avança a um nível maior de detalhamento, visando facilitar sua execução. Trata-se de uma leitura obrigatória para o conhecimento de todos os pormenores que poderão estar envolvidos no processo. Dentre eles, ressaltamos os apresentados no Quadro 16.1, que enfatiza as diferenças entre reengenharia e melhoramento contínuo.

Quadro 16.1 – Melhoria de processos *versus* reengenharia de processos

	Melhoria	Reengenharia
Nível de mudança	gradual	radical
Ponto de partida	processo existente	estaca zero
Frequência de mudança	de uma vez/contínua	de uma vez
Tempo necessário	curto	longo
Participação	de baixo para cima	de cima para baixo
Âmbito típico	limitado, dentro de funções	amplo, interfuncional
Risco	moderado	alto
Habilitador principal	controle estatístico	tecnologia da informação
Tipo de mudança	cultural	cultural/estrutural

Fonte: DAVENPORT, Thomas H. *Process inovation:* reenginnering work through information technology. Harvard Business Press, 1993, p. 11.

---

[9] HAMMER; CHAMPY. Op. cit., p. 37-49.
[10] DAVENPORT, Thomas H. *Process inovation:* reenginnering work through information technology. Harvard Business Press, 1993, p. 11.

O ponto relevante da comparação, enfatizado pelos autores Davenport, Hammer e Champy, é que após o profundo repensar do negócio por meio da reengenharia e uma vez adquiridos novos valores, refletidos numa nova cultura organizacional empreendedora, a manutenção do sistema se dá simplesmente pela operacionalização da nova filosofia.

Entretanto, alguns autores argumentam que a reengenharia não é uma proposta original, já que propõe melhorias e resultados defendidos anteriormente por diversas técnicas de aprimoramento contínuo da organização. Embora a designação de um modelo conte pouco frente à viabilidade de sua implantação, cabe ressaltar que a questão não se restringe à semântica.

Diante da controvérsia que a reengenharia levanta, cumpre refletir um pouco mais sobre ela. O que é a reengenharia? Como ela se relaciona com o melhoramento contínuo e outros enfoques? Qual a finalidade da reengenharia? São perguntas que tentaremos responder a seguir.

Compreendendo a reengenharia

A reengenharia é a adoção de uma inovação, por meio de uma mudança radical, visando alcançar resultados visíveis e drásticos.[11] Ela exige a definição clara dos objetivos que se deseja alcançar e o profundo conhecimento das atividades componentes de todo o negócio.

Reengineering significa simplesmente começar de novo, abandonar os procedimentos consagrados e reexaminar o trabalho necessário para criar os produtos e serviços de uma empresa, proporcionando valor aos clientes. Ou, mais formalmente: "a reengenharia é o repensar fundamental e a reestruturação radical dos processos empresariais que visam alcançar drásticas melhorias em indicadores críticos e contemporâneos de desempenho, tais como custos, qualidade, atendimento e velocidade".[12]

Do ponto de vista metodológico, a reengenharia propõe um método para promover uma mudança radical, que alcance resultados drásticos no desempenho empresarial. Porém, abstraindo para um ponto de vista mais filosófico, a reengenharia poderia ser entendida como *desprendimento* total do atual estado das coisas.

Em outras palavras, não se faz algo de certa forma simplesmente porque sempre foi feito assim. O indivíduo distancia-se do contexto, coloca-se na po-

---

[11] DAVENPORT, Thomas H. Op. cit., p. 12.
[12] HAMMER; CHAMPY. Op. cit., p. 6, 12, 21-22.

sição privilegiada de um observador que pode agir em determinado ambiente e ainda conta com as informações de outros contextos para sua análise e reflexão antes de decidir. Nesse sentido, pode-se dizer que a reengenharia é uma nova denominação para uma prática tão antiga quanto o primeiro *Homo sapiens* que questionou o estado de coisas ao seu redor, apanhando um osso e utilizando-o como uma arma contra seus agressores.[13] Esse homem, além de primeiro empreendedor, teria sido também o primeiro "reengenheiro" e a reengenharia seria apenas mais um modismo.

Entretanto, a reengenharia é um método estruturado que permite uma análise profunda de todo um negócio, sem quaisquer ideias preconcebidas. Seu grande mérito é resgatar *a importância dos resultados obtidos pelo todo e não na eficiência isolada das partes*, que outros métodos não conseguiram resgatar nas empresas de cultura ocidental.

A reengenharia, apesar de substancialmente diferente do método de melhoramento contínuo – que é uma tradução da filosofia de administração japonesa refletida na *lean manufacturing* (Ver Capítulo 12) –, também se baseia na consideração de um negócio por meio dos seus vários processos componentes, ou seja, prioriza processos acima de qualquer tipo de departamentalização.

É exatamente essa visão de processos que pode ser entendida como uma visão sistêmica do negócio. É possível considerá-la como um dos pontos fortes da cultura oriental, que criou o método *just-in-time*.[14]

Apesar da estrutura departamentalizada das empresas japonesas, é evidente a noção de conjunto, *a priorização do processo acima da funcionalidade*. Essa concepção começou a despertar o interesse das empresas ocidentais em função do próprio sucesso japonês e mais recentemente, nos anos 1990, foi exaustivamente enfatizada pela reengenharia, que a considera um fator central do modelo.

Assim, podemos dizer que, por um lado a reengenharia é uma abordagem que pretende enraizar definitivamente na cultura ocidental uma sabedoria sistêmica, a visão holística de mundo,[15] devidamente adaptada para o caráter indi-

---

[13] Trecho referenciado em uma das cenas iniciais do filme *2001, Uma Odisseia no Espaço*.
[14] A denominação *Just-in-time* foi utilizada por ser um dos aspectos mais conhecidos do sistema de produção japonês. Na verdade, este sistema repousa sobre a filosofia que engloba *Muda* e *Kaizen*, que significam respectivamente: evitar qualquer forma de desperdício e buscar o melhoramento contínuo. Para melhores esclarecimentos, consultar: FERRO, José Roberto. Aprendendo com o Ohnoísmo – produção flexível em massa: lições para o Brasil. *Revista de Administração de Empresas – RAE*, São Paulo, 30 (3) 57-68, jul./set. 1990.
[15] CAPRA, Fritjof. Op. cit., p. 42, 380, 382, 390.

vidualista da cultura ocidental. Por outro lado, a reengenharia seria a alternativa para as empresas que demoraram muito a perceber a superioridade do sistema de administração japonês e agora teriam dificuldades para alcançá-lo apenas pela adoção do seu método de melhoramento contínuo. Só o melhoramento não basta. Essas empresas precisam de saltos no seu desempenho para fazer frente à concorrência oriental no mercado internacional e nos seus próprios mercados internos. O que não impede que empresas líderes adotem a proposta essencial da reengenharia: o desprendimento na reflexão sobre o negócio, a assunção de que o negócio é constituído de processos, "a tecnologia da informação, recursos humanos e fatores organizacionais como habilitadores para o processo de reengenharia".[16]

Sob outro ponto de vista, poder-se-ia dizer que a reengenharia não trouxe nada de novo. Ela repousaria essencialmente sobre o enfoque sistêmico, cujas bases foram lançadas em 1937 e cuja evolução mais acabada seria o holismo (Ver Capítulos 6 e 13). A reengenharia é enfática na utilização da tecnologia da informação da terceira onda, até antecipando o que logo em seguida foi denominado de *corporação virtual* (Ver Capítulo 15). A reengenharia privilegia a aprendizagem, o trabalho em equipe e o achatamento da hierarquia, amplamente discutidos na literatura moderna. A reengenharia também investe em direção às técnicas de *desenvolvimento organizacional*, propostas na década de 1960, exatamente para administrar o processo de mudanças nas organizações (Ver Capítulo 7).

Porém, a reengenharia, da mesma forma que outras contribuições que hoje estão agregadas à área de administração, tem o mérito de articular e resgatar antigos conhecimentos sob uma nova abordagem. O reconhecimento dos processos como as verdadeiras partes de um negócio, por exemplo, não é banal. As empresas ocidentais deixaram de ganhar milhões de dólares até perceber este ponto crucial, incisivamente enfatizado pela reengenharia. Há que se considerar que quando a reengenharia foi proposta por seus autores, enquanto técnica de gestão, ela de fato já ocrria em algumas empresas, que viram sua própria sobrevivência em risco quando confrontadas com o estilo oriental. Também se pode argumentar que estas empresas certamente não foram as primeiras, pois desprendimento do estado de coisas é uma qualidade humana que efetivamente permeia as grandes inovações da humanidade.

---

[16] DAVENPORT, Thomas H. Op. cit., p. 19-22.

Mas o mérito da reengenharia é inegável e se torna bastante simplista qualificá-la como a *administração do denominador*,[17] ou argumentar que ela causa desemprego, ou ainda a empresa que a adota morrerá por *anorexia*.

As demissões não são alvo da reengenharia, como alguns executivos que apenas cortaram custos com pessoal *sem ajustar os processos* querem nos fazer crer. As demissões são uma consequência do desenvolvimento tecnológico que permeia a terceira onda, a era da informação (Ver Capítulo 18). O desemprego é real, mas sua discussão extrapola o nível das organizações. Trata-se de uma discussão necessária ao nível institucional, embora fique a dúvida quando se compara a aplicação de tecnologias avançadas nas empresas ocidentais em confronto com as empresas japonesas, onde ainda permanece a cultura do emprego vitalício nas grandes empresas. Em outras palavras, no caminho do desemprego da era da informação, a reengenharia é um mero detalhe.

A reengenharia deve ser compreendida pelo que ela é, "um modelo para alcançar saltos drásticos nos resultados de um negócio, por meio da efetividade"[18] dos seus processos componentes. A reengenharia não é um processo contínuo. Se as mudanças radicais promovidas pela reengenharia contarem com os recursos necessários e forem geridas com competência, então a reengenharia não mais será necessária, pois a sua principal finalidade, não muito explícita pelos próprios autores, terá sido alcançada: a empresa terá consolidado uma cultura empreendedora, onde o desprendimento é um dos valores. Este desprendimento, sim, é que deverá consolidar-se como um valor permanente e essencial da cultura da nova empresa.

Considerações

A reengenharia operacionaliza a meta de transformar o negócio em uma empresa empreendedora. Ela começa na visão do cliente, aproxima as pessoas dos resultados e considera o cliente. A reengenharia é, acima de tudo, urna ferramenta para a reorganização dos processos. Todavia, a estrutura de processos depois da reengenharia pode estar adequada hoje e obsoleta amanhã, caso não se realize o constante questionamento do estado de coisas, caso a inovação não se torne um estado de espírito na nova cultura da empresa. Por isso podemos colocar a cultura empreendedora como objetivo maior da reengenharia. O que

---

[17] HAMEL, Gary; PRAHALAD, C.K. *Exame*, 26/10/94, p. 107.
[18] A efetividade aqui é utilizada como uma referência direta à conjugação de eficiência e eficácia.

se depreende da argumentação é que a cultura empreendedora seria o estágio final de um processo de reengenharia bem-sucedido, principalmente para as empresas de grande porte (Ver Capítulo 17).

Pode-se ainda argumentar que uma cultura empreendedora pode ser alcançada por meio de outros modelos, que não a reengenharia. Ou mesmo que as mudanças estruturais necessárias para resgatar uma cultura empreendedora podem ser realizadas de forma gradativa. Na verdade, tudo depende do atraso da empresa frente à sua concorrência. Uma vez detectada a necessidade da reengenharia, de qualquer maneira a cultura voltada para a inovação constante será sua finalidade maior.

Sob outro ponto de vista, ao examinarmos detidamente os fatores sobre os quais repousam a corporação virtual e o modelo da reengenharia percebemos que ambos têm alguns fatores em comum, a exemplo do domínio da informação e da qualificação com maior autonomia para pessoas. Enquanto a corporação virtual exige uma adaptação da estrutura organizacional, temos a reengenharia discutindo como executá-la. Nesse sentido também podemos caracterizar a reengenharia como uma alternativa capaz de consolidar a corporação virtual, embora a corporação virtual também possa ser operacionalizada por meio do melhoramento contínuo.

A corporação virtual baseia-se na tecnologia da informação disponível. Ela exige adequação da estrutura organizacional e melhor qualificação das pessoas que terão maior autonomia nas decisões relativas à tarefa. Mas para promover mudanças de tal vulto, é imperativo um sentido de orientação. Ele pode ser fornecido pelo modelo da reengenharia, enfocando os processos componentes do negócio.

A reengenharia pode ser aplicada em uma empresa, independentemente da utilização das mais modernas tecnologias. Entretanto, espera-se que, em havendo a disponibilidade de recursos suficientes para investimento, a empresa efetivamente se utilize da melhor tecnologia disponível, tanto nos seus processos produtivos quanto nos seus processos de apoio. Em ambos, a informação é um fator decisivo para a sincronização das atividades, refletindo-se em vários outros aspectos componentes da qualidade e da produtividade, entendidas na sua forma mais ampla. Assim, por um lado podemos dizer que a reengenharia pode consolidar a corporação virtual. Por outro, mesmo que a corporação virtual não seja o objetivo, ao se aplicar a reengenharia utilizando toda a tecnologia de ponta disponível, a corporação virtual surgirá como resultado natural.

Genericamente, a reengenharia é uma técnica poderosa, que favorece o exercício do pensamento sistêmico, pois ela organiza a realidade do negócio de forma sistêmica. Assim, muito além de uma cultura empreendedora ou da concretização da corporação virtual, um processo de reengenharia favorecerá a implantação de qualquer modelo que repouse sobre o enfoque sistêmico, visto que os processos reais de trabalho ficarão aparentes.

A reengenharia é uma técnica para realinhamento de uma empresa defasada em relação à sua concorrência, mas envolve níveis muito altos de incerteza e risco. É um processo trabalhoso, que pode envolver muitas vulnerabilidades, diferentes de uma empresa para outra, em função dos recursos que elas tiverem disponíveis. Mesmo a compreensão do que seja a reengenharia nem sempre é muito clara. Muitas empresas se limitaram ao corte de custos por meio de demissões em massa, argumentando que realizavam a reengenharia. Essa é, inclusive, uma das críticas mais comuns ao modelo.[19]

A reengenharia chegou mesmo a ser apontada como alimentadora do desemprego crescente. Entretanto, conforme exposto anteriormente, a reengenharia está voltada para resultados e não para o simples corte indiscriminado de custos. Na verdade, no caminho do crescente desemprego, a reengenharia é um mero detalhe, pois trata-se do desemprego estrutural gerado pela aplicação das novas tecnologias disponíveis.

Porém, diante do impacto do desemprego no ambiente onde estão inseridas as empresas, diante das tendências que apontam mudanças nas relações entre empregado e empregador, diante da forte relação entre desemprego e tecnologia e considerando que todos estes assuntos se refletirão na agenda dos administradores, torna-se pertinente uma reflexão sobre o tema emprego, como segue no próximo capítulo.

---

[19] HAMEL, Gary; PRAHALAD, C.K. *Exame*, 26/10/94, p. 107.

Apêndice

Downsizing ou "achatamento" da estrutura organizacional ou, ainda, a diminuição dos níveis hierárquicos

Introdução

O acirramento da concorrência internacional obrigou as corporações a realizar um grande esforço para melhorar a produtividade de suas operações; entretanto, quase todos os ganhos de produtividade dos colarinhos azuis obtidos, até meados dos anos 1980, foram anulados pelo decréscimo de produtividade dos colarinhos brancos, em parte pela exagerada burocracia corporativa. É como se a engenharia, a manufatura e as vendas houvessem sido substituídas pelas funções de contabilidade, finanças e assuntos jurídicos, como funções principais da empresa.

O *downsizing*[20] surgiu nesse contexto como uma alternativa sustentável à reação mais violenta contra a burocracia exagerada: o enxugamento em massa de pessoal, de forma indiscriminada e ineficiente. *Downsizing* não constitui um modelo de administração, mas uma técnica que tem como objetivo específico a racionalização da empresa. No curto prazo envolve demissões, cujos impactos se fazem sentir em redução de custos, reestruturação de ativos e nova focalização dos negócios. No longo prazo busca revitalizar a empresa com a expansão dos seus mercados, desenvolver melhores produtos e serviços, melhorar o moral de

---
[20] TOMASKO, Robert M. *Downsizing*: reformulando sua empresa para o futuro. São Paulo: Makron Books, 1992. Introdução, p. XXI-XXIV; 47-59.

seus empregados, modernizar a empresa e, principalmente, mantê-la enxuta, de forma que a burocracia não venha a se instalar novamente, uma vez amenizadas as pressões.

AMPLITUDE DOS OBJETIVOS DO *DOWNSIZING*[21]

O *downsizing* é uma técnica voltada para o eliminar a burocracia corporativa desnecessária e sustentada nos quadros administrativos representados pela gerência, assessorias, pessoal de controle e pessoal de apoio. Trata-se de um projeto de racionalização planejado em todas as suas etapas, que deve estar consistente com a visão estratégica do negócio e cuja meta global é construir uma organização o mais eficiente e eficaz possível, para então instituir práticas que mantenham a organização mais enxuta e com melhor desempenho e eficiência. O objetivo do *downsizing* não é funcionar como um facão indiscriminado para promover o enxugamento. O *downsizing* deve ser planejado a partir da seleção dos objetivos que se pretende atingir:

- redução de custos;
- rapidez na tomada de decisões;
- respostas mais rápidas às ações do concorrente;
- comunicação menos distorcida e mais rápida;
- manutenção da orientação para a ação, com menos análises e paralisia;
- promoção das sinergias dentro da empresa;
- elevação do moral na gerência geral;
- criação de foco nas necessidades do cliente, e não nos procedimentos internos;
- aumento da produtividade dos gerentes.

O projeto de *downsizing*

O *downsizing* é um projeto que deve ser planejado em detalhes e antecipadamente, tentando-se evitar os altos custos humanos que podem estar envolvidos. Por isso não é surpreendente que as etapas para sua implementação praticamente reflitam as etapas genéricas envolvidas numa ação de planejamento usual, qualquer que seja o alvo focalizado. O objetivo do *downsizing*

---

[21] TOMASKO, Robert M. Op. cit., p. 50-53.

é o desmantelamento da burocracia corporativa, como forma de aprimorar o desempenho da organização. A implementação de um projeto de *downsizing* passa essencialmente pelas etapas básicas do planejamento: definição de metas e objetivos, elaboração de princípios básicos, coleta de fatos, identificação de oportunidades, planejamento de melhorias, execução.

Especificamente, um projeto de *downsizing* envolve análise dos custos e da evolução de indicadores, avaliação do valor agregado ao produto, eliminação de posições e níveis hierárquicos, simplificação da estrutura organizacional, análise da viabilidade de terceirização de serviços especializados e reavaliação dos critérios de análise do desempenho pessoal.

O *downsizing* se antecipando à reengenharia

O *downsizing* enfoca a burocracia organizacional e pode ser considerado uma proposta bem mais arrasadora que a reengenharia, que lhe sucedeu. O *downsizing* propõe explicitamente a eliminação de posições e níveis hierárquicos, enquanto a reengenharia focaliza os processos e tarefas que devem ser executadas.

O *downsizing* e a reengenharia, todavia, apresentam um certo grau de convergência; ambos começam com a visão estratégica do negócio futuro, ambos são um projeto de impacto que se espera aconteça uma única vez; ambos são uma alternativa radical. De certa forma, o *downsizing* antecipa-se à reengenharia, no sentido de que uma empresa que sofreu o *downsizing* teria maior probabilidade de sucesso em aplicar a reengenharia posteriormente, já que, eliminadas as gorduras nos quadros administrativos, ficaria mais fácil enxergar os processos reais de trabalho. Mas o *downsizing*, por outro lado, é um tratamento de choque limitado, que não necessariamente alcançará resultados ambiciosos. Ele não focaliza os processos, apenas a fragmentação do trabalho, gerada por estruturas funcionais. O *downsizing* enfoca essencialmente as pessoas e sua produtividade. Para reduzir discrepâncias de desempenho frente à concorrência, a empresa não deve apenas implantar o *downsizing*, mas reavaliar sua estrutura de processos.

capítulo 17

O fim do emprego

Introdução

O desemprego não é um fenômeno novo na história da civilização. No início do século, Taylor foi acusado de provocar desemprego com seus princípios de administração científica. Durante a revolução industrial, massas de trabalhadores do campo foram deslocados e, posteriormente, absorvidos pelas indústrias nascentes. A quebra da bolsa de Nova York, em 1929, repercutiu na maioria dos países industrializados, causando depressão econômica e níveis de desemprego alarmantes. Os níveis de emprego são um fato econômico considerado normalmente no planejamento institucional.

Porém, ainda que o desemprego não seja algo novo, a preocupação com seus impactos reside hoje no aparente fato de que o setor de serviços não absorverá as pessoas deslocadas dos outros setores pelo *downsizing* e, posteriormente, pela reengenharia. É o impacto da era da informação se fazendo sentir em todas as organizações, sejam elas públicas ou privadas, com fins lucrativos ou não, independente do setor em que atuam.

A preocupação com a falta de trabalho remunerado está sendo amplamente discutida, da mesma forma que em períodos anteriores de crise. Por isso, se de um lado o tema não pode ser ignorado; pois impactará em todos os cidadãos da aldeia global, por outro lado deve ser tratado com realismo, já que se trata de um problema inserido num amplo contexto e condicionado a muitas variáveis. Franklin Delano Roosevelt enfrentou com algum sucesso a crise de 1929, implementando a política do New Deal. O Partido Social Democrata Sueco também o fez na década de 1932. Hoje, diante de todo o conhecimento e experiência acumulados, com certeza seremos capazes de encontrar alternativas, avaliar e traçar o rumo que desejamos seguir. Talvez a alternativa escolhida não seja baseada em nenhuma das propostas que os autores referenciados neste texto sugerem. Mas importante mesmo é participar da discussão e contribuir para a busca de soluções. De qualquer maneira, quer seja como indivíduo ou como administrador, a discussão das novas características do emprego e o desemprego são temas pertinentes, dados seus impactos no ambiente onde se inserem as empresas.

O desemprego como consequência da tecnologia

As filas de desempregados e subempregados crescem diariamente na América do Norte, na Europa e no Japão. Mesmo as nações em desenvolvimento estão enfrentando o desemprego tecnológico, na medida em que as empresas multinacionais constroem instalações de produção com tecnologia de ponta em todo o mundo, acarretando a substituição de milhões de trabalhadores de baixa remuneração, sem qualificação ou semiqualificados, tanto administrativos quanto operacionais. Nesses casos, seria pura ingenuidade acreditar que programas de retreinamento sejam a solução para superar a lacuna de níveis educacionais entre aqueles que precisam de emprego e o tipo de cargos disponíveis no setor do conhecimento em ascensão.[1]

Mas seria também ingenuidade considerar a reengenharia de processos administrativos e operacionais como a causadora da formação de um exército de desempregados, devido à substituição do trabalho humano por máquinas. Este fenômeno foi previsto por Karl Marx em 1867. A reengenharia apenas evidenciou uma tendência percebida há quase 200 anos. Ela é necessária para as empresas que detectaram um grande atraso em seu desempenho, relativamente a seus concorrentes, por não terem percebido a tempo a superioridade da *lean manufacturing* – sistema japonês de produção enxuta (Ver Capítulo 12).

As demissões não são alvo da reengenharia, elas são uma consequência do desenvolvimento tecnológico que permeia a terceira onda, a era da informação (Ver Capítulo 15). Portanto, o desemprego é real, mas sua discussão não se restringe às mudanças organizacionais que estão ocorrendo. Ela se estende no nível institucional a toda a sociedade.

Vários fenômenos econômicos relacionados são resultado do equilíbrio dinâmico instável de cinco grandes forças da economia mundial atual: o fim do comunismo; um deslocamento tecnológico no sentido das indústrias de alto

---

[1] RIFKIN, Jeremy. *O fim dos empregos, o declínio inevitável dos níveis dos empregos e a redução da força global de trabalho.* São Paulo: Makron Books, 1995. p. 5, 25, 37, 38.

conteúdo de massa cinzenta; um crescimento demográfico sem paralelo na história; uma economia globalizada e uma era sem potências econômicas, políticas e militares dominantes.[2] O desemprego tecnológico é um dos problemas que emergem do choque dessas forças. Junte-se a ele o enfraquecimento das vantagens comparativas clássicas – mão de obra, terra e capital – com a emergência do setor do conhecimento que não reconhece fronteiras. Junte-se a globalização econômica e financeira, apesar da formação dos blocos econômicos de desenvolvimento, sem que os governos possam estabelecer controles efetivos. E junte-se o envelhecimento da população, que compromete os sistemas de seguridade social. Enfim, a precária integração política internacional. A guerra fria acabou, mas o confronto apenas deixou de ser militar para se tornar econômico.[3]

O desemprego deve ser compreendido como uma das consequências do desenvolvimento tecnológico, que permeia direta ou indiretamente a maior parte dos problemas emergentes. O desenvolvimento tecnológico não pode ser detido, pois trata-se da própria capacidade de criação do intelecto humano. Em que pesem todos os seus desdobramentos nefastos, o desenvolvimento tecnológico também trouxe riqueza para as nações que nele investiram. Por isso ele não deve ser detido, mas direcionado para o bem-estar de toda a humanidade.

Entendido o desemprego como uma consequência do desenvolvimento tecnológico, percebe-se que a discussão de soluções transcende o nível das organizações individualmente. Com a reengenharia ou não, as demissões são um fenômeno estrutural decorrente da agregação das tecnologias disponíveis.

Um fenômeno macroeconômico

As empresas, individualmente, estão fazendo o que consideram necessário para sobreviver no mercado, mas a sua ação coletiva está criando um impacto mais amplo, que poderá significar uma ameaça política ao capitalismo liberal. Os trabalhadores ficam inseguros e sensíveis a políticos nacionalistas, que prometem proteger e preservar seus empregos. O desafio para o próximo século será criar o *capitalismo sustentável*, um sistema que, embora baseado em princípios de mercado encorajadores da competição, leva em consideração o respeito pelo meio

---

[2] CAMPOS, Roberto. O que o capitalismo nos reserva. Ensaio analisando a obra *O futuro do capitalismo*, de Lester C. Thurow, *Exame*, ano 29, n. 11, 22/5/96. p. 20-22.
[3] THUROW, Lester. *Cabeça a cabeça*: a batalha econômica entre Japão, Europa e Estados Unidos. Rio de Janeiro: Rocco, 1993. p. 11-27.

ambiente e deverá evitar que se crie uma situação na qual apenas uma pequena elite altamente educada tenha bons empregos e todos os demais vivam inseguros em relação ao trabalho.[4]

Ainda que seja impactante, não causa surpresa que o principal executivo de uma empresa anuncie a demissão de centenas de pessoas. Trata-se de uma questão de sobrevivência: ou a empresa se mantém competitiva, ou não poderá servir aos interesses de seus empregados e da sociedade.[5] O que também não significa que o desemprego seja um problema a ser enfrentado unicamente pelos governantes. Ele envolve todas as pessoas enquanto cidadãos, pois além da discussão do trabalho em si, vários outros aspectos relacionados ao convívio em sociedade estão em jogo, como por exemplo os níveis de violência e criminalidade, em correlação direta com o desemprego.

O desemprego tecnológico é um fenômeno macroeconômico que divide os economistas. De um lado temos a corrente de especialistas que partem do princípio de que qualquer mudança tecnológica que aumente a produtividade é essencialmente boa. Ao elevar os níveis gerais de produção, ela reduz os preços e acaba inevitavelmente criando mais empregos e mais bem remunerados. Do outro lado, estão os economistas que atribuem o sucesso da economia no pós-guerra não às inovações tecnológicas e aos ganhos de produtividade, mas sim à intervenção do Estado na economia, segundo a teoria keynesiana.

De fato, os aumentos de produtividade alcançados graças ao desenvolvimento tecnológico transformaram em 200 anos uma sociedade agrária na civilização moderna capaz de se comunicar em tempo real. Mas ignorar os deslocamentos de trabalhadores ocorridos nas transições de ciclos econômicos é também negar a própria história da humanidade. Por outro lado, há uma tendência no sentido de se considerar que o Estado atravessa dificuldades orçamentárias, tendendo a reduzir sua participação na economia e incentivando a busca de alternativas sustentáveis, que desconsiderem um Estado paternalista.

Não obstante as divergências entre os economistas, parece que todos concordam com um pressuposto básico da teoria econômica: sem renda não há demanda. É partindo desse pressuposto que novas propostas estão sendo formuladas.

---

[4] KENNEDY, Paul. O perigo pode estar à nossa direita. *Exame*, ano 29, n. 10, 8/5/96. p. 58-60.
[5] Ver entrevista de Robert Allen, presidente da AT&T, publicada na revista *Exame*, ano 29, n. 11, 22/5/96, p. 13.

Uma proposta para minimizar o desemprego

Uma proposta para minimizar o desemprego é formulada por Jeremy Rifkin, considerando basicamente uma combinação entre redução da jornada de trabalho e investimento no terceiro setor, o social.[6] Esta proposta assume implicitamente que a manutenção do trabalho remunerado é essencial para sustentar a demanda. Como os seres humanos não são capazes de produzir todos os bens e serviços que desejam para satisfazer suas necessidades, uma parte das atividades por eles desempenhadas deverá se classificar como trabalho remunerado. Ainda sob um ponto de vista psicossocial, o autor pressupõe a necessidade intrínseca de os seres humanos de se manterem ativos.

Segundo Rifkin, a redução da jornada de trabalho seria uma forma de participação no aumento generalizado de produtividade, resultante da revolução da informação. Por outro lado, representaria um investimento direto e significativo na promoção da qualidade de vida das pessoas. Percebe-se uma transição de valores materiais para valores temporais, que correspondem à satisfação de desejos humanos e intelectuais. O autor aponta uma tendência de as pessoas não estarem mais dispostas a fazer sacrifícios pelo trabalho remunerado, preferindo dedicar mais tempo às suas vidas pessoais.

A redução da jornada de trabalho exigiria medidas institucionais, não necessariamente restritas às fronteiras nacionais, para o desenvolvimento de um sistema de tarifas internacionais que promovesse avanços mundiais nos padrões de trabalho.

O segundo aspecto na formulação de Rifkin refere-se à reformulação do contrato social. Anteriormente media-se o valor humano quase exclusivamente em termos comerciais. Com a reformulação dos padrões de referência, o valor humano passa a ser medido pelas relações comunitárias, nas quais doar o próprio tempo a outros toma o lugar de relações de mercado. Esse setor independente seria a força aglutinante de uma economia social, atendendo aos vários interesses do povo, às necessidades e aspirações de milhões de pessoas que de alguma forma foram excluídas ou não foram adequadamente atendidas pela esfera comercial.

De certa forma, toda a proposta de Rifkin repousa na necessidade da definição de um novo papel para o governo, o poder instituído. Com o recuo do governo

---

[6] RIFKIN, Jeremy. Op. cit., p. 243-315.

de seu papel tradicional de provedor de última instância, apenas um esforço organizado encabeçado pelo terceiro setor e adequadamente apoiado pelo setor público será capaz de prestar os serviços sociais básicos – alimentação, assistência à saúde, educação, moradia, segurança e proteção ao meio ambiente – e começar o processo de revitalização da economia social e da vida cívica de cada país.

A reengenharia do setor público também é defendida por Drucker, diante do *internacionalismo* de uma economia global onde dinheiro e informação não têm pátria, do *regionalismo* com a formação dos blocos econômicos e do tribalismo, devido à necessidade das pessoas de criar raízes e conviver em comunidade. Drucker argumenta que a nova estrutura social é uma sociedade de organizações, cuja função é tornar produtivo o conhecimento. Este passa a ser o fator de produção decisivo, o recurso realmente controlador, superando os fatores tradicionais: capital, terra e mão de obra. Nesta sociedade pós-capitalista, as pessoas são donas do principal fator de produção, o conhecimento. Entretanto, sua capacidade para fazer uma contribuição depende de elas terem acesso a uma organização. Segundo o autor, o investimento no *setor de serviços comunitários* também é a alternativa. Num primeiro momento, para minimizar o impacto sobre as vítimas das mudanças; posteriormente, este setor será, provavelmente, um dos verdadeiros setores em crescimento das economias desenvolvidas, ao passo que a necessidade de caridade vai declinar.[7]

Assim, não causa surpresa que a reengenharia, apesar de tão criticada no meio empresarial privado, seja apontada por estes e outros autores como a alternativa necessária para as organizações do setor público, pois exigem-se mudanças radicais.[8] Estas mudanças começam com a redefinição da missão, visam a elevação da produtividade dos serviços e a criação de organizações transnacionais para enfrentar os desafios que não reconhecem fronteiras, tais como: desastres ambientais, terrorismo, drogas, exportação de criminalidade e prostituição, armamento bélico, direitos humanos, abismos existentes nas condições de trabalho entre regiões etc.

A discussão sobre o papel do setor público não é sem motivo, pois trata-se do poder legitimamente constituído. Ele é capaz de direcionar todos os esforços no sentido de dar robustez ao setor de serviços comunitários, amortecendo os

---

[7] DRUCKER, Peter. *Sociedade pós-capitalista*. 2. ed. São Paulo: Pioneira, 1993. p. 3-36; 103-135.
[8] CASTANHEIRA, Joaquim; NETZ, Clayton A. A reengenharia contestada, *Exame*, 02/08/95; LODI, João Bosco. Desconfie da reengenharia, *Exame*, 10/05/95; NETZ, Clayton. Só reengenharia não basta. *Exame*, 26/10/94.

impactos da era da informação. A denominação deste setor varia de um autor para outro como terceiro setor, setor comunitário, setor social ou setor de serviços comunitários – mas o que importa mesmo é sua utilidade. À primeira vista parece ser a única alternativa de ocupação, principalmente para as pessoas que não têm chances de serem treinadas em novas habilidades, para tentarem com isso se recolocar nos outros setores tradicionais de bens e serviços.

Pelo exposto, não faz sentido discutir desemprego considerando-se as organizações de forma individual. Embora o desemprego global deva ser enfrentado, ao nível de um negócio o trabalho continua existindo. O que muda são suas características intrínsecas.

As novas características do trabalho

Em um futuro próximo que já está se iniciando, devemos nos tornar uma sociedade de organizações baseadas nas *informações em tempo real e no conhecimento*. Com a complexidade e sofisticação crescentes das operações, estes dois elementos conduzirão aos requisitos básicos que deverão caracterizar o trabalho nas organizações: responsabilidade e confiança mútuas.[9] O que não significa, entretanto, diminuição do controle. Ao contrário, ele tende a tornar-se mais rigoroso, pois na verdade caminhamos para o controle *on-line*, internamente à organização por redes corporativas, as *intranets*, que já começam a se desenvolver nas corporações americanas e que bem poderão incluir a rede de clientes e fornecedores.[10]

Embora as pessoas sejam proprietárias do principal fator de produção, o conhecimento, elas continuarão dependendo do acesso às organizações para sobreviver e fazer sua contribuição.[11] Na verdade, responsabilidade e confiança mútuas não são privilégio da era da informação; sua exigência passa apenas a ser enfatizada. O que está realmente se transformando são as condições em que o trabalho é oferecido. O novo enfoque é: o trabalho que precisa ser feito.[12] As pessoas não deverão ser contratadas para um determinado cargo ou função, elas serão contratadas para desempenhar determinado trabalho condicionado

---

[9] DRUCKER, Peter (1993). Op. cit., p. 75-77; DAVIDOW, Willian H.; MALLONE, Michael S. *A corporação virtual*. São Paulo: Pioneira, 1993. p. 7-9.
[10] MARTINS, Ivan. Começou a guerra dos navegadores. *Exame*, ano 29, n. 10, 1996. p. 112-114.
[11] DRUCKER, Peter (1993). Op. cit., p. 4, 39.
[12] BRIDGES, William. *Um mundo sem empregos*. São Paulo: Makron Books, 1995. p. 53-55.

a determinados resultados. Terminado o trabalho, apresentados os resultados e não havendo momentaneamente outra tarefa a ser executada, fim do contrato.

É nesse sentido que apontam as tendências que preveem o fim do emprego, embora o trabalho permaneça nas organizações, necessitando que alguém o faça. Por isso, Jeremy Rifkin caracteriza o futuro do trabalho como o *trabalho just-in-time (sic)*.

Ao nível das operações de um negócio, pessoas continuarão sendo necessárias, embora cada vez em menor número devido à automação. Ainda, após a reengenharia do negócio, reorganizando as operações em termos de processos, as várias atividades de apoio especializadas e mais bem agregadas numa estrutura funcional tendem a ser completamente terceirizadas em função dos custos de transação envolvidos. Assim, a dependência das pessoas de terem acesso às organizações para fazerem sua contribuição deve ser entendida num sentido bastante amplo. Não se trata necessariamente de uma contratação direta, haja vista a tendência de fragmentação das organizações e a concentração de esforços nas suas *core competencies*.[13] É uma forma de tornar-se mais ágil e flexível, reforçando o fim do emprego caracterizado por cargos e funções distribuídos nas estruturas funcionais.

Isso posto, ficam aparentes três desafios a serem enfrentados.

O *primeiro desafio* refere-se à existência ou não de oportunidades de trabalho suficientes para manter os níveis de emprego em padrões dignamente aceitáveis. Entretanto, isto é praticamente impossível dadas as atuais tendências. É por isso que se propõe como alternativa para este desafio o investimento no terceiro setor, o setor social.

O *segundo desafio* está relacionado às pessoas que estão formalmente empregadas e que tendem a constituir duas classes de trabalhadores: os trabalhadores do conhecimento e os trabalhadores de serviços, pois subentende-se a automação dos processos industriais. Drucker[14] defende a necessidade de se buscar o aumento da produtividade dos trabalhadores de serviços para evitar o perigo de um conflito de classes entre os dois grupos, devido ao reflexo das diferenças de produtividade na remuneração e nos benefícios recebidos pelo trabalhador. A este conflito esperamos que não se acrescente uma terceira classe, a dos desempregados.

O *terceiro desafio* encontra-se ao nível das organizações: como estabelecer um elevado nível de colaboração com pessoas que serão contratadas *just-in-time*?

---

[13] PINCHOT, Gifford. Two Types of Competition. *Executive Excellence*, USA, v. 11, n. 4, abr. de 1994, p. 19.
[14] DRUCKER, Peter (1993). Op. cit., p. 55-57, 65.

Para as organizações tudo indica que a alternativa repousa sobre um valor básico da cultura das empresas modernas, desde a ascensão do modelo participativo de gestão: a transparência nas relações do trabalho. A empresa não pode oferecer mais do que está ao seu alcance. Todos devem se sentir como clientes e fornecedores, na medida em que existe trabalho a ser realizado.

Mas apenas a transparência nas relações não é suficiente. Se de um lado a empresa contrata um trabalho quando se faz necessário, de outro ela também depende do fator de produção conhecimento, detido pela pessoa que sabe executar o trabalho. Por isso as empresas também devem tornar-se competitivas para atrair as pessoas de cujo trabalho elas dependem. Estas pessoas cada vez mais estão conscientes do valor do conhecimento e, principalmente, da necessidade de manterem-se atualizadas em relação ao estado da arte. Ou seja, tanto as empresas devem atrair as pessoas quanto as pessoas devem ser atraentes para as empresas. É para responder a esse tipo de necessidade que se define o conceito de "empregabilidade"

Do lado da organização, o sistema deve permitir a aprendizagem contínua, criando oportunidades para o crescimento pessoal dos seus colaboradores.

Do lado das pessoas, deve haver a consciência da necessidade de desenvolver algumas características que as tornarão atraentes para uma organização, transformando a própria pessoa em um negócio.

VOCÊ & CO, SUAS NOVAS CARACTERÍSTICAS:[15]

– **empregabilidade** é a perspectiva de a pessoa tornar-se atraente para os empregadores. Essa atratividade envolve ter as capacidades e atitudes que o empregador precisa no momento. É dela que dependerá a sua estabilidade.

– **mentalidade de fornecedor** externo, que foi contratado para realizar uma tarefa específica.

– **elasticidade**, porque as organizações de hoje operam num ambiente tão turbulento, que nenhum arranjo lhes serve por muito tempo. A pessoa precisa da capacidade de vergar e não se quebrar, de prontamente abrir mão do que está superado e aprender o novo, de recuperar-se rapidamente da decepção, de viver com elevados níveis de incerteza e de encontrar sua segurança interiormente, mais do que externamente.

---

[15] BRIDGES, William. Op. cit. p. 64-65.

Segundo Bridges, todos são trabalhadores contingenciais. Eles precisam se considerar pessoas cujo valor deve ser demonstrado em cada situação. As pessoas têm de administrar suas próprias carreiras, sentindo-se no seu próprio negócio, vendendo seu conhecimento e suas habilidades. A organização trabalhará com esse novo estilo de forma colaborativa para o seu próprio bem. Sendo assim, as pessoas devem agir como se estivessem no seu negócio e manter um plano de autodesenvolvimento, inclusive assumindo a responsabilidade de investir em seguro-saúde, aposentadoria, treinamento etc.

As pessoas terão de ser capazes de trabalhar em equipes multidisciplinares, sem claras descrições de cargos. Elas deverão trabalhar considerando naturalmente a perspectiva de mudança de organizações ao longo de sua carreira, embora as próprias organizações tendam a minimizar o fato, reconhecendo as perdas intangíveis envolvidas e oferecendo informações, treinamento e orientação. Mantendo a empregabilidade das pessoas, as organizações também se tornarão atraentes para elas. São essas as novas regras do jogo às quais as pessoas devem se adaptar.

O indivíduo e o trabalho

Na realidade do mundo anterior ao século XIX, as pessoas não tinham empregos no sentido fixo e unitário; elas faziam serviços na forma de uma corrente constantemente mutante de tarefas. Seus empregos não eram supridos por uma organização, mas pelas exigências de suas condições de vida, pelas exigências de um patrão e pelas coisas que precisavam ser feitas naquele tempo e lugar. No mundo pré-industrial, os empregos eram essencialmente atividades, não cargos. A primeira grande mudança dos empregos ocorreu gradualmente com a revolução industrial. Esta transição gerava necessariamente uma severa reestruturação dos hábitos de trabalho: novas disciplinas, novos incentivos e uma nova natureza humana sobre as quais esses incentivos pudessem atuar efetivamente. No mundo de hoje, vivemos a segunda grande mudança dos empregos. A estruturação das organizações em cargos está ruindo. Ela não se sustenta no mercado globalizado, pois dificulta a agilidade de resposta para o mercado e não mais se justifica diante da tecnologia da informação disponível. Por isso, os empregados devem transformar-se em pessoas de negócios, rompendo com a *mentalidade de emprego* criada pela revolução industrial.[16]

---

[16] BRIDGES, William. Op. cit., p. 38, 43, 52.

As pessoas voltam a trabalhar por atividades, como na era pré-industrial.

Embora suas demandas pessoais variem de um indivíduo para outro e evoluam com o avanço da civilização, os mesmos aspectos devem ser analisados quando enfocamos trabalho. Drucker aponta cinco dimensões, no mínimo, consideradas na análise da relação entre o indivíduo e o trabalho: fisiologia, psicologia, comunidade, economia e poder.[17]

A *dimensão fisiológica* está relacionada às condições de conforto para a realização do trabalho.

Na *dimensão psicológica*, o trabalho é uma extensão da personalidade, é realização, é uma das maneiras pelas quais uma pessoa se conceitua a si mesma e mede seu valor.

Na *dimensão comunitária*, o trabalho torna-se o principal acesso à sociedade e à comunidade, representa o determinante do *status* da pessoa, é o meio de satisfazer a necessidade do homem de pertencer a um grupo e manter um relacionamento significativo com os outros.

Na *dimensão econômica*, o trabalho é um meio de vida a partir do momento em que a sociedade adota mesmo a mais rudimentar divisão de trabalho. As pessoas, deixando de ser autossuficientes e passando a trocar os frutos de seu trabalho, criam um vínculo econômico e produzem o capital para a economia.

A *dimensão de poder* do trabalho está relacionada ao fato de que num grupo é pouco relevante o que a pessoa gostaria de fazer diante do que precisa ser feito. A autoridade surge como uma dimensão essencial do trabalho. Ela precisa ser exercida por algo, ou alguém.

Podemos desenvolver um pouco mais estas dimensões apontadas por Drucker.

Na dimensão econômica, é o trabalho trocado por uma receita que caracteriza a demanda e gera o capital para a manutenção da oferta. Uma organização individualmente considerada utiliza-se do trabalho de seus funcionários como um recurso seu; porém, todos os outros recursos utilizados para produzir bens ou serviços também são resultado de trabalho. Assim, todos os recursos utilizados por uma organização podem ser entendidos como trabalho, já que de alguma forma qualquer recurso é trabalho de alguém. A organização vende seu produto por um valor maior do que a soma dos custos dos diversos trabalhos envolvidos, gerando um lucro que é o resultado da soma das energias individuais despendidas na execução do trabalho e não contabilizadas pelos métodos

---

[17] DRUCKER, Peter F. *Fator humano e desempenho*. 2. ed. São Paulo: Pioneira, 1991. p. 292-303.

tradicionais. Ou seja, economicamente, é o trabalho que suporta a lei básica de mercado, a lei da oferta e da procura. Sem trabalho não há receita, sem receita não há demanda, sem demanda não há lucro, sem lucro não há capital, sem capital não há oferta. Já estamos voltando a trabalhar por atividades, como na era pré-industrial. Com algum conforto a mais é fato, mas a continuar neste ritmo a crise de 1929 será batida de longe.

Das ciências básicas sabe-se que trabalho é essencialmente uma forma de energia e que metabolismo é a atividade interna integrada de todo o ser. Adaptando estes conceitos para os seres vivos, sem ferir as leis da natureza, podemos dizer que *trabalho é a energia despendida na execução de qualquer atividade, de forma a manter o metabolismo do ser em funcionamento*. Sem trabalho não há atividade, sem atividade não há metabolismo. Sem metabolismo não há ser vivo. E quanto mais complexo for o ser, mais complexo será o seu metabolismo, mais complexas as atividades para manter a integridade do ser. Por isso há que se admitir que é consistente a análise das atividades dos complexos seres humanos por meio de várias dimensões, não restritas àquelas apontadas anteriormente. Apesar de dimensões distintas que apresentam diferentes exigências e podem ser analisadas independentemente, elas precisam ser administradas juntas, pois de sua harmonia dependerá a integridade do metabolismo do ser.[18] As necessidades e os ritmos do metabolismo humano, em todas as suas dimensões, não funcionam *just-in-time*, de acordo com o mercado. Mesmo na dimensão puramente econômica, o mercado é uma criação do homem para atender suas próprias necessidades, da mesma forma que a tecnologia – e não o contrário.

Embora abordagens diferentes possam tratar dessas e outras dimensões relacionadas com o trabalho, implicitamente percebe-se concordância na necessidade de harmonizar estas poucas dimensões básicas – fisiologia, psicologia, comunidade, economia e poder –, com as quais caracterizamos o trabalho do ser humano. Elas bem podem ser extrapoladas para caracterizar genericamente a sociedade humana, pois as propostas que começam a se levantar, para solucionar o problema do desemprego, apontam na direção da criação de trabalho para manutenção da integridade do ser humano. Por isso, o investimento num terceiro setor, o setor social, compreendido de forma abrangente.

Considerando a definição adaptada de trabalho descrita acima, apenas nos seus aspectos mais tangíveis, *execução de qualquer atividade de forma a manter*

---

[18] DRUCKER, Peter F. (1991). Op. cit., p. 303-304.

o metabolismo do ser em funcionamento, qualquer atividade que atenda às cinco dimensões atenderá às necessidades humanas. Nesse caso, não há problema nenhum em retornarmos ao trabalho por atividades. Assim, a criação de um terceiro setor poderia significar investimento de vulto em atividades tratadas de forma relativamente marginal pelos setores de bens e serviços, muito além de atividades de caridade e assistência social. Por exemplo, artes, esportes, eventos culturais, eventos de mobilização pelo desenvolvimento sustentável, turismo ecológico, desenvolvimento de comunidades de estilo de vida alternativo, de jogos de guerra para divertimento, do negócio voltado para a educação doméstica, reeducando as pessoas em relação aos hábitos, direcionando os estilos para um comportamento ecologicamente sustentável etc. De certa forma, após uma análise isenta, podemos concluir que este setor já existe. O que falta é o investimento para explorar suas oportunidades; falta o eficaz direcionamento governamental; falta a globalização da solidariedade, visto que a economia, os problemas transnacionais, o mercado financeiro e as informações já estão globalizados.

Outro aspecto que não pode ser ignorado quando se trata do tema *trabalho* é a taxa de natalidade. Com simplicidade a dúvida pode ser expressa na seguinte pergunta: *falta trabalho ou está sobrando gente?* Talvez a perspectiva da superpopulação seja um mito se considerarmos a vastidão de terras do planeta. Mas, de qualquer maneira, quando enfocamos a economia global, permanece a dúvida. Não se sabe se a economia globalizada absorverá todos os indivíduos economicamente ativos dos oito bilhões de humanos que seremos na virada do milênio, se os atuais índices de natalidade forem mantidos.[19]

Trabalho, desenvolvimento sustentável e taxas de natalidade, entre outros, são assuntos intrinsecamente relacionados, que devem ser tratados dentro de seu contexto. Esse contexto não se restringe mais às fronteiras nacionais. Não adianta implantar medidas eficazes num país e ignorar a miséria em outro, comprometendo o meio ambiente compartilhado. O isolamento das fronteiras de um país ou de um bloco econômico pode deter correntes migratórias regionais, mas não detém a deterioração e as catástrofes ambientais globais que podem ser provocadas pela miséria decorrente da falta de trabalho.

---

[19] Ver reportagem publicada na revista *Terra*, junho, 1996, ano 5, n. 6, ed. 50. p. 56-61. Nesta reportagem são apontados os atuais índices de natalidade. É previsto que, em 2030, a população mundial estará em torno de 8,5 bilhões de habitantes, se continuarem os atuais índices.

Enfim, não basta o investimento num amplo terceiro setor se o crescimento populacional superar a taxa de geração de oportunidades para proporcionar uma vida digna ao indivíduo. A marginalização e a pobreza decorrente acontecerão da mesma forma. A pobreza pode ser gerada pela falta de trabalho ou pela sobra de gente em relação às oportunidades de trabalho que o mercado comporta. Não obstante a dificuldade do estabelecimento da relação de dependência entre estas variáveis, pobreza e crescimento populacional são classificados como indicadores de insustentabilidade, juntamente com poluição intermitente, ameaças à biodiversidade, escasseamento nas fontes de recursos e deterioração persistente. Todos esses fatores poderiam resultar em declínio econômico, ruptura política, desintegração social e deterioração ambiental.[20] Eles devem ser considerados de forma relacionada e entendidos numa amplitude global, merecendo um tratamento adequado num foro internacional com poder efetivo de decisão e ação, muito além de medidas isoladas nas fronteiras nacionais.

Um fenômeno macroeconômico

Portanto, a discussão de alternativas para minimizar o grau de desemprego crescente deve ocorrer em todos os níveis de organização da sociedade, haja vista que os impactos relacionados se farão sentir no destino de todos os indivíduos, sem qualquer distinção. A tentativa de buscar soluções para o problema, de modo que não exista preocupação com o fantasma do desemprego, pelo menos na próxima década, não será encontrada tão somente na geração de empregos por meio da expansão industrial e do desenvolvimento econômico de um país ou região.

Aquilo que os economistas denominam de *desemprego estrutural* é um fenômeno macroeconômico, provocado pelo avanço tecnológico da era da informação cujo processo de inovação não estabelece ou aceita limites que venham a ser impostos.

Nas empresas, o trabalho continua existindo e dependendo de quem o saiba fazer. Mudam porém as características do relacionamento entre empregado e empregador. *A tendência é não mais existir* um cargo ou função, mas sim a contratação para executar uma tarefa condicionada a determinados resultados.

---

[20] GLADWIN, Thomas N.; KENNELLY, James J.; KRAUSE, Tara Shelomith. Shifting paradigms for sustainable development: implications for management theory and research. *Academy of Management Review*, v. 20, n. 4, 1995.

Embora não faça sentido discutir o desemprego em nível das empresas individualmente consideradas, visto que elas estão fazendo o que é necessário para sua sobrevivência e mesmo o trabalho em si continua existindo. Espera-se que as organizações participem ativamente da discussão do problema do desemprego em todos os níveis institucionais, inclusive se fazendo representar num foro internacional de discussão. Afinal, é das organizações que fluirão os investimentos para alavancagem do setor social. De fato, o futuro é das organizações, o que também significa assumir a responsabilidade de construir o futuro e não apenas explorá-lo.

capítulo 18

Gestão empresarial: a gestão da mudança

O contexto e a mudança

Dos tempos de Taylor até os nossos dias, sucederam-se os mais variados modelos e teorias de gestão. Eles ora sugeriam uma nova forma de administrar que ainda contava com elementos do antigo modelo, ora propunham uma ruptura radical com o que anteriormente era considerado o mais adequado modo de gerir uma organização. Independente do grau de transformações envolvidas, dois elementos são constantes nesses modelos e teorias.

O primeiro deles é a contextualização. Um paradigma de gestão perde seu sentido se considerado fora da realidade em que surgiu. Desde os primórdios da civilização humana, qualquer empreendimento espelha o grau de desenvolvimento e os anseios da sociedade em que se insere: suas limitações tecnológicas, o nível de abertura cultural de seu povo, o grau de ingerência do Estado na vida econômica, a autoridade e a austeridade de seus políticos, sua riqueza e a qualificação de seus recursos. Todas essas esferas interagem em um dinamismo que nas últimas décadas vem se acelerando a taxas vertiginosas. Um modelo de administração não pode ser analisado de forma estanque, desvinculado de seu contexto. Rever propostas antigas obriga o espectador a colocar os óculos da história, a exemplo do que hoje fazemos ao estudar as teorias do início do século. Adotar propostas contemporâneas, frutuosas em outra realidade, exige a consideração de todo o ambiente a que estão integradas, como se ressalva rico modelo de administração japonesa e no *benchmarking*.

O segundo fator que está sempre presente no surgimento de teorias e modelos de gestão é a necessidade de *mudanças*. Seja utilizando elementos tecnológicos para revolucionar a sociedade da época, seja respondendo às transformações impostas por essa sociedade, a comunidade empresarial é foco e alvo de mudanças.

Mudança contínua é uma característica intrínseca do universo. A finalidade desse propósito de permanente estado de mutação é uma questão em torno da qual cientistas e filósofos constroem hipóteses e teorias para explicar o fenômeno. Para a organização, mudança é a única constante. Sua finalidade, as razões e os porquês, são questões mais facilmente explicáveis em nível empresarial, embora na maioria das vezes sempre depois que ocorrem. A única coisa que diferencia nossa época das anteriores é a velocidade das mudanças que se tornam cada vez maiores.

Diante das pressões provocadas por mudanças, as empresas podem reagir de forma construtiva, norteando suas ações pelos princípios de flexibilidade e desprendimento na análise de situações, ou então resistir às mudanças, que é uma característica das empresas onde a rigidez permeia as ações. Forçar a evolução do ambiente. Na verdade, nem tão flexível nem tão rígido, o importante é a visão clara e lúcida no direcionamento e acompanhamento do processo de mudança, visto que até a resistência ao novo é parte integrante do espírito questionador e tem o papel importante de favorecer a preservação de um paradigma até que se comprove que outro é mais adequado e mais bem fundamentado. Na situação ideal, a resistência deixa de existir nesse momento. Na prática isso nem sempre acontece. Para resolver essa situação, o primeiro passo é encontrar meios de motivar uma mudança radical na atitude das pessoas. Convencê-las a encarar a mudança como um desafio, incentivá-las a considerar um desafio pessoal e superar o que antes parecia inatingível. Mostrar-lhes os benefícios que poderão tirar disso.

Liderando o processo de mudança

A mudança por si não é o aspecto principal da questão. Da mesma forma que um ambiente flexível não é garantia de sucesso absoluto na evolução de uma empresa, não se pode afirmar que uma crise possa gerar oportunidades fantásticas de crescimento. Apesar da flexibilidade, uma empresa poderá não contar com recursos suficientes para enfrentar mudanças de certa amplitude. Já uma empresa em crise, sendo proprietária de vastos recursos, ou pelo menos de recursos suficientes, poderá encontrar soluções para superar o caos. Geralmente, o primeiro passo nesse caso será uma mudança radical da atitude de pessoas, que passam a encarar a crise como um desafio e movendo-se pela mais pura motivação pessoal, são capazes de exceder seus próprios limites, superando o que antes parecia inatingível.

O fato realmente relevante é a forma como a mudança se opera. Ativa ou reativa, qualquer transformação gera maior ou menor grau de resistência, especialmente interna. Cabe aos gestores de uma organização fazer com que essa resistência seja vencida de maneira construtiva, não impondo o novo modelo, mas gerando comprometimento para que seja adotado e cuidado. Nessas empresas, a probabilidade de inovar, de se destacar do lugar-comum, é certamente muito grande.

Liderar mudanças ou ter flexibilidade suficiente para implantá-las rapidamente envolve alguns riscos, é verdade. Mas considerando-se uma taxa normal de erros e acertos, qual empresa de bom senso adotaria por vontade própria a postura de observadora passiva das transformações? Em um mundo onde as empresas se relacionam cada vez mais virtualmente, o tempo passa a assumir um novo significado e a vantagem de ser a pioneira delineia a distância entre enriquecer os acionistas ou levá-los à bancarrota.

Uma das grandes tarefas do administrador de nosso tempo é, consequentemente, prever e se antecipar às mudanças. Outra delas é liderar, formar pessoas que o acompanhem nessa empreitada. Preparar espíritos igualmente abertos a transformações, eliminar resistências destrutivas, expulsar a cultura da acomodação, tão presente em setores monopolísticos. Ou em economias, como a da maioria dos países da Europa oriental e, em menor grau, também nossa, que permaneceram fechadas à competitividade internacional. Na falta de concorrência, a empresa tem sua sobrevivência garantida. Quando seu ambiente muda, as transformações internas necessárias vão muito além da atualização tecnológica, da implantação de um novo modelo de gestão e da requalificação do conhecimento de seus funcionários. Na verdade, o que se exige é uma mudança cultural eliminar a resistência à transformação do *status quo* e sinalizar o rumo que a nova organização deve seguir.

Estar preparada para reagir prontamente a mudanças é o que leva algumas empresas de hoje a desenvolver uma cultura de desafio constante. O grande patrimônio das organizações contemporâneas é seu corpo de talentos, são seus recursos humanos. Estimular no ser humano a capacidade de criar e de se superar, fazendo-o sentir-se autogratificado e realizado, gera um círculo virtuoso de motivação. E é essa habilidade de liderança dos gestores, aliada à sua perspicácia no fornecimento de treinamento e reciclagem adequados, que determinará as empresas que vão se destacar nos próximos anos.

Empresas que investem em pessoas, tecnologia e informações, valorizando uma cultura receptiva ao novo, dificilmente se verão em dificuldades.

Ao contrário, poderão se aproveitar de sua liderança nas mudanças para promover ações focalizadas onde todos os fatores envolvidos podem ser mais bem controlados e os resultados avaliados em um curto período de tempo, permitindo os ajustes necessários, exigindo menores recursos e funcionando como a semente das mudanças necessárias que se propagarão para toda a organização.

Empresas assim ultrapassam a percepção de que a mudança é uma constante. Elas têm consciência de que o sucesso é transitório, deve ser permanentemente conquistado e bem administrado, evitando que se desenvolva na organização o espírito de acomodação, cuja ausência foi justamente o que permitiu à empresa ser bem-sucedida.

As pessoas fazendo acontecer as mudanças

Há que se conscientizar que uma organização, ou qualquer sistema produtivo, analisado em seus aspectos básicos (Ver Capítulo 6 – Teoria dos Sistemas e Capítulo 7 – Desenvolvimento Organizacional), nada mais é do que uma parte discreta do ambiente composta por três elementos completamente integrados entre si e com o meio ambiente:

- a **estrutura**, onde se define o papel da organização no ambiente, do indivíduo na organização e dos relacionamentos entre os elementos.
- a **tecnologia**, onde as pessoas encontrarão os recursos de que necessitam para cumprir o seu papel e as especificidades das suas atribuições.
- o **comportamento** das pessoas que possuem conhecimento e competência para realizar um trabalho.

Mais uma vez, o fundamental é considerar à organização como um todo, composta de várias partes componentes, interligadas e interagentes. Tomada em seus aspectos básicos, toda organização deve analisar seus recursos humanos, materiais/financeiros e tecnológicos que, fluindo por meio da organização, são responsáveis pela manutenção do funcionamento do sistema, no sentido de cumprir sua missão.

Considerada nesses três aspectos básicos, não vislumbramos uma mudança de paradigma para a organização, ou seja, as empresas continuarão a ser constituídas por pessoas, estrutura e tecnologia. Apesar disso, um ponto essencial deve ser destacado e sua compreensão faz toda a diferença quando nos deparamos com novas teorias e práticas de gestão. Cada um dos aspectos básicos que suportam e constituem uma organização tem como característica intrínseca sua natureza mutante; portanto, todos os componentes de uma organização também são de interesse transitório, contextual.

Nesse sentido, o fator humano passa a ser dominante na concepção e na operacionalização dos outros recursos. Compreende-se daí o motivo pelo qual os modelos de gestão participativa vêm se firmando como uma tendência irreversível. São pessoas planejando, organizando, controlando e dirigindo. Ou procurando a melhor forma para fazer. São pessoas inovando. Pessoas empreendedoras fazendo os negócios acontecerem. Pessoas promovendo a reengenharia dos processos em busca da meta. Pessoas virtualmente administrando, por objetivos explícitos de maximizar a riqueza. Pessoas criando novas técnicas e modelos de administração em busca de resultados, enriquecendo o cabedal de ferramentas disponíveis aos gestores, a quem caberá escolher e adaptar em função do contexto e suas necessidades específicas.

Gestores, líderes, pessoas que devem ter consciência de que técnicas e modelos não ficam ultrapassados enquanto não desaparecerem as necessidades para as quais eles foram criados. Que devem ter consciência de que técnicas e modelos têm vantagens, desvantagens e também mudam, atualizam-se, às vezes assumindo até uma nova denominação, ampliando a terminologia necessária. Mudança, esta é a ideia central. A única constante. Por isso, é essencial a consciência da transitoriedade. É essencial a consciência de que estamos tratando com ou integramos uma entidade também de natureza mutante. E essa consciência é que deve permear todo o propósito da gestão das organizações do futuro, a partir de agora.

Bibliografia referenciada

ABREU, Fábio de Souza. Reengenharia – em busca de uma teoria. *Revista de Administração de Empresas – RAE*, v. 34, n. 5, set./out., 1994.

AKTOUF, Omar. *Le management entre tradition et renouvellement.* Canadá, Boucherville: Gaëtan Morin, 1989.

ALMEIDA, Fernando C. Desvendando o uso de redes neurais em problemas de administração de empresas. *Revista de Administração de Empresas*, v. 35, n. 1, jan./fev. 1995.

ANSOFF, H. Igor. Managing strategic surprise by response to weak signals. *California Management Review*, USA, v. XVIII, n. 2, inverno, 1975.

_____. *A nova estratégia empresarial.* São Paulo: Atlas, 1990.

_____. *Estratégia empresarial.* São Paulo: Mc Graw-Hill do Brasil, 1977.

_____., DECLERCK, Roger P.; HAYES, Robert L. (org.). *Do planejamento estratégico à administração estratégica.* São Paulo: Atlas, 1981.

ARCHIER, Georges; SERIEYX, Hervé. *A empresa do terceiro tipo.* São Paulo: Nobel, 1989.

ARGYRIS, Chris. *Management and organizational development.* Nova York: McGraw-Hill, 1971.

_____. Personalidade e organização. *O conflito entre o indivíduo e o sistema.* Rio de Janeiro: Renes, 1968.

BARNARD, Chester I. *As funções do executivo.* São Paulo: Atlas, 1971.

_____. *Organization management.* Cambridge, Massachusetts: Harvard University Press, 1962.

BECKHARD, R. *Desenvolvimento organizacional: estratégias e modelos.* São Paulo: Edgard Blucher, 1972.

BENNIS, Warren G. *Desenvolvimento organizacional: natureza, origens e perspectivas.* São Paulo: Edgard Blucher, 1972.

BERTALANFFY, Ludwig von. *Teoria geral dos sistemas.* 2. ed. Petrópolis: Vozes, 1975.

BLAKE, Robert; MOUTON, Jane. *A estruturação de uma empresa dinâmica através do desenvolvimento organizacional do tipo GRID.* São Paulo: Edgard Blucher, 1972.

BLAU, Peter M. A dinâmica da burocracia. In: ETZIONI, Amitai (org.). *Organizações complexas.* São Paulo: Atlas, 1967.

_____; SCOTT, W. Richard. *Organizações formais.* São Paulo: Atlas, 1970.

BOTTOMS, David. Back to the future. *Industry Week*, USA, v. 243, n. 18, 03/10/94.

BRIDGES, William. *Um mundo sem empregos*. São Paulo: Makron Books, 1995.

BURNS, Tom; STALKER, G.M. *The management of innovation*. Londres: Tavistock Publications, Prefácio.

CAMP, Robert. *Benchmarking – o caminho da qualidade total*. São Paulo: Pioneira, 1993.

CAMPOS, Roberto. O que o capitalismo nos reserva. Ensaio sobre obra *O futuro do capitalismo*. de Lester C. Thurow, *Exame*, ano 29, n. 11, 22/5/96.

CAPRA, Fritjof. *O ponto de mutação*. 1. ed. São Paulo: Cultrix, 1982.

CARLZON, Jan. *A hora da verdade*. São Paulo: COP Ltda.

CASTANHEIRA, Joaquim; NETZ, Clayton A. A reengenharia contestada. *Exame*, 02/08/95.

CHANDLER JR. Alfred D. *Strategy and structure*. Cambridge, Massachusetts and London, England, MIT – Massachussetts Institute of Technology: The MIT Press, 1962.

CHIAVENATO, Idalberto. *Teoria geral da administração*. São Paulo: McGraw-Hill, 1979.

CHURCHMAN, C. West. *Introdução à teoria dos sistemas*. 22. ed. São Paulo: Vozes, 1972.

CIMBLERIS, Borisas. Fronteiras e superposições do holicismo com alguns sistemas científicos. In: BRANDÃO, R.; CREMA, D. H. S. (org.). *O novo paradigma holístico*. São Paulo: Summus Editorial, 1991.

CLARCK, Wallace. *The Gantt chart*. 3. ed. Londres: Sir Isaac Pitman Sons Ltd., 1957.

COATES, Joseph E. Managing scientists in the virtual corporation. *Research Technology Management*, USA, v. 37, n. 6, nov./dez., 1994.

CORADI, Carlos Daniel. *O comportamento humano em administração de empresas*. São Paulo: Pioneira, 1985.

CORRÊA, Henrique L.; GIANESI, Irineu G. N. *Just-in-Time, MRP II e OPT – um enfoque estratégico*. 2. ed. São Paulo: Atlas, 1993.

CREMA, Roberto. Abordagem holística: integração do método analítico e sintético. In: BRANDÃO, R.; CREMA, D. H. S. (org.). O novo paradigma holístico. São Paulo: Summus Editorial, 1991.

CUNHA, Antônio Geraldo da. *Dicionário etimológico da língua portuguesa*. Rio de Janeiro: Nova Fronteira, 1982.

DAVENPORT, Thomas H. *Reengenharia de processos*. Rio de Janeiro: Campus, 1994.

DAVIDOW, William; MALONE, Michael. *A corporação virtual – lições das empresas mais avançadas do mundo. Estruturação e revitalização da corporação para o século 21*. São Paulo: Pioneira, 1993.

DAVIDSON, Alistair; CHUNG, Mary. Software tools and systems: ten key trends. *Planning Review*, USA, v. 23, n. 2, mar./abr. 1995.

DAVIS, Stanley M.; DAVIDSON, William H. *Visão 2020*. Rio de Janeiro: Campus, 1993.

DAVIS, Tim R. V.; DARLING, Bruce L. How virtual corporations manage the performance of contractors: the super bakery case. *Organizational dynamics*, USA v. 24, n. 1, verão, 1995.

DAVOUS, Pierre; DEAS, James. Esboço de uma intervenção de consultoria para administração estratégica. In: ANSOFF, H. Igor; DECLERCK, Roger P; HAYES, Robert L. *Do planejamento estratégico à administração estratégica*. São Paulo: Atlas, 1981.

DEMING, William E. *Qualidade*: a revolução da administração. Rio de Janeiro: Marques Saraiva, 1990.

DILL, William R. *Organization for forecasting and planning experience in the Soviet Union and U.S.* Nova York: W.R.D. and G. KH. Popov, 1979.

DRUCKER, Peter F. *As novas realidades*. São Paulo: Pioneira, 1989.

_____. *Fator humano e desempenho*. 2. ed. São Paulo: Pioneira, 1991.

_____. *Inovação e espírito empreendedor – entrepreneurship*. 3. ed. São Paulo: Pioneira, 1987.

_____. *Prática da administração de empresas*. São Paulo: Pioneira, 1981.

_____. *Sociedade pós-capitalista*. 2. ed. São Paulo: Pioneira, 1993.

_____. The emerging theory of manufacturing. *Harvard Business Review*, maio/jun. 1990.

DUFFY, Margarett. Ten prescriptions for surviving and thriving in the virtual organization. *Public relations quarterly*, verão, 1994.

DUMAINE, Brian. Corporate spies snoop to conquer. *Fortune*, USA, 118, n. 11, 7/11/88.

DYSON, Ester. The virtual visible corporation. *Computer World*, USA, v.29, n. 5, 30/01/95.

ETZIONI, Amitai. *Organizações complexas*. São Paulo: Atlas, 1967.

_____. *Organizações modernas*. 5. ed. São Paulo: Pioneira, 1964.

FARREL, Larry C. *Entrepreneurship*: fundamentos das organizações. São Paulo: Atlas, 1993.

FAYOL, Henri. *Administração industrial e geral*: previsão, organização, comando, coordenação e controle. 10. ed. São Paulo: Atlas, 1989.

FELICÍSSIMO, José Roberto; AVANCINE, Sérgio Luiz. Em busca de uma metodologia: a pesquisa-ação. *Cadernos FUNDAP*, ano 1, n. 2, out. 1981.

FERREIRA, Ademir A. A etapa de diagnóstico no processo de desenvolvimento organizacional. *Revista IMES*, São Caetano do Sul, ano VII, n. 19, jan./ago. 1990.

_____. O apoio à atividade gerencial. Caderno de Empresas de *O Estado de S. Paulo*, 10/02/89.

FERRO, José Roberto. Aprendendo com o ohnoísmo – rodução flexível em massa: lições para o Brasil. *Revista de Administração de Empresas – RAE*, São Paulo, 30 (3) 57-68, jul./set. 1990.

FINNERAN, Michael F. Tough gets tougher: intercompany data networking. *Business Communication Review*, USA, v. 25, n. 9, set. 1995.

FISCHMANN, Adalberto A., *Implementação de Estratégias: Identificação e Análise de Problemas*. Tese de Livre-Docência, FEA-USP, 1987, quadro 2.3.

_____; SANTOS, Silvio A. dos. Uma aplicação UEN's – unidades estratégicas de negócios – na formulação do planejamento estratégico. *Revista de Administração*, São Paulo, publicação trimestral do Instituto de Administração da FEA-USP, v. 17, n. 3, jul./set. 1982.

FORD, Henry. How I made a success of my business. CHANDLER, Alfred, *The application of modern systematic management*. Nova York: Amo Press, 1977.

FRENCH, Wendell L.; BELL JR., Cecil H. *Organizational development*. Englewood Cliffs, Nova Jersey: Prentice-Hall Inc., 1973.

GARCIA, F. Coutinho. *Democracia organizacional*: uma visão heterodoxa da "práxis" administrativa. Dissertação de mestrado. Belo Horizonte: UFMG, 1975, citado por MENDONÇA, Luís Carvalheira de. *Participação na organização*: uma introdução aos seus fundamentos, conceitos e formas. São Paulo: Atlas, 1987.

GEORGE JR.; Claude Swanson. *História do pensamento administrativo*. São Paulo: Cultrix, 1972.

GIBSON, James L.; IVANCEVICH, John M.; DONNELLY JR., James H. *Organizações*. São Paulo: Atlas, 1981.

GILDER, George. O furacão da rede apenas começou. *Exame*, ano 29, n. 7, 27/03/96.

GLADWIN, Thomas N.; KENNELLY, James J.; KRAUSE, Tara Shelomith. Shifting paradigms for sustainable development: implications for management theory and research. *Academy of Management Review*, v. 20, n. 4, 1995.

GUILLERM, Allain; BOURDET, Yvon. *Autogestão*: uma mudança radical. Rio de Janeiro: Zahar, 1976.

HAMMER, Michael; CHAMPY, James. *Reengenharia – revolucionando a empresa*. 1. ed. Rio de Janeiro: Campus, 1994.

HELLER, Robert. *O supermanager*: administrando para o sucesso, os realizadores, os inovadores, os dez passos para chegar lá. São Paulo: McGraw-Hill, 1987.

HERZBERG, Frederick; MAUSNER, Bernard; SNYDERMAN, Barbara B. *The motivation to work.* Nova York: John Wiley & Sons, 1959.

HITCHCOCK, Nancy. Trafalgar Squared or how to be much more than the sum of your parts. *CIO*, UK, v. 7, n. 15, 15/05/94.

HOBSBAWN, E. J. *Da revolução industrial inglesa ao imperialismo.* Rio de Janeiro: Forense Universitária, 1978.

HUMBLE, John W. *Como melhorar os resultados da empresa.* São Paulo: Management Center do Brasil, 1970.

HUSE, Edgard F. Organization development and change. 2. ed. West Publishing Company, 1980. In: STONER, James F. *Administração.* São Paulo: Prentice-Hall do Brasil, 1988.

IMAI, Masaaki, Kaizen. *A estratégia para o sucesso competitivo.* Instituto IMAM, 1988.

_____. The key to Japan's competitive success. Nova York: McGraw-Hill, 1986.

IMAI, Takeshi. *A nova era convergente.* São Paulo: Maltese, 1991.

IOANNOU, Lori. Help with expatriates. *International business*, USA, jul. 1995.

ISHIKAWA, Kaoru. *Controle de qualidade total à maneira japonesa.* Rio de Janeiro: Campus, 1991.

JOHNSON, Bradley. Microsoft-NBC: a vVirtual Corporation. *Advertising Age*, USA, v. 66, n. 21, 22/05/95.

KAKAR, Sudhir. *Frederick Taylor: A study in personality and innovation.* Cambridge, Massachusetts: MIT Press, 1970.

KAST, Fremont; ROSENZWEIG, James. *Organização e administração – um enfoque sistêmico.* 3. ed. São Paulo: Pioneira, 1987.

KENNEDY, Paul. O perigo pode estar à nossa direita. *Exame*, ano 29, n. 10, 8/5/96.

KEYNES, John Maynard. A tract on monetary reform. *The collected writings of John Maynard Keynes*, v. IV, Londres: The Macmillan Press, 1971.

KING, Julia. Network tools of the virtual corporation. *Network World*, USA, v. 11, n. 14, 04/04/94.

KINNI, Theodore B. Best practices revealed. *Industry week*, 5, dez. 1994.

KLEIN, Mark. The virtual of being a virtual corporation. *Best's Review*, out., 1994.

KOONTZ, Harold; O'DONNELL, Cyril; WEIHRICH, Heinz., *Administração – fundamentos da teoria e da ciência.* 14. ed. São Paulo: Pioneira, 1986.

KORMAN, Richard. Diversification fits fluor. *ENR*, USA, v. 234, n. 23, 12/06/95.

KOTTER, John P.; SCHLESINGER, Leonard A. Choosing strategies for change. *Harvard Business Review*, v. 57, n. 2, mar./abr., 1979.

KUHN, Thomas S. *A estrutura das revoluções científicas.* 3. ed. São Paulo: Perspectiva, 1992.

LAWRENCE, Paul; LORSCH, Jay. *As empresas e o ambiente*: d*iferenciação e integração administrativas*. Petrópolis: Vozes, 1973._____. *Desenvolvimento das organizações – diagnóstico e ação*. São Paulo: Edgard Blucher, 1972.

LEAVITT, Harold J. Applied organization change in industry: structural, technical and human approaches. In: *COOPER, W. W.;* LEAVITT, H. J.; SHELLY, M.W. (org.). *New perspectives in organization research*. Nova York: Wiley, 1964.

LEWIN, Kurt. *Teoria de campo em ciência social*. São Paulo: Pioneira, 1965.

LEWIS, Jordan D. *Alianças estratégicas*. São Paulo: Pioneira, 1992.

LIKERT, Rensis. *Novos padrões de administração*. São Paulo: Pioneira, 1971.

LODI, João Bosco. Desconfie da reengenharia. *Exame*, 10/05/95.

MALTA, Christiane Bueno. Gestão Empresarial. Suplemento por conta própria, *Gazeta Mercantil*, 19/06/96.

MANTOUX, Paul. *A revolução industrial no século XVIII*. São Paulo: UNESP/Hucitec.

MANZ, Charles C.; SIMS JR., Henry P. *Empresas sem chefes*. São Paulo: Makron Books, 1995.

MARCH, James G.; SIMON, Herbert A. *Teoria das organizações*. Rio de Janeiro: USAID/FGV, 1967.

MARQUES, M. P. *Relações de poder na empresa – A gestão na nova realidade Social*. Lisboa: Europa, s.d., citado por MENDONÇA, Luís Carvalheira de. *Participação na organização*: u*ma introdução aos seus fundamentos*, *conceitos e formas*. São Paulo: Atlas, 1987.

MARROW, Alfred J. *Administração humanizada*. 2. ed. São Paulo: IBRASA, 1964.

MARTINS, Ivan. Começou a guerra dos navegadores. *Exame*, ano 29, n. 10, 1996.

MAURY, René. *A vez do empresário japonês*. São Paulo: Loyola, 1990.

MAXIMIANO, Antônio César Amaru. *Além da hierarquia*: c*omo implantar estratégias participativas para administrar a empresa enxuta*. São Paulo: Atlas, 1995.

McGREGOR, Douglas. *O lado humano da empresa*. São Paulo: Martins Fontes, 1980.

MEGGINSON, Leon C.; MOSLEY, Donald C.; PIETRI, Paul H. *Management concepts and applications*. 3. ed. Nova York: Harper & Row, Publishers, Inc., 1989.

MENDONÇA, Luís Carvalheira de. *Participação na organização*: u*ma introdução aos seus fundamentos*, *conceitos e formas*. São Paulo: Atlas, 1987.

METCALF, Henry C.; URWICK, L. *Dynamic administration – the collected papers of Mary Parker Follett*. Nova York: Harper & Brothers Publishers, 1940.

MOGGI, Jair. *Administração participativa e nível de identificação com a empresa – um estudo de caso*. Dissertação de mestrado apresentada na FEA-USP, São Paulo, 1991.

MOSCOVICI, Fela. *Desenvolvimento interpessoal*. 4. ed. Rio de Janeiro:, José Olympio, 1995, p. 159.

MOTTA, Fernando Cláudio Prestes. *Burocracia e autogestão*: A proposta de Proudhon. São Paulo: Brasiliense, 1981.

_____. *Teoria geral da administração*: uma introdução. 19. ed. São Paulo: Pioneira, 1995.

MOTTA, Paulo Roberto. A proposta de participação na teoria gerencial: a participação indireta. *Revista de Administração Pública*, 15(3):54-70, jul./set. de 1981.

_____. Participação na gerência: uma perspectiva comparada. *Revista de Administração Pública*, 15 (4):4-33, out./dez. de 1981.

MOURA, Paulo C. C. *O benefício das crises – desenvolvimento organizacional e mudança planejada*. Rio de Janeiro: Livros Técnicos e Científicos, 1978.

MURATA, Kazuo; HARRISON, Alan. *Como fazer com que métodos japoneses funcionem no Ocidente*. São Paulo: Makron Books, 1993.

NADLER, David A. GERSTEIN, Marc S.; SHAW, Robert B. *Arquitetura organizacional*. Rio de Janeiro: Campus, 1994.

NAISBITT, John; ABURDENE, Patricia. *Megatrends 2000*. São Paulo: Amana-Key, 1990.

NETZ, Clayton. Só reengenharia não basta. *Exame*, 26/10/94.

NIEDENHOFF, Horst-Udo. *Co-gestão na República Federal da Alemanha – do final do século XIX aos dias atuais*. São Paulo: Nobel, 1991.

ODIORNE, George S. *Gestão por objetivos – um sistema de direção*. Lisboa: Clássica, 1970.

OHMAE, Kenichi. *O estrategista em ação – a arte japonesa de negociar*. São Paulo: Pioneira, 1985.

OLIVEIRA, Djalma de Pinho Rebouças de. Holding. *Administração corporativa e unidade estratégica de negócio*. São Paulo, Atlas, 1995.

_____. *Planejamento estratégico*: conceitos, metodologia e práticas. 6. ed. São Paulo: Atlas, 1992.

OLIVEIRA, Gercina Alves de. *Desenvolvimento organizacional*: teoria e diagnóstico. Rio de Janeiro: FGV, 1979.

OUCHI, William. *Teoria Z: como as empresas podem enfrentar o desafio japonês*. São Paulo: Fundo Educativo Brasileiro, 1982.

PATERMAN, Carole. *Participation and democratic theory*. Cambridge University Press, 1970, citado por MOGGI, Jair. *Administração participativa e nível de identificação com a empresa – um estudo de caso*. Dissertação de mestrado apresentada na FEA--USP, São Paulo, 1991.

PERROW, Charles. *Análise organizacional – um enfoque sociológico*. São Paulo: Atlas, 1976.

PINCHOT III, Gifford. *Intrapreneuring*: porque você não precisa deixar a empresa para tornar-se um empreendedor. São Paulo: Harbra, 1989.

_____. Two Types Of Competition. *Executive Excellence*, USA, v. 11, n. 4, abril, 1994.

PLUNKETT, Lorne; FOURNIER, Robert. *Participative management*: implementing empowerment. Nova York: John Wiley & Sons Inc., 1991.

PORTER, Michael. *Estratégia competitiva.* 9. ed. Rio de Janeiro: Campus, 1991.

POTTER, Mike. International business benchmarking. *Management services*, out. 1994.

RIBEIRO, Carlos Reinaldo M. *A empresa holística.* São Paulo: Editare, 1989.

RIFKIN, Jeremy. *O fim dos empregos, o declínio inevitável dos níveis dos empregos e a redução da força global de trabalho.* São Paulo: Makron Books, 1995.

ROETHLISBERGER, F. J.; DICKSON, William J., *Management and the worker.* 6. ed. Cambridge, Massachusetts: Harvard University Press, 1943.

SANZGIRI, Jyotsna; GOTTLIEB, Jonathan Z. Philosophic and pragmatic influences on the practice of organization development, 1950-2000. *Organizational dynamics*, v. 21, outono, 1992.

SCHEIN, Edgar H. *Consultoria de procedimentos*: seu papel no desenvolvimento organizacional. São Paulo: Edgard Blucher, 1972.

_____. *Organizational culture and leadership.* 2. ed. Nova York: Library of Congress Cataloging-in-Publication Data, 1992.

SEMLER, Ricardo. *Virando a própria mesa.* São Paulo: BestSeller, 1988.

SENGE, Peter M. *A quinta disciplina*: arte, teoria e prática da organização de aprendizagem. 9. ed. São Paulo: BestSeller, 1994.

SHASKIN, M. Participative management is an ethical imperative. *Organizational dynamics*, 5, primavera, 1984, citado por MENDONÇA, Luís Carvalheira de. *Participação na organização*: uma introdução aos seus fundamentos, conceitos e formas. São Paulo: Atlas, 1987.

SHERMACH, Kelly. Outsourcing seen as a way to cut costs retain services. *Marketing News*, USA, v. 29, n. 13, 19/06/95.

STONER, James F. *Administração.* São Paulo: Prentice-Hall do Brasil, 1988.

TEAD, Ordway. *A arte da administração.* 2. ed. Rio de Janeiro: FGV, 1975.

THE Encyclopedia Americana. v. 11. Nova York: Americana Corporation, 1970.

THOMPSON, James D.; McEWEN, William J. Objetivos Organizacionais e Ambiente. In: ETZIONI, Amitai (org.). *Organizações complexas.* São Paulo: Atlas, 1967.

THOMPSON, James D.; VAN HOUTEN, Donald R. *The behavioral sciences*: an Interpretation. Reading, Massachusetts: Addison-Wesley, 1970.

THUROW, Lester. *Cabeça a cabeça*: a batalha econômica entre Japão, Europa e Estados Unidos. Rio de Janeiro: Rocco, 1993.

TOFFLER, Alvin. *A terceira onda*. 4. ed. Rio de Janeiro: Record, 1980.

_____. *Powershift* – as mudanças do poder. Rio de Janeiro: Record, 1990.

TOMASKO, Robert M. *Downsizing*: reformulando sua empresa para o futuro. São Paulo: Makron Books, 1992.

TRAGTENBERG, Maurício. *Administração, poder e ideologia*. São Paulo: Moraes, 1980.

TUCKER, Frances G.;, ZIVAN, Seymour M. A Xerox cost center imitates a profit center. *Harvard Business Review*, 65, n. 1, maio/jun. 1985: 2-4.

_____.CAMP, Robert C. How to measure yourself against the best. *Harvard Business Review*, 87, n. 1, jan./fev., 1987: 2-4.

VASCONCELLOS, Eduardo. Inovação tecnológica no Japão. *RA USP*, São Paulo, v. 28, n. 1, jan./ mar., 1993.

WALKER, Kenneth. Participación de los trabajadores en la gestión empresarial: problemas, prácticas y perspectivas. *Boletim Inst. Internacional de Estudos Laborales*, Genebra, (12), 1974.

WEBER, Max. *A ética protestante e o espírito do capitalismo*. São Paulo: Pioneira, 1967.

_____. *The theory of social and economic organization*. Nova York: The Free Press of Glencoe, 1964.

WEIL, Pierre. O novo paradigma holístico – ondas à procura do mar. In: BRANDÃO, R.; CREMA, D. H. S. (org.). *O novo paradigma holístico*. São Paulo: Summus, 1991.

WOMACK, James P.; JONES, Daniel T.; ROOS, Daniel e Donna. *A máquina que mudou o mundo*. 2. ed. São Paulo: Campus, 1992.

WOODWARD, Joan. *Organização industrial – teoria e prática*. São Paulo: Atlas, 1977.

WREN, Daniel A. *The evolution of management thought*. Nova York: The Ronald Press Company, 1972.

YOSHINO M. Y. *Japan's managerial system*: tradition and innovation. USA, Massachusetts Institute of Technology: The MIT Press, 1968.

ZACCARELLI, Sérgio B. *Ecologia de empresas*. São Paulo: Atlas, 1980.

markpress
BRASIL

Tel.: (11) 2225-8383
WWW.MARKPRESS.COM.BR